JIYU HEXIN SUYANG DE
ZHONGXUE LISHI JIAOXUE TANSUO

基于核心素养的
中学历史教学探索

刘宏法　朱启胜　王昌成◎主　编

安徽师范大学出版社
ANHUI NORMAL UNIVERSITY PRESS

·芜湖·

图书在版编目(CIP)数据

基于核心素养的中学历史教学探索 / 刘宏法,朱启胜,王昌成主编.— 芜湖:安徽师范大学出版社,2022.12

ISBN 978-7-5676-5829-5

Ⅰ.①基… Ⅱ.①刘… ②朱… ③王… Ⅲ.①中学历史课－教学研究 Ⅳ.①G633.512

中国版本图书馆CIP数据核字(2022)第221282号

基于核心素养的中学历史教学探索　　　　　　　　　　　刘宏法　朱启胜　王昌成◎主编

责任编辑:辛新新　　　　　　　责任校对:李慧芳
装帧设计:王晴晴　汤彬彬　　　责任印制:桑国磊
出版发行:安徽师范大学出版社
　　　　　芜湖市北京东路1号安徽师范大学赭山校区
网　　　址:http://www.ahnupress.com/
发 行 部:0553-3883578　5910327　5910310(传真)
印　　　刷:江苏凤凰数码印务有限公司
版　　　次:2022年12月第1版
印　　　次:2022年12月第1次印刷
规　　　格:787 mm×1092 mm　1/16
印　　　张:22.25
字　　　数:400千字
书　　　号:ISBN 978-7-5676-5829-5
定　　　价:68.00元

凡发现图书有质量问题,请与我社联系(联系电话:0553-5910315)

《基于核心素养的中学历史教学探索》编委会

主　编：刘宏法　朱启胜　王昌成

编　委：徐灿华　万　鸣　朱学文　徐宏亮　刘　静

前　言

　　学科核心素养是学科育人价值的集中体现，是学生通过学科学习而逐步形成的正确价值观念、必备品格和关键能力。《普通高中历史课程标准（2017年版2020年修订）》规定，中学历史教学的基本理念是：以立德树人为历史课程的根本任务，坚持正确的思想导向和价值判断，以培养和提高学生的历史学科核心素养为目标。要实现基于历史学科核心素养的教学，教师必须树立新的认知观、教学观和评价观，从知识本位转变为素养本位，努力将学生对知识的学习过程转化为发展核心素养的过程。因此，在教学实践中，教师要将教学目标、教学内容、教学过程及教学评价等聚焦于培养和发展学生的历史学科核心素养。

　　《普通高中历史课程标准（2017年版2020年修订）》又在"实施建议"部分对教师提出：（1）全面理解历史学科核心素养，科学制定教学目标；（2）深入分析课程结构，合理整合教学内容；（3）树立指向学生历史学科核心素养的教学理念，有效设计教学过程；（4）准确把握学业质量水平，多维度进行学习评价。那么，教师教学实践中应如何树立指向学生历史学科核心素养的教学理念，如何落实课程标准的实施建议，如何实现培养和提高学生历史学科核心素养的目标呢？我们遴选了芜湖市、蚌埠市、马鞍山市、安庆市的一线优秀教师基于学科核心素养培育的教学探索案例，经过各地市教研员的审核把关，归类整理并出版《基于核心素养的中学历史教学探索》一书，这是对中学历史教学中学生核心素养培育策略的全方位探索，可以供广大中学历史教师借鉴和参考。

　　本书的研究案例将学科核心素养的培育策略作为探索和研究的目标，研究案例包括：关于2016年开始试用2019年全国统一使用的初中历史统编新教材的教学实践；关于2020年9月开始在安徽省使用的高中历史统编新教材《中外历史纲要》的教学探索；对最近几年全国高考历史试卷和安徽省中考历史试卷的评析及高考、中考历史复习教学对策的研讨。这些均为执教者精心设计、科学整合、创新施教的实际案例和教学分析。它们有的为省、市级大奖赛获奖课例，有的为省、市级课题研究公开课、教学研讨会公开课课例，或为市级高考、中考历史复习研讨会优秀交流材料，具有时效性强、权威性高、参考价值大的特点。全书案例共分为四个部分：第一篇　课程与整合，即深入分析课程结构，科学整合教学内容。重点着眼于统编精神的把握、课程结构的分析、教学立意的确立、教学内容的科学整合、教师角色的转变等，涉及唯物史观、时空观念、史料实证、家国情怀素养培育策略的探索。第二篇　资源与教学，即合理发掘课程资源，精心设计教学过程。着重于各类课程资源的发掘、各种史料的精准使用，以及基于史料运用的教学过程的精心设计，如对教材本身的文本资源、图片资源的运用，对乡土资源的发掘，对各种课外资源如小说资源的解读等，涉及史料实证、历史解释、家国情怀等素养培育的探索。第三篇　策略与方式，即综合探究教学对策，创新实施教学手段。着重基于核心素养培育的教学策略的综合探究和教学方式手段的创新使用，如主题教学，大单元教学，初高中衔接教学，思维导图教学，信息技术下的微课教学、智慧课堂教学等，抓住了最新教学热点，反映了执教者对教学改革的积极探索，也体现了本书的实践引领价值。第四篇　评价与作业，即积极研究学业评价，努力设计"双减"作业。着力于对学业评价的准确把握和对"双减"背景下学生作业的积极设计，如高考、中考历史试题分析，高三一轮二轮历史复习策略，中考历史复习策略，指向素养培育的作业设计等，紧抓教育教学改革的热点和难点，涉及学科核心素养的综合培养，具有一定的前瞻性。这里需要说明的是，四个部分的案例是基于同一目标（历史学科核心素养培育策略）的探索，内容上是不能截然分开的，它们只是探索的着重点和角度不同而已。我们把全书案例分为四个部分，是为了方便内容的呈现和策略的归类。

本书具有以下特点：（1）本书整体上现实感强，时效性强。高中历史统编新教材2020年才在我省使用，初中新课标、统编新教材的使用时间也不长，有很多值得探索的地方。因此，基于核心素养培育的中学历史教学探索，是目前及以后一段时期的教育教学热点。（2）本书指导性强，针对性强。每个案例都体现教师对历史学科核心素养的理解和教学追求，反映了执教者对科学制定教学目标、深入分析课程结构、合理整合教学内容、有效设计教学过程、准确把握学业质量评价的探索过程；文章都是以作者自己的实际案例作为论据进行分析和论证。尤其是，本书过半篇幅是安徽省芜湖市教育高层次人才分层培养项目"新课程背景下中学历史课堂教学中'素养'培育策略探究"的阶段性成果，该成果是立足芜湖市中学历史教育教学现状，借鉴和辐射周边地区而涌现出来的优秀研究案例；本书部分篇幅是安徽省立项课题"基于统编教材的初高中历史教学衔接"的研究成果，对广大中学历史教师具有较高的参考价值。（3）本书权威性较高，三名主编都是安徽省正高级教师。刘宏法：芜湖市教育科学研究所历史教研员，安徽省劳模，安徽省政府特殊津贴获得者，安徽省"江淮名师"，安徽师范大学硕士研究生导师，芜湖市刘宏法名师工作室、刘宏法劳模创新工作室主持人；朱启胜：芜湖市人民政府教育督导室专职督学，《中学历史教学参考》特约研究员，人民教育出版社统编新教材培训专家，芜湖市中学历史学科首席教研指导专家；王昌成：蚌埠市教育科学研究所历史教研员，安徽省特级教师，安徽省基础教育教学成果奖一等奖获得者，蚌埠市政府特殊津贴获得者，人教社统编新教材培训专家。

　　本书作者在写作中参考了一些专家老师的著作和文章，未能全部一一注明出处，敬请谅解。由于作者水平有限，加之时间仓促，本书可能还存在一些不足和错误，恳请读者批评指出，以便我们再版时修正。

编　者

2022 年 7 月

目　录

第一篇　课程与整合

——深入分析课程结构，科学整合教学内容

本篇主要从课程和内容视角，着眼于统编精神的把握、课程结构的分析、教学立意的确立、教学内容的整合等，同时对大概念、深度学习等新理念进行探究，涉及唯物史观、时空观念、史料实证、家国情怀等素养的培育，尤其对唯物史观、家国情怀素养培育进行了多角度探索，强调对新课程价值取向的把握和立德树人根本任务的落实。

分析课程结构，整合教学内容，培育核心素养

芜湖市第一中学　黄友高

截至目前，全国大部分省份都已经使用统编高中历史教材。在进行《中外历史纲要》教学时，老师们普遍感叹：其一，每册书的课数多，每课教学容量大，而每学期课时安排少，教学时间很紧张，课堂教学很匆忙，来不及深入思考；其二，统编初高中历史教材的编写都是"双通史"体例，教学内容有较高的重合，如果教学内容重复会浪费教学时间和精力，让学生失去学习高中历史的兴趣。针对以上问题，笔者基于对初高中历史知识衔接的分析，以及对核心素养视域下历史教学的探索，结合自身的教学实践，提出了统编高中历史教材《中外历史纲要》教学的三个主张，即"举纲""提要""铸魂"。

一、举纲——构时序框架，建知识结构

1.构时序框架

"领会事件序列是理解事件之间关系的根本"，历史的事件序列建立于时间序列之上。历史教学中，将教学内容所涉事件序列与时间序列相结合，构建时序框架，对于破解此前所述的困惑有重要意义。首先，从教材的编写体例来看，相对于旧版教材专题史体例而言，统编高中历史教材是通史体例，每个部分的内容均在历史时序的框架下，由若干学习专题组成。这是教学中进行时序框架建构的重要前提。其二，从历史课程目标来看，进行时序框架的建构与《普通高中历史课程标准（2017年版2020年修订）》所提出的"通过学习，学生应了解和掌握唯物史观的基本观点，体会唯物史观的科学性，理解不同时空条件下历史的延续、变迁与发展"这一目标是相契合的。其三，时序框架要建构的是一个完整的历史演进脉络，而这一完整性必须建立于长时段的史事演进之上。因此，同为通史体例，

初中历史每课史事时间跨度小，教学内容少，不具备建构时序框架的基础，而高中《中外历史纲要》史事时间跨度大，教学内容多，正与建构时序框架的基础要素相契合。反过来，时序框架的建构也可破解单课史事时间跨度大、教学内容多这一教学难题。笔者所说的时序框架并不等同于把以往发生过的较大事件根据某一主题按年代排列起来的大事年表，时序框架是时间序列与事件序列的结合，并非将所有大事都呈现，而是将某一时段具有坐标意义的重要史事与时间节点以较为整齐的方式排列出来，为学生对历史进程建构总体的认知提供时间线索与依据，为后面重点内容的学习提供支撑，并培养其时空观念。以《中外历史纲要（上）》第5课为例，笔者建构了如下时序框架（见图1）：

图1　《中外历史纲要（上）》第5课时序框架

该图以坐标形式两汉前后四百年以及三国两晋南北朝前后三百八十多年的历史演进，为学生进行下一步的重点内容学习提供了重要的时序支撑。历史是以研究对象所处的时段及其运动变化来划分的学科，时间的延展性为历史对象的存在、变化、发展提供条件，因而，把握历史的时序性特点是学习历史的基础。

2.建知识结构

知识结构化，是实现高效学习的重要方式。学习的本质并非知识点的简单堆砌，而是建构结构化的知识体系。《普通高中历史课程标准（2017年版）》在"编写建议"中指出，"要注重教科书中专题之间、课题之间的逻辑关系，注重内容之间的关联，使学生能够整体把握学习内容"。纵观教材内容，每一单元有每一单元的主张与逻辑结构，每一课也有每一课的主线与结构，把握课文内容，重要的是在备课时明确课文各子目的定位，以及各子目的内容结构，建构内容的线索和层次。注重逻辑关系，把握内容结构，是破解统编教材单课时所涉教学内容过多这一问题的重要途径，只有将课时内容结构化，才能在有限的时间内整体把握学习内容。以《中外历史纲要（上）》第1课《中华文明的起源与早期国家》为例，笔者建构了如下知识结构（见图2）：

```
        上古与三代——中华文明的起源与发展
一、石器时代：基于文化遗存的推知——中华文明的奠基
    1.旧石器时代
    2.新石器时代
二、存疑时代：基于文献传述的闻知——中华文明的起源
    1.三皇五帝
    2.夏后之世
三、信史时代：基于考古文献的证知——中华文明的发展
    1.殷商
    2.西周
```

图2 《中华文明的起源与早期国家》知识结构

笔者将上古至先秦三代的历史划分成三个时代，对应相应时段历史事实，从史料实证的角度建立一个完整并有内部逻辑的知识结构，促成学生对这一课内容知识的掌握与内化。由于新教材知识繁多，需要教师去繁就简，拎出主线并按主线设计子目的名称。从学生学习的角度来说，清晰的知识结构有利于学生接受新知识，并内化成自己的认知。

二、提要——提核心概念，抓关键问题

统编高中教材《中外历史纲要》，相对于义务教育教材及旧版教材而言，多"纲要"二字。基于教材编写的体例及纲要的本意，课堂教学时，举纲为其一，其二则为提要。著名教育家卢安·约翰逊针对无法完成教学任务这一问题说："覆盖课程不是教学，没有人指望你去解决这些孩子面临的所有问题，或者一年讲完整本教科书。笔者建议你们选择教科书里的关键内容好好讲，不要面面俱到，要挑最重要的概念和技能讲。教会学生如何自学，他们就知道如何把以前没学到的知识补上了。"提要，是针对统编教材内容多课时少问题的一个重要破解方法。提要，不是面面俱到，而是择其要。择什么要？历史教科书的编写要体现出整体性，突出重点内容、核心概念和关键问题。这里的重点内容、核心概念、关键问题才是教师教学中应当着重去解决的，也就是教学中应当提的"要"。如何确定一课的重点内容、核心概念、关键问题？笔者认为，应当基于以下三个方面进行考虑。

1.基于初高中教学内容衔接

初高中教材都是通史体例，内容重合率较大，教师在备课时，要熟悉统编初

高中历史教科书。研究比较初高中课程标准和两套教材，确定高中历史教学的梯度与重点。以《中外历史纲要（上）》第3课《统一多民族封建国家的初步建立》为例，《义务教育历史课程标准（2011年版）》的表述为："秦始皇建立了中国历史上第一个统一王朝，创立了专制主义中央集权的国家体制。秦朝因暴政短命而亡，但它的一些制度对以后历代王朝具有深远影响。"而《普通高中历史课程标准（2017年版2020年修订）》的表述为："通过了解秦朝的统一业绩和汉朝削藩、开疆拓土、尊崇儒术等举措，认识统一多民族封建国家的建立及巩固在中国历史上的意义；通过了解秦汉时期的社会矛盾和农民起义，认识秦朝崩溃和两汉衰亡的原因。"由此可见，重点内容并不是两个"通过了解"部分的内容，而是两个"认识"部分的内容，两个"通过了解"是达成"认识"的途径。高中教学重点内容应当落在认识"意义"与"原因"上，同时这一课有"统一""多民族""封建"三个核心概念。课堂教学围绕并解答好这三个核心概念，秦的统一、中央集权制度的建立、盛衰因由等关键内容就明了了。

2.基于课程主题的教学设计

历史教材不是历史的全部，而是一种主要的教学资源，没有必要被束手束脚。为了更好地完成主题教学，需要教师在现有教材的基础上重新进行内容整合。每一单元有每一单元的主题，每一课有每一课的主题，教学设计应围绕着主题展开，重点内容的选择应当基于课程主题的教学设计，选择相关知识点并结构化地组织和推进教学。例如《中外历史纲要（上）》第5课《三国两晋南北朝的政权更迭与民族交融》，本课的主题为"政权更迭与民族交融"，重点内容为"政权更迭""士族政治""南方开发""民族交融"。课堂教学中，在时序框架下紧扣课时主题，精选重点内容，能够很好地化繁为简，有效解决"内容多课时少"的问题。

3.基于历史本身的发展逻辑

历史解释是主观的，但历史本身是客观的，有其自身的发展逻辑，任何不基于历史事实本身的历史解释都是乱弹琴。历史教学应当基于历史本身的发展逻辑，历史教学重点内容的选择应当有利于学生建构完整的历史发展逻辑。以《中外历史纲要（上）》第7课《制度的变化与创新》为例，"三省六部制"一目教学，涉及古代中国中枢机构的沿革，既是沿革，就有其演变的脉络与逻辑，如钱穆先生所说"某一制度之创立，绝不是忽然地创立，它必有渊源，早在此项制度创立之先，已有此项制度之前身，渐渐地再创立"。教材囿于课时内容限制无法完整叙述，教学中应当择要补充完成。

三、铸魂——育核心素养，达立德树人

新时代，统编历史教材的编写是"铸魂"工程，历史教学更应当是"铸魂"工程，这是时代赋予历史教育工作者的使命。新时代高中历史教学，铸的"魂"是什么？笔者认为，应当是核心素养，更是"立德树人"根本任务的达成。

以《中外历史纲要（上）》第1课《中华文明的起源与早期国家》为例，本课的"魂"应当是回答"中华从何来？何以证知？"这一关键问题。长期以来中外史学界对于中华先秦古史是存疑的，尤其是商以前的中华古史。笔者教学时围绕"中华从何来？何以证知？"这一关键问题，设计了"石器时代：基于文化遗存的推知——中华文明的奠基；存疑时代：基于文献传述的闻知——中华文明的起源；信史时代：基于考古文献的证知——中华文明的发展"三个篇章，这里有史料实证的落实、家国情怀的涵育，更有文化自信的树立。

再如第3课《统一多民族封建国家的初步建立》以及第4课《西汉与东汉——统一多民族封建国家的巩固》，重点应落在对"意义"与"原因"的认识上，而这正体现了历史的重要功能"表征盛衰，殷鉴兴废"。笔者教学这两课时，将课魂设定为"盛衰之由"，并作如下总结升华：

马孟龙先生在《大一统王朝的确立：秦汉》中说："盛自有因，衰必有由。秦汉四百年，'其兴也勃焉，其亡也忽焉'，其背后的根本缘由是什么？东汉末年一首民谣'发如韭，剪复生；头如鸡，割复鸣。吏不必可畏，小民从来不可轻！'可谓一语道破。历史的真正主人不是秦皇汉武，而是草芥小民。"习近平总书记在《在纪念朱德同志诞辰130周年座谈会上的讲话》中说："'天视自我民视，天听自我民听。'今天，全党同志无论职位高低，都要把人民拥护不拥护、赞成不赞成、高兴不高兴、答应不答应作为衡量一切工作得失的根本标准。"可谓一语中的。

这两课课魂的设计，既在育唯物之观，通解释之道，涵家国之情，更是立仁民之德。

"一个没有灵魂的历史课堂，不管形式多么热闹，其本质都是死寂的，没有人文价值。……每一节课都能叩击学生的心灵，最终完成历史教育的使命。"新时代，新课程高中历史教学，"纲"与"要"都要有灵魂的牵引才是适当的，也才是不辱使命的。

对基于大概念的统编高中历史单元设计的思考

马鞍山二中外国语分校　张文文

　　《普通高中历史课程标准（2017年版2020年修订）》对教学内容的说明是："进一步精选学科内容，重视以学科大概念为核心，使课程内容结构化，以主题为引领，使课程内容情境化，促进学科核心素养的落实。"历史学科"大概念"，是指向历史学科核心内容和教学核心任务，反映学科本质，将学科关键思想和相关内容联系起来的关键的、特殊的概念。它可用相关的概念、主题、有争议的结论或观点等进行表述，在教学事务中具有聚焦学科核心内容，明确教学任务，引导架构学科知识框架，促进理解性教学，助力培育学科核心素养等实践意义。[①]因此，在教学实践中，教材内容的取舍，教学主题的提炼，教学目标的制定以及核心素养的培养等都可以围绕学科大概念去实施。

　　如何提炼大概念呢？大概念具备上位的、统摄性的、抽象的、本质的特征，它的呈现方式也是多样的。（1）重要的学科知识：如《中外历史纲要（上）》第一至第四单元，中国古代史部分有两个重要的大概念：中华文明的起源与上下五千年历史，统一多民族封建国家的形成与发展。（2）学习主题：如《中外历史纲要（上）》第二单元"三国两晋南北朝的民族交融与隋唐大一统的发展"，其大概念可以设置为"民族交融和大一统"；第四单元"明清中国版图的奠定与面临的挑战"，其大概念可以设置为"盛世与危机"。（3）基本观点：有的学者认为唯物史观就是历史学科的大概念。《中外历史纲要（下）》第四单元"资本主义制度的确立"，可借用引言部分"思想解放是社会变革的先导"作为基本观点；第五单元"工业革命与马克思主义的诞生"，可用"工业革命带来了社会生产力和生产关系的深刻变化"作为基本观点。这两个单元都涉及的唯物史观的基本观点：经济基础决定上层建筑，一定时期的思想文化是一定时期政治经济的反映等。学科大概

---

① 王喜斌.学科"大概念"的内涵、意义及获取途径[J].教学与管理（理论版），2018(8):86-88.

念是学科知识的精华所在，是有价值的知识，是最能转化为素养的知识。提炼了大概念之后，教师要以大概念为核心，立足单元整体设计，制定单元的教学目标，整合教材内容，创设历史情境和问题情境，让学生掌握历史学科的核心概念，从而逐渐培养学生的核心素养。

一、基于大概念，提炼单元主题，制定单元教学目标

新课程要求教师必须提升教学设计的站位，不再只是关注单一的知识点，而开始关注大单元设计，只有这样，才能改变学科碎片化教学，才能真正实现教学设计与素养目标的有效对接。单元整体教学设计指教师在对课程标准、教材等资源进行深入解读和剖析后，根据自己对教学内容的理解以及对学情的把握，对教学内容进行分析、整合、重组，形成相对完整的教学主题，并以一个完整的教学主题开展单元教学。①统编高中历史新教材采用的是通史体例，按照历史分期构成单元，每个单元又分若干课，单元中的课是按时序和专题相结合的方式来呈现。在教学设计中，教师基于学科的大概念，提炼单元的主题，把繁冗复杂、零碎化的知识用主题这根线串起来，让学生建构起体系化的知识结构。

例如《中外历史纲要（上）》第二单元"三国两晋南北朝的民族交融与隋唐大一统的发展"，本单元分为四课：（1）三国两晋南北朝的政权更迭与民族交融；（2）从隋唐盛世到五代十国；（3）制度的变化与创新；（4）三国至隋唐五代的文化。这一单元跨度长，知识点多，内容零散。单元课标表述如下：通过了解三国两晋南北朝政权更迭的历史脉络，隋唐时期封建社会的高度繁荣，认识三国两晋南北朝至隋唐时期制度的变化与创新、民族交融、区域开发和思想文化领域的新成就。基于课程标准的表述，本单元有两个阶段，这两个阶段的特征也很明显。三国两晋南北朝更突出的是分裂中的"民族交融"，隋唐时期更突出的是"大一统"的发展趋势。所以本单元围绕"民族交融"和"大一统"两个大概念设置了单元主题：（1）政权的更迭和制度的创新；（2）民族的交融和江南经济的开发；（3）兼容并包的思想和辉煌灿烂的文化。通过设置以上单元主题，教学不再拘泥于细碎的知识点，而学生也能认识到三国至隋唐在政治、经济和思想文化等方面的阶段性特征。用单元主题把细碎化的知识点连接在一起，有利于把握本单元的知识结构，并依据单元主题制定单元教学目标。教学目标是落实历史学科核心素养培育的关键，所以要基于大概念，提炼单元主题，制定单元教学目标，为教学

① 崔允漷.学科素养呼唤单元教学设计[J].上海教育科研,2019(4):1.

实践指明方向。

二、立足大概念，整合教材内容，构建单元内容框架

单元教学应该立足教材，而且还要超越教材。在新课程改革背景下，教师需要建立起新的教材观，从"教教材"转变为"用教材"，因此教师在进行单元整体设计的过程中，更要强调对教材内容的优化整合。统编高中历史教材虽然恢复了通史的编排体例，但每课内容容量大，时间跨度大，想在一节课的时间里完成教学任务，落实学科核心素养培育，教师必须对教材内容进行整合取舍。搭建单元内容框架是根据单元主题，综合考虑单元各课内容：如果单元的每一课都是按照较强的逻辑顺序编写的，则不需要再打乱教材内容顺序，直接搭建单元内容框架就好；如果单元每课内容之间的逻辑联系较弱，则需要教师围绕单元主题，打通单元内容，进行跨课时整合，使教学内容的逻辑结构更加清晰、合理。

例如《中外历史纲要（上）》第五和第六单元，跨越的时间段是从晚清至民国初年，反映的是在西方列强侵略下，中国社会内忧外患，各个阶层向西方学习、探索救亡图存道路的历程。所以教师在教学中可以把这两个单元的内容进行整合，提炼两个单元的大概念：内忧外患下的救亡图存和思想解放。根据这两个大概念，立足两个单元的课程标准，将两个单元的内容整合成以下三个主题：（1）工业文明冲击下的民族危机；（2）民族危机下的救亡图存；（3）救亡图存下的思想解放。按照学生的认知规律，将晚清进行救亡图存的原因以及影响有序铺陈，把握认知的层次和角度，在唯物史观的引领下，透过现象看本质，辩证看待事物的发展，推导出工业文明冲击下民族在阵痛中孕育着民族的思想解放，从而达成历史理解和历史解释，符合教学逻辑。

三、围绕大概念，创设问题情境，培养历史学科思维

历史学科核心素养的发展，绝不是取决于对现成的历史信息的记忆，而是要学生在解决学习问题的过程中理解历史，因此教师在分析教学内容的基础上，要以问题作为教学的切入点，结合教学内容的逻辑层次，设置需要在教学过程中解决的问题。[1]

在常规课堂上，教师也会经常依托材料来设置问题，但是问题设置往往针对

① 崔允漷.学科素养呼唤单元教学设计[J].上海教育科研,2019(4):1.

某个知识点，很零散、分散，随意性强，往往会割断历史知识之间的联系，问题之间缺乏关联性和递进性。在新教材的教学中，时间紧，任务重，教师在设置问题时要围绕大概念和教学主题，例如《中外历史纲要（上）》第7课《制度的变化与创新》，这一课的核心概念突出变化与创新。这一课创设了三大问题情境：隋唐初期统治，如何协调好皇权和中枢机构的关系？选贤任能如何落到实处并由中央控制选官权？如何既能增加政府财政收入又能在一定程度上减轻农民负担？这三个问题的提出和解决，构成了这一课教学的逻辑层次，使学生在解决问题中掌握知识，认识到这些问题都是为了加强中央集权，巩固统治。

综上所说，新教材、新课标给一线历史教师提出了新挑战，单靠教师单打独斗，不但任务难以完成，而且效率低下。一线教师要以备课组为单位，组织好单元集体备课，开展以新教材为核心的教研活动，集思广益，基于大概念，进行单元整体教学设计，抓大放小，在有限的教学时间内组织有主题的教学、有思想的教学、有素养的教学。

对核心素养培育背景下高中历史新教材教学的思考

——以《辽夏金元的统治》为例

芜湖市火龙岗中学　周娜娜

统编高中历史新教材《中外历史纲要》是在历史学科核心素养的统领下编写而成的。它具有容量大、内容涵盖广、知识点密度大、概括性强等特点，部分更新的教学内容对教师来说很陌生，给教学带来挑战。如何利用新教材开展教学，并在教学过程中促成历史学科核心素养落地，成为高中历史教师普遍关注和研究的问题。本文以《中外历史纲要（上）》第10课《辽夏金元的统治》的设计和实施为例，谈一谈对指向核心素养培育的新教材教学的一些思考和看法。

一、合理整合教材，凝练教学立意

教学立意，是教师在借鉴史学成果，深入把握相关史实的纵横、前后联系的基础上，结合课程目标所确立的本节课的中心或灵魂，是学生通过本节课学习所获得的核心内容。[①]教学立意作为一节课的"中心"或"灵魂"，如果确立得当，可以统摄教学，贯穿教学内容，理清教学逻辑，并能够据此立意选定教材内容中的关键知识作为教学重点，从而避免面面俱到。基于"教学立意"，还可以对教学内容进行合理的重构与整合，形成完整的学习情境，更利于在学生学习过程中渗透历史学科核心素养。

《辽夏金元的统治》一课，教材中主要是按时序描述了辽、西夏、金、元政权的兴起与发展历程，并介绍了各少数民族的制度建设，尤为突出元朝的制度和民族关系。如果仅仅按照教材内容来教学，一是教学时间紧张，容易在细小知识点

---

① 王德民，赵玉洁.说课的凝练与升华——从"说教材"到"说教学立意"[J].历史教学（上半月刊），2013（2）:36.

上过度发力，学生学起来枯燥乏味，很难进行知识体系的架构；二是无立意无主题的历史教学索然无味，很难实现历史教学育人的使命。因此，在分析课标、研究教材的基础上，笔者将本课的教学立意凝练为"中华民族多元一体"。具体来说，辽夏金元时期是我国历史上一个非常重要的民族交融时期，各民族在政治、经济、文化交往过程中相互促进、相互融合，逐渐形成"大中国"观念，推动中华民族多元一体文明格局的形成。鉴于学生容易把这一时期的民族政权并立格局理解成北方民族对汉族政权的"侵略"和"压迫"，陷入汉族中心论和中原王朝中心论的误区，因此，笔者确定此教学立意，目的是引领学生探究少数民族的历史，从而将核心素养特别是唯物史观和家国情怀的培育贯彻到位。

基于"中华民族多元一体"的教学立意和课标要求，笔者对教材内容进行适当取舍，将其整合为三个部分：第一部分"政权并立到国家统一"，此部分主要是梳理各政权的建立发展历程，让学生感知这一历史时期的统治概况和主要特征；第二部分"因俗而治的制度建设"，通过史料和问题探究，重点解读各民族的安邦制度，从而加深学生对历史的认知，使学生在获取知识的同时提升思维水平，理清知识之间的逻辑关系；第三部分"多元一体的文明格局"，通过史料解读，认识辽夏金元等北方少数民族政权在统一多民族封建国家发展中的重要作用以及中华民族多元一体文明格局的形成。第三部分是对本课内容的高度提升，进而落实课标内容主旨，突出历史学科立德树人的任务和价值。

二、精准把握课标，促进深度学习

课标是教材编写、教学实施、教学评价的依据，课标对课程内容的叙述也是教师在进行教学设计时的重点。依据课标，教师可以明确教学任务和教学重难点，把教学思路聚焦在学生如何探索历史问题、如何建构自己对历史的认识以及如何使历史学科核心素养得到综合发展上。精准把握课标是历史教学成功的关键，也是促成学生深度学习的重要推动力。课标对《辽夏金元的统治》一课的要求是："通过了解辽夏金元诸政权的建立、发展和相关制度建设，认识北方少数民族政权在统一多民族封建国家发展中的重要作用。"根据对课标的解读，笔者将本课的学习重点设定为：让学生掌握各少数民族为了安邦定国而实行的制度传承与创新，以及少数民族政权在统一多民族封建国家发展中的重要作用。至于如何在课堂中保证教学的有效性，突破重点，达成课标要求，则需要教师设计相应的教学环节，优化教学方式，促成学生深度学习。

深度学习，是指在教师引领下，学生围绕具有挑战性的学习主题，全身心积极参与、体验成功、获得发展的有意义的学习过程。[①]深度学习是针对教学实践中存在的机械学习、死记硬背、知其然而不知其所以然的浅层学习现象而提出的。要求学生能够对所学知识进行批判、反思、迁移，并灵活用于对实际问题的解决中。课堂教学中若能让学生实现深度学习，对学生学习知识、提升思维水平、发展素养都有重要的推动作用。在本课的教学设计中，笔者尝试从以下几方面促成学生深度学习的达成。

1.创设历史情境，激发学生学习兴趣

在历史教学中创设历史情境，可以拉近学生与历史之间的距离，提升历史课堂的生动性，激发学生的好奇心和探究欲，从而打开学生思维的大门，使学生仿佛置身历史现场，去思考和探究历史问题。在本课的导入部分，笔者将"另一半中国史"这一概念通过对一本书的介绍引入教学，并用两位人物的书评引发学生的学习兴趣，让学生产生思维碰撞。因为一直以来汉民族的历史都被默认为主流，学生对其余55个少数民族的历史知之甚少，但作为中国历史不可或缺的有机组成部分，"另一半中国史"同样波澜壮阔，绚丽多彩，值得我们去关注和探究。这样的导入很容易将学生拉进课堂学习，营造良好的课堂氛围。

2.合理设置问题，提升学生关键能力

历史不只是对过去的记忆，更重要的是对过去的反思，从这个意义上说，历史学科是一门思考、思辨的学科。而历史的学习，重要的是使学生形成自己对历史的认识。[②]在教学中通过对教学内容和教学目标的分析，合理设置历史问题，引导学生思考探究并自主解决问题，可以在调动学生兴趣的同时激发学生思维，提高学生阅读、理解、概括等历史学科关键能力。在本课教学中，对少数民族政权的制度建设这部分教学内容，笔者通过史料呈现来创设情境，设置了三个问题：辽、西夏、金、元等少数民族政权制度建设有何特点？为何呈现出这样的特点？产生了什么样的影响？通过循序渐进、环环相扣的三个问题，促进学生深入思考，理解少数民族政权"因俗而治"，在学习汉制基础上传承创新制度的举措、原因及影响。基于史料分析的问题解决过程对于提升学生能力、发展学生素养大有裨益。

3.引入学术观点，拓展学生历史思维

在历史课堂中根据教学需要，恰当正确地引入学术观点，可以让历史课堂充满开放性和探究性，可以拓展学生的历史思维，推动学生自主学习和自主探究。

① 刘月霞,郭华.深度学习:走向核心素养[M].北京:教育科学出版社,2018:32.
② 叶小兵.简论基于核心素养培养的历史教学特征[J].历史教学(上半月刊),2017(12):8.

基于核心素养的中学历史教学探索

但是学术观点的引入对于教师来说是一个较为严苛的考验，怎样保证引入的学术观点符合课标要求、符合学生的思维水平和认知规律，这需要教师不断去研究探索。在本课教学中，针对重点问题"行省制"，笔者尝试引入了"行省制沿袭了金朝旧制""行省的本质是中央派出机构""元代行省划分是犬牙交错原则的极端化"[1]等观点，来加深学生对这一制度的理解。在实际教学中，这些学术观点引发了学生极大的探究热情，点燃了学生的思维火花，激发了学生的学习兴趣，活跃了课堂的教学氛围。

三、聚焦核心素养，回归学科本质

如何将历史学科核心素养从理念落实到具体的教育教学实践中，让学生通过学习真正具备这些素养，是目前高中历史教学最现实最迫切的问题。历史学科的五大核心素养要成为学生的素养，归根结底还是要在学习过程中分阶段、逐步、持续地浸润。

1.自主梳理教材，培养时空观念

历史的时空观念主要是指历史时间观念和历史地理观念。历史时空是学生学习历史知识的基础，任何历史事件都是在特定的、具体的历史时空下推进发展的。所以在本课第一部分"政权并立到国家统一"的教学设计中，笔者利用时间轴、地图以及表格，让学生自主梳理教材，在了解、掌握基础知识的基础上培育时空观念。通过时间轴，把少数民族政权并立的历史放在时空的大坐标上进行长时段、远距离、宽视角的研究；通过表格梳理各政权建立、发展到灭亡的相关知识；通过疆域地图从空间上了解辽夏金元等政权的疆域、相互关系和更迭，感知历史的发展变化；从时间、空间背后获得信息，感悟这一时期多民族政权并立并逐步从分裂走向统一，且以和平局面为主导的历史特征。

2.解读辨析史料，强化历史解释

史料者何？过去人类思想行事所留之痕迹，有证据传留至今日者也。[2]历史课堂上通过对有价值的史料的呈现，引导学生解读辨析史料，用实证的方式把史料作为证据来解释历史问题，这既是历史学科的特点和要求，也是高中历史教学的重要思想和方法。在本课的教学中，笔者引导学生分别解读探究两段材料，让学生理解行省权力"大而不专"以及行省制的影响。通过史料创设问题情境，引导

① 周刘波.中外历史纲要学习精要与史学导读[M].重庆：西南师范大学出版社，2020：109.
② 梁启超.中国历史研究法[M].北京：商务印书馆，1930：66.

学生突破疑难，让学生真正学会认识历史，培育史料实证意识，强化历史解释能力。

3.增强民族认同，浸润家国情怀

历史学习的最本质特征在于引导学生体验民族的历史，养成热爱民族、热爱祖国的情感与道德。①本课的最后一部分，笔者设计了"多元一体的文明格局"。通过挖掘史料内涵，让学生认识辽夏金元等北方少数民族政权在统一多民族封建国家发展中的重要作用以及中华民族多元一体文明格局的形成；通过展示习近平总书记在全国民族团结进步表彰大会上的讲话，进一步引导学生树立正确的民族观和文明观：北方少数民族的南下和交融，使中国不断发展壮大，由原来的华夏形成了现在的中华，造就了今天的多元一体。在探究、思考和感悟中激发学生的民族认同感、国家认同感，浸润家国情怀素养。

① 齐健,赵亚夫.历史教育价值论[M]北京:高等教育出版社,2003:116.

基于历史学科核心素养培育的初中历史教学

——以《第一次工业革命》为例谈核心素养培育的落实

芜湖市南陵县城东实验学校　张玉荣

　　初中历史教学要以"育人为本"的教育理念为准绳，历史教师在教学过程中要尊重学生的个性化发展和体现学生的主体地位，以培养学生的历史核心素养为教学宗旨。初中历史核心素养内容大致可分为核心理论即唯物史观、核心思维即时空观念、核心方法即史料实证、核心能力即历史解释、核心价值观即家国情怀这五大类。如何在历史教学中培养学生的"核心素养"需要教师不断探究。下面笔者以人教版九上《第一次工业革命》为例，围绕时空观念、历史解释、家国情怀等方面历史"核心素养"的落实，谈谈自己的实践体会。

一、细嚼史料，培养学生的史料实证素养

　　史料实证素养是指学生能够在真实可靠的史料基础上得出历史结论与评判的能力和品质，它是进一步养成历史理解、历史解释及反思素养的基础。对史料的研习与运用，既是历史学习与研究的重要方法，也是解释历史和评判历史的重要能力体现。学生"史料实证"能力的培养主要在于课堂教学，因而教师在设计教学流程时要充分挖掘历史教材，做到史论结合，培养学生论从史出的证据意识。例如笔者在本课中关于工业革命的发生背景设计了以下探究性活动：

　　（1）通过视频大家知道了第一次工业革命发生在英国，那么当时英国具备了哪些优越的条件，才使工业革命的发生成为可能呢？展示图像史料，图一：《权利法案》，图二：三角贸易，图三：圈地运动使农民失去土地，图四：英国殖民地遍布全球，图五：工匠积累了丰富的生产技术和经验。通过五幅图片，让学生分析探究工业革命发生的原因，通过教师引导和小组合作的方式，得出以下认识：先

进的政治制度和优越的经济条件，使英国最早建立资本主义制度（政治前提）；三角贸易和殖民掠夺提供了原始资本、原料；圈地运动为工业生产提供了自由劳动力；拥有广阔的海内外市场，使产品需求量大大增加；发达的工场手工业积累了大量技术。

（2）先进的政治制度和优越的经济条件使工业革命在英国发生成为可能，那么到底是什么因素促使工业革命到来的呢？展示材料：新航路开辟后，英国积极进行殖民扩张，在世界各地掠夺了大片殖民地，自诩"日不落帝国"，海内外市场不断扩大，产品需求量大大增加。

通过以上设计培养学生初步运用知识对史料进行分析、论证的能力，培养学生进行探究性学习的能力，掌握史论结合、论从史出的历史学习方法。"史料实证"素养培养的目标就是引导学生规范地运用有价值的史料表达自己的历史认识，使学生养成实证和理性态度，并让学生从中体会实证精神。

二、纵观历史，培养学生的唯物史观素养

唯物史观是揭示人类社会历史客观基础及发展规律的科学的历史观和方法论，是一套关于人类社会发展的哲学理论。该理论认为，社会有着固定的发展规律，物质、社会存在、生产力和生产关系、阶级矛盾，相互作用、相互牵绊，任何历史事件的发生和当时的社会发展程度都有着直接的关系。历史教师在教学过程中，要引导学生透过现象看本质，帮助学生建立科学的历史观和方法论，从而使学生能够正确地认识和面对人类历史发展的过程和趋势。

展示材料：工业革命也叫产业革命，是资本主义时期由工场手工业向大机器生产转变的一次飞跃，主要以机器取代手工（人力），它是生产领域里的一场变革，又是社会关系方面的一场革命，是资本主义发展史上的重要阶段。由于初中学生历史学习水平有限，可以简单分析得出"生产力的发展推动了新的技术革命的到来"，使学生认识到工业革命的发生是生产力发展的必然结果，从而让学生明白社会的进步和发展是由于生产力的推动。生产力推动生产关系的变革，生产关系又促进生产力的发展。

三、巧设情节，培养学生的时空观念

时空观念是在特定的时间联系和空间联系中对事物进行观察分析的意识和思维

能力，它是学生历史学习的基础。《第一次工业革命》这一课中与时空观念关联的内容有：工业革命的进程，工业革命的扩展。为培养学生的时空素养，笔者设计了如下活动：

（1）关于工业革命的进程：设计人物生活在19世纪中期的英国，他是一位工场主，通过对家族企业创始人创业时遇到的种种困难的回忆来展开本课教学：通过工业革命发生的背景得出产品满足不了市场的需求→新的发明和新技术的革新→原始动力的弊端→瓦特发明的改良蒸汽机→交通工具的革新等。通过这样的设计流程，很好地培养了学生的时空观念，工业革命中的重要发明是在不同时间产生的，而且通过图片、视频等启发学生思考，帮助学生理解工业革命进程中各个环节相互促进的关系，理清事物之间的因果联系。

（2）关于工业革命的扩展：先展示地图，工业革命从一国扩大到多国，从欧美扩展到亚洲，然后在地图上标出同一时期的中国还处在专制主义封建王朝阶段，从而认识到中国没能抓住第一次工业革命的机会，引导学生回忆工业革命对中国的影响，加强爱国主义教育：要紧跟时代潮流，坚持改革开放，使中华民族屹立于世界民族之林，让历史的悲剧不再重演。这样一举多得，既培养了学生的时空观念，又对学生进行了家国情怀的教育。

四、激发思维，培养学生的历史解释素养

历史解释是指以史料为依据，对历史事物进行理性分析和客观评判的态度、能力与方法，是五大核心素养的核心能力。对于初中生而言，历史解释主要是辨别课本和生活中的历史解释；在历史叙述中将史实陈述与历史解释相结合。为帮助学生分析"工业革命的影响，科技是一把双刃剑"，培养学生的历史解释素养，笔者设置了如下教学活动：

精选史料，引导学生从两个方面来理解工业革命的影响：一是进步性即工业革命在生产力、社会进步、社会关系、世界范围等方面的影响；二是工业革命的消极影响即环境污染等方面。

材料一：资产阶级在它的不到一百年的阶级统治中所创造的生产力，比过去一切时代创造的全部生产力还要多。

材料二：不断扩大产品销路的需要，驱使资产阶级奔走于全球各地。……这些工业所加工的，已经不是本地的原料，而是来自极其遥远的地区的原料；

它们的产品不仅供本国消费，而且供世界各地消费。

—— 《共产党宣言》

材料三：展示空气、水、土地污染的图片。

通过材料让学生理解工业革命创造了巨大的生产力，英国成为最先进的工业国，工业化时代来临；让学生思考、理解、判断得出资本主义世界市场初步形成；通过环境污染的图片让学生认识工业革命的消极影响。通过以上材料培养学生论从史出、史料实证的历史学习方法。为帮助学生理解"科学技术是一把双刃剑"，笔者精选了以上材料，引导学生阅读分析，并从进步性和消极影响两个方面，对工业革命进行理性客观的分析和评判，提升了学生的历史解释素养。

五、拓展延伸，培养学生的家国情怀素养

家国情怀是学习和探究历史应具有的社会责任与人文追求，家国情怀是学习历史和认识历史在思想、观念、情感、态度等方面的重要体现，是实现历史教育育人功能的重要标志，体现了对国家富强、人民幸福的情感，以及对国家的高度认同感、归属感、责任感和使命感。本课中瓦特身上的工匠精神体现出了浓浓的家国情怀，通过瓦特身上的精神品质帮助学生领会和培养家国情怀，为此笔者设计了几个环节：

环节一：结合材料中瓦特改进蒸汽机的过程，思考从瓦特身上我们可以学到哪些优秀品质？从中我们得到什么认识？展示材料：1765年，瓦特制造出带有分离冷凝器的蒸汽机，获得第一项专利。1781年，瓦特使蒸汽机真正成为通用的原动机，获得第二项专利。1782年，瓦特再次提高热效率，获得第三项专利。1784年，瓦特发明高压蒸汽机综合组装，获得第四项专利。1790年，瓦特发明汽缸示功器。通过瓦特改进蒸汽机的过程让学生体会到瓦特身上的那种不屈不挠、坚持不懈的工匠精神，启发学生认识"伟大的发明创造来源于亲身实验、刻苦钻研、虚心学习、大胆探索和不懈努力"，加强对学生的情感毅力教育，由此激发学生努力为国为家做贡献的情怀。

环节二：通过工业革命的影响，联系现实，想一想其对中国当今的工业化建设有什么借鉴意义？通过对工业革命的影响的分析，得出启示：科学技术是第一生产力，要坚持科教兴国战略；创新是一个民族的灵魂，是国家兴旺发达的不竭动力；科技是一把双刃剑，在发展经济的同时，要注意保护环境，坚持可持续发

展战略。

在《第一次工业革命》这一课教学中，笔者紧扣课标，精心开发教学资源，通过对时空观念、历史解释、家国情怀等核心素养培育的落实，激发了学生的学习兴趣，调动了学生的学习积极性，进一步提升了学生的思维品质和关键能力。诚然，历史核心素养的落实，任重道远，有待历史教师更深入的探究实践。

由省优质课获奖课例谈学科核心素养的达成

芜湖市镜湖新城实验学校　张琴

历史教育对于提高学生的人文素养有着极其重要的作用，而义务教育阶段的初中历史教学在其中又承载着重要的教育功能。随着新课程改革和素质教育理念的实施，初中历史教学越来越重视培养学生的历史核心素养，引导学生从历史视角去观察和思考社会与人生，促进学生逐步树立起正确的世界观、人生观和价值观，提高学生的综合素质，从而让学生获得全面发展。因此，怎样在初中历史教学中渗透核心素养尤为重要。笔者以自己执教的省级优质课大赛获奖课例《世界经济的"全球化"》为例，谈初中历史教学中对培养核心素养的践行。

经济全球化是当今世界经济发展的总体趋势，它既是生产力发展的必然结果，又为新的世界格局的形成奠定了基础。笔者在课堂教学中以世界经济的"全球化"为主题，重点探讨了经济全球化的含义、出现的原因、具体表现、影响以及中国如何应对等方面的内容。笔者将这一课设计成四个部分"学—找—辩—思"。

一、"学"筑基础知识，蕴历史解释能力

首先以微课视频的形式展现经济全球化的相关史实材料，引导学生自己解释经济全球化的内涵及背景。

历史解释是历史核心素养的重要组成部分，它不仅彰显了历史学科的独特性，还能够培养学生形成良好的思维习惯。因此，历史解释是平时历史课堂教学需要着重培养的能力，也是历史考试的重要考查方向。而进行历史解释的基础是对史料的理解、分析，从唯物史观角度得出较高层次的、综合性较强的见解。正如《普通高中历史课程标准（2017年版2020年修订）》中指出："历史解释是指以史料为依据，对历史事物进行理性分析和客观评判的态度、能力与方法。所有历史

叙述在本质上都是对历史的解释，即便是对基本事实的陈述也包含了陈述者的主观认识。"而在《义务教育历史课程标准（2022年版）》中，建议中外历史采用"点—线"结合的方式呈现，即将阐述具体史实和梳理历史发展的基本线索相结合，从而使学生掌握历史事实，更清晰地把握历史发展的阶段性特征。

所以在这一部分笔者采用了微课视频的教学方法，给学生展示了经济全球化发展历程的相关史料：15世纪之前，以中国"陆上丝绸之路"和"海上丝绸之路"为代表的局部性经济交往，世界经济发展相对分散、孤立；15世纪末至16世纪初，伴随着新航路开辟及西方国家的殖民扩张，各大洲相对孤立的状态被打破，经济往来和物品交流日益频繁，世界开始连成一个整体，世界市场的雏形出现，可看作经济全球化的开端；18世纪60年代至20世纪初，两次工业革命促进了资本主义经济的发展，密切了西方殖民国家同亚非拉被殖民地区的经济往来，资本主义世界市场由初步形成到最终确立；20世纪90年代以来，随着第三次科技革命的开展，世贸、欧盟、亚太经合等全球性和区域性经济组织的形成以及跨国公司的大量出现，各国之间经济相互依存、相互竞争，联系日益密切，成为一个整体，形成了"地球村"，可谓经济全球化的加速发展时期。

引导学生根据微课所给的史料，先分析经济全球化的一些具体特征，如"各大洲之间的联系日益密切""世界市场逐渐形成"等；然后将之综合、归纳、提炼成自己所能表述出的客观解释，进而得出经济全球化的背景和含义：随着世界经济交往的日益增多，各国各地区之间的联系越来越密切，世界经济正在逐渐成为一个整体，这种现象被称为"经济全球化趋势"。

这种教学方式符合学生的认知规律，即由表及里、由浅入深、透过现象看本质，意在使学生初步学会有理有据地表达自己的历史看法，树立不断探索历史真实的态度，养成历史学科的思维方式和独立思考的能力，并掌握通过阅读、理解史料后，提取、概括、归纳相关信息客观进行历史解释的能力，进而在历史课堂中真正培养历史核心素养。

二、"找"可信史料，促史料实证素养形成

在本课第二部分教学中，先安排学生分组找出自己平时衣、食、住、行中出现的品牌名称，然后从这些耳熟能详的品牌中引出跨国公司的概念，再通过史料展示跨国公司发展的数据和全球近几十年国际投资、国际贸易额数据，从而引导学生得出经济全球化的表现：国际投资和国际贸易迅速增长，跨国公司的影响增

大。而从资料中提炼出结论离不开学生的史料实证能力。史料实证是历史研究的基础，它指的是学生通过对获取到的史料进行辨析，得出可信度较高的信息。这就要求学生深入挖掘史料中蕴含的信息并且学会提炼，从而使客观规律能够得到清晰的呈现。当然在培养史料实证核心素养时，学生除了要具备史料解读能力以外，还需要锻炼对史料的搜集能力。

经济全球化既是一个历史问题，也是一个时事问题，还是一个与学生生活实际密切相关的问题。学生通过搜集与展示身边的进出口品牌，有助于锻炼对史料的搜集能力，还能激发学习兴趣，调动学习积极性，深切地感受到经济全球化就在身边。

三、"辩"中明是非，形成科学观念

在教学第三部分时，笔者在课堂上组织了一场辩论赛，辩题为"经济全球化的利弊"。由学生主持和担当评委，课前将学生分成两组，各自搜集有关资料。正方的观点为经济全球化利大于弊，反方的观点为经济全球化弊大于利。辩论结束后笔者进行总结，从不同角度让学生全面地、辩证地明确经济全球化的影响。

《义务教育历史课程标准（2022年版）》阐述："义务教育历史课程是学生在马克思主义唯物史观指导下，了解中外历史发展进程、传承人类文明、提高人文素养的课程。"由此可见，在历史学习中运用唯物史观可帮助学生树立正确的世界观。通过学生的辩论可以发现，经济全球化促进了生产要素在世界范围内的流动，有利于国际分工的改善和世界经济的发展等；但是对发展中国家来说是一把"双刃剑"，既是一个引进先进技术、参与国际竞争的良好机遇，也会拉大贫富差距、增加经济风险。所以需要学生针对不同情况辩证地看待经济全球化的影响。

四、"思"中升华，达成"家国情怀"

作为发展中国家，经济全球化浪潮给中国带来了机遇与挑战，我们应该如何应对？在这一部分教学中，教师通过介绍中国的一些积极应对之举，增强学生对国家的认同感和自豪感，以达成"家国情怀"素养。

家国情怀在历史核心素养中处于价值目标的地位。一般来说，家国情怀是指一个人对自己国家持有的高度历史认同感、文化归属感、历史使命感和时代责任感，是为实现国家富强、人民幸福所展现出来的持久的理想追求和精神风范，是

对自己国家和民族，乃至整个人类前途和命运的深切忧患和理性关爱。笔者在这一部分教学中，展示史料"中华人民共和国海关总署宣布：2013—2015年中国进出口贸易总额连续三年居世界第一位"，并出示中国高铁世界第一、中国倡导的亚洲投资银行成果突出等资料，让学生明白在经济全球化的浪潮中，中国积极应对。我国从被动地参与到主动地走出去，从接受规则到参与并制定规则，中国的很多产品已经走向世界，这说明中国成功地迎接了经济全球化的挑战。作为未来接班人的学生，应该肩负起带领中国走向更为成功的责任！

学科核心素养是学生需要形成的必备品格和关键能力，是落实立德树人根本任务的集中体现。作为一线教师要做的不仅仅是提升自己对核心素养的掌握与理解，更重要的是让学科核心素养落地生根，并以此引领历史课堂的方向，在课堂教学中落实对学生核心素养的培养，促进学生的全面发展，体现历史课程的育人价值。

初中历史教学中唯物史观核心素养的培育

《义务教育历史课程标准（2022年版）》这样解释核心素养："唯物史观是历史学习的理论指引，是其他素养得以达成的理论保证；时空观念是历史学科本质的体现，是其他素养得以达成的基础条件；史料实证是历史学习的必备技能，是其他素养得以达成的必要途径；历史解释是对历史思维与表达能力培养的基本要求，是其他素养得以达成的集中体现；家国情怀体现了历史学习的价值追求，是其他素养得以达成的情感基础和理想目标。"由此可见，唯物史观在五种核心素养中居于至关重要的地位，它是诸素养达成的理论保证。

关于唯物史观，《普通高中历史课程标准（2017年版2020年修订）》的"课程目标"中提出："了解唯物史观的基本观点和方法，包括人类社会形态从低级到高级的发展、生产力和生产关系之间的辩证关系、经济基础和上层建筑之间的相互作用、人民群众在社会发展中的重要作用等，理解唯物史观是科学的历史观；能够正确认识人类历史发展的总趋势；能够将唯物史观运用于历史的学习与探究中，并将唯物史观作为认识和解决现实问题的指导思想。"而在《义务教育历史课程标准（2022年版）》中措辞有一定的变化："能够认识劳动在人类社会发展中的重要作用，知道物质生产是人类生存和人类社会发展的基础；知道人民群众是物质生产的主要承担者和历史的创造者；知道生产力发展的重要性，知道生产力和生产关系的矛盾运动、经济基础和上层建筑的矛盾运动是社会历史发展的根本动力；知道在阶级社会中存在着阶级矛盾和阶级斗争，阶级斗争是推动历史发展的直接动力；初步了解人类社会形态从低级到高级的发展趋势。能够将唯物史观运用于历史学习，结合史实进行阐述和说明。"

初中学龄段的学生相对较感性，理性思维能力还有待提高，唯物史观这一学科素养对于他们来说理解起来比较困难。于是笔者结合初高中课标对唯物史观的阐述，勾勒了一幅思维导图帮助初中学龄段的学生进行理解。具体如下图所示：

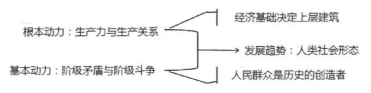

图1　推动社会发展的两大动力及相关原理思维导图

通过以上图示可以清楚看出，推动社会发展的两大动力以及与之相关的两大原理。以下是具体教学实践中对这些原理的落实。

一、社会发展趋势：人类社会形态从低级向高级发展

马克思主义唯物史观是研究人类社会发展规律的科学。马克思根据社会形态来划分人类社会的发展历程。什么是社会形态呢？它是指建立在一定生产力之上的经济基础和上层建筑的统一。这种统一是具体的、历史的、复杂的。在每一个社会形态里，都有一种生产关系占主要地位，规定着这个社会经济基础的主要特征，也规定着这个社会上层建筑的主要特征。人类历史上已经出现过五种基本的社会形态，即原始社会、奴隶社会、封建社会、资本主义社会和社会主义社会。社会主义社会是共产主义社会的低级形态。

原始社会是以生产资料原始公社所有制为基础的社会制度，是人类历史上第一种社会形态，始于人类的产生，终于奴隶制的形成，延续三百余万年之久。在原始社会，生产力极为低下，人们主要使用石器工具，依靠集体劳动，以采集天然食物和捕猎维持生存。生产关系的基本特征是生产资料归原始公社成员共同占有，人们在集体劳动中结成原始的平等互助合作关系，劳动产品实行平均分配。因而没有私有财产，没有剥削和阶级，也没有国家。原始社会解体的时间因历史发展的不平衡性，各地不一：在古代埃及与美索不达米亚约为公元前三千年；在中国约为公元前二千年的夏代；在古希腊、罗马则更晚些。但原始社会的残余仍存在于后续的社会形态中。

奴隶社会是以奴隶主占有生产资料，完全占有或剥削直接生产者——奴隶为基础的时代，是人类历史上第一个人剥削人的社会。在原始社会末期，生产力的发展达到人们能够生产剩余产品的水平，并随着私有制的发展、贫富分化的出现而产生。历史上最早由原始社会过渡到奴隶社会的是古代东方的一些国家，如古埃及、古巴比伦和古代中国等，以古希腊的奴隶制和古罗马的奴隶制最为典型。

史学界一般认为，中国从夏代开始进入奴隶社会，到春秋战国之交过渡到封建社会。封建社会是以封建地主占有基本生产资料——土地，剥削农民（或农奴）剩余劳动为基础的社会，是人类历史上继奴隶社会之后的又一个人剥削人的社会，随着生产力的发展，在奴隶社会瓦解的基础上产生。资本主义社会是以资本家占有生产资料，剥削雇佣劳动为基础，并由资产阶级掌握国家政权的社会，是人类历史上最后一个人剥削人的社会形态。资本主义生产关系在封建社会内部因小生产的分化而自发产生。使用大机器生产，是资本主义不同于以往任何社会形态的特征之一。资本主义在历史上起过进步作用，它所创造的生产力，比过去一切时代的总和还要大。

社会主义社会是以生产资料社会主义公有制为基础的时代，是无产阶级通过革命斗争夺取政权，建立无产阶级专政后产生的。按照马克思、恩格斯当初的设想，社会主义制度以社会化的大生产为物质前提，一旦全部生产资料转归全社会所有，商品生产就将被消除，社会生产内部的无政府状态将被有计划的自觉的组织所代替，在生产力发展水平和人们觉悟水平极大提高以前，实行按劳分配。俄国和中国，都是在经济不是很发达，特别是农业中小生产占优势的条件下建设社会主义的。社会主义生产关系的发展并不存在一套固定的模式，社会主义建设要同本国的国情相结合，但社会主义经济制度和政治制度的若干基本特征，是相通的。例如：生产资料公有制；计划经济；各尽所能，按劳分配；为满足整个社会经常增长的物质和文化需要而不断发展社会生产力；为适应生产力的状况而变革、完善和发展社会主义生产关系和上层建筑；在剥削阶级作为阶级消灭以后，阶级斗争还将在一定范围内长期存在，在某种条件下还有可能激化；劳动人民成为国家和社会的主人，建设高度民主的政治制度，建设高度的社会主义文明等。

二、社会发展的根本动力：生产力与生产关系

生产力的发展、生产力与生产关系的矛盾是历史进步的根本动力，这是初中历史课标明确提到的唯物史观原理。什么是生产力？什么是生产关系？这对于初中生来说太过于抽象。生产力是指人们征服自然、改造自然的能力，因此我们可以把生产力看成人与自然的关系，其中包括劳动者、劳动资料和劳动对象三个要素，这也能说明劳动在人类社会发展中的重要作用，从而让学生知道物质生产活动是人类生存和人类社会发展的基础，进而理解"经济基础决定上层建筑"这一原理。对于初中生来说，这样讲还是有一些抽象，我们可以借助下面的图示来帮

助学生理解生产工具的进步是如何推动中国古代经济发展的。

图2　生产工具的进步推动经济的发展图示

　　什么是生产关系呢？马克思说：为了进行生产，人们便发生一定的联系和关系，只有在这些社会联系和社会关系的范围内，才会有他们与自然界的关系，才会有生产。恩格斯在《反杜林论》中，把生产关系概括为人类社会进行生产和交换并相应地进行产品分配的条件和形式。斯大林在《苏联社会主义经济问题》中，把生产关系概括为以下三个方面：生产资料所有制形式；由此产生的各种不同社会集团在生产中的地位以及他们的相互关系；完全以上两方面为转移的产品分配形式。明确了生产力和生产关系的概念后，我们在学习中国现代史"一五计划"和"三大改造"时就可以适时地对学生进行"生产力和生产关系"概念的引导。"一五计划"的主要任务是奠定国家"工业化"的基础，所以这是生产力方面的改进；而"三大改造"是确立生产资料社会主义公有制的主体地位，因此属于生产关系方面的变革。二者同步推进，相辅相成。

三、社会发展的基本动力：阶级矛盾与阶级斗争

　　阶级社会是以阶级对立为基础的社会，是一定历史阶段上一定生产方式的产物。原始社会生产资料公有，是无阶级的社会。由于生产力的提高、社会分工和交换的发展，产生了生产资料私有制，使原始公社解体，社会分裂为各自独特的、彼此对立的不同阶级，人类从此进入阶级社会。起初是奴隶社会，而后是封建社会、资本主义社会，这是相继出现的阶级社会的三种基本形态。

　　阶级矛盾是不同阶级之间因利益和要求不同而产生的矛盾。各阶级在社会经济结构中处于不同的地位，在经济上、政治上和其他方面有不同的利益和要求，因而必然地产生阶级矛盾，主要是指剥削阶级与被剥削阶级之间的矛盾，如奴隶

主阶级与奴隶阶级、地主阶级与农民阶级、资产阶级与工人阶级之间的矛盾。这些矛盾，建立在对立阶级根本利害冲突的基础上，是对抗性的矛盾，一般表现为激烈的阶级斗争。只有在特殊条件下，才可转化为非对抗性的矛盾，如我国工人阶级与民族资产阶级的矛盾。还有，由奴隶社会转变为封建社会时期，封建地主阶级与奴隶主阶级的矛盾；由封建社会转变为资本主义社会时期，资产阶级与封建地主阶级的矛盾。不同的劳动阶级之间，如工人阶级与农民阶级之间的阶级差别，也是一种阶级矛盾，但这是在根本利益一致的基础上的矛盾，是非对抗性的矛盾。

阶级斗争是指不同阶级之间的斗争。在以阶级对立为基础的社会中，阶级斗争是历史发展的直接动力。特别是在资本主义社会，无产阶级和资产阶级之间的阶级斗争是社会变革的巨大杠杆，必然要导致无产阶级专政。阶级斗争的基本形式是经济斗争、政治斗争和思想斗争，其中居于主导地位的是政治斗争。在无产阶级革命胜利后建立的社会主义社会中，阶级斗争呈现复杂的情况。无产阶级利用政权的力量对生产资料私有制进行社会主义改造的过程，不能不是激烈的阶级斗争过程。在消灭了私有制，确立了社会主义公有制以后，情况发生了根本的变化，剥削阶级作为阶级已经被消灭，阶级斗争已经不是主要矛盾，大规模的疾风暴雨式的阶级斗争已经结束，但是阶级斗争还将在一定范围内长期存在，在某种条件下还有可能激化。这主要是因为社会上还存在着资产阶级意识形态和封建阶级意识形态的影响，还有反革命分子、新剥削阶级和刑事犯罪分子，极少数没有改造好的地主分子和其他剥削阶级分子也还会继续坚持反动立场，进行反社会主义的活动。同时，在国际上，还受到资本主义国家在政治、经济、思想文化、生活方式等方面的侵蚀和影响。在由社会主义向共产主义过渡的进程中，随着阶级最后归于消灭，阶级斗争也将逐步归于消灭。

基于核心素养的中学历史教学探索

唯物史观视域下的历史教学实践

芜湖市第二中学　孙长青

唯物史观是历史教学的根本理论基础，对历史教学影响较大，但是在一线课堂中落实得不够理想，学生难以从整体上理解、运用。笔者结合中学历史教学中的实际情况，从唯物史观具体内涵层面出发阐述唯物史观的落实。

一、探究唯物史观的内涵

历史唯物主义，又称唯物史观，是关于人类社会发展一般规律的科学总结，是马克思主义哲学的重要组成部分，是探究历史的核心理论和指导思想，是一种科学的社会历史观。《普通高中历史课程标准（2017 年版 2020 年修订）》中指出："唯物史观是揭示人类社会历史客观基础及发展规律的科学的历史观和方法论。人类对历史的认识是由表及里、逐渐深化的，要透过历史的纷杂表象认识历史的本质，科学的历史观和方法论是非常重要的。""了解唯物史观的基本观点和方法，包括人类社会形态从低级到高级的发展、生产力和生产关系之间的辩证关系、经济基础和上层建筑之间的相互作用、人民群众在社会发展中的重要作用等，理解唯物史观是科学的历史观；能够正确认识人类历史发展的总趋势；能够将唯物史观运用于历史的学习与探究中，并将唯物史观作为认识和解决现实问题的指导思想。"

二、研究唯物史观的价值

（1）弥补学生认知的不足。针对高一学生的问卷调查显示，部分同学没听说过"唯物史观"这个名词，更不要说唯物史观的具体内容。这说明了初中、高中重视历史核心素养培养的必要性。

（2）落实新课标的要求。教育部制定的普通高中历史课程标准中的"课程性质""课程结构""课程内容""学业质量"提及对学生唯物史观的培养。

（3）提高课堂教学的效能。教师正确、积极运用唯物史观教学，可以实现历史教学目标的统一性。但是部分教师的课堂教学存在教学理念和教学方式落后的问题，无法体现学生的学习主体地位，学生的历史学科核心素养无法得到有效提升，难以体现历史学科的教学价值。

（4）体现唯物史观的作用。有利于促进学生正确认识和理解历史，正确地评价历史事件与历史人物，抓住历史的规律与本质，把握人类的发展进程；培养学生的历史思维品质，揭示人类历史发展的客观规律；促使学生树立正确的三观。

三、落实唯物史观的运用

唯物史观是学习历史的重要方法，用好它就可以开启厚重的历史大门，从浩瀚的知识海洋中吸收养分，因此教师在平时的教学过程中要重视唯物史观的渗透、运用。

1.社会存在和社会意识的关系

社会存在决定社会意识，社会意识反映社会存在。在人类历史的发展进程中，物质生产活动是一切活动中最为重要的实践活动，物质生产活动的水平决定了人们在生产过程中的相互关系，决定了上层建筑中的统治形式、意识形态等。也就是说，坚持从唯物论的角度去看历史，就是在生产力发展水平基础上研究人类社会经济、政治、文化等各方面的发展变化。在中学历史教学过程中，教师可以运用这个观点分析历史问题。

例如，在有关春秋战国时期的历史教学中，由于铁制农具和牛耕的广泛使用，促进了生产力的发展和经济结构的变化，导致井田制、分封制、礼乐制逐渐瓦解。为了适应社会政治经济的变化，各国纷纷进行变法和改革，出现"重农抑商"、奴隶主阶级没落、地主阶级掌权、"百家争鸣"等现象，反过来这些现象又是封建制时代生产力发展的反映。

2.生产力和生产关系、经济基础和上层建筑的关系

生产力决定生产关系，生产关系对生产力具有反作用。当生产关系适合生产力发展状况时，它就对生产力的发展起推动作用；反之就对生产力的发展起阻碍作用。经济基础决定上层建筑，上层建筑反作用于经济基础。当上层建筑适合经

基于核心素养的中学历史教学探索

济基础的状况时，就会促进经济基础的巩固和完善；反之就会阻碍经济基础的发展和变革。

例如，在中国古代历史的发展进程中，奴隶社会、封建社会等社会形态的产生都是社会发展的必然结果，并且有相应的上层建筑与之适应。春秋战国时期是我国的大变革时期，是奴隶制度向封建制度转变的时期。随着时间的推移，旧的制度束缚社会发展，通过改革或革命而产生的新制度必然代替旧制度，再次适应新社会的发展。同时，生产力发展水平表现在生产关系和上层建筑，以及人们的社会活动中，它是以事实为基础的。我们认识问题不能停留在史实的表面，而是要由此及彼、由表及里，找到根源，培养学生正确的历史思维能力。

又如，在学生评价洋务运动时，虽然洋务运动的根本目的是维护封建统治，但统治阶级引进先进科技、人才、设备、管理经验，客观上促进了中国经济、外交等方面的近代化，所以评价主流应是积极作用。可是洋务运动最终失败了，最主要原因是新的资本主义生产方式不适宜在封建社会的内部产生，遭到了中国顽固的封建势力的强烈反对，充分体现了生产力和生产关系、经济基础和上层建筑的双向关系。

3.人民群众是历史的创造者

唯物史观认为，人民群众是实践的主体，是历史的创造者，是变革社会制度、推动历史进步的决定因素。肯定人民群众创造历史的决定作用，就必须树立群众观点，坚持走群众路线。同时要认识到杰出历史人物在历史上的作用，但他们不可能消除历史规律、决定历史发展的方向。在历史教学中，教师逐步渗透这一思想，让学生学会客观地分析问题，培养学生正确的群众史观与英雄史观。英雄人物不是凭空出现的，而是一定历史时期的必然产物。当历史的发展把迫切需要解决的矛盾摆在世人面前时，就必然会产生英雄人物来组织和带领群众去解决这个矛盾。

以秦始皇统一六国为例，教师在这课教学中应充分说明当时全国统一已经成为人心所向和历史发展的必然，问题是由谁领导完成这项历史任务。商鞅变法后，秦国逐渐强大，雄才大略的秦始皇被推上历史舞台，加速了统一的进程，但是秦始皇只是整个时势的一个组成部分，没有主体人民群众的支持，没有时势造就的机会，他是无法完成统一大业的。

4.在阶级社会里阶级斗争是历史前进的杠杆

唯物史观的阶级观点认为，阶级和阶级斗争是人类社会发展到一定阶段的产物，阶级斗争、革命是历史发展的动力。运用这种关于阶级和阶级斗争的学说分析各种社会现象和问题的方法就是唯物史观的阶级分析法。在阶级社会里,人们的思想和行为都不可避免地具有阶级的属性,统治阶级的各项政策最终都是维护自己的阶级利益,虽然有时他们会采取一些有利于被统治阶级的措施,但其最终目的仍是缓和阶级矛盾,巩固自己的统治。因此,在研究阶级社会的历史时,教师应运用阶级的观点来分析历史问题。

5.以唯物史观为指导,坚持正确的价值导向和判断

如今时代受开放环境下多元意识的影响,学生的价值观呈现多样化。历史教学能不能以唯物史观为指导,弘扬新时代发展需要的核心价值观,将决定我们所培育的学生的人生价值取向,将决定我们民族的未来。因此,在历史教学中,要以唯物史观为指导,坚持正确的价值判断,引领学生追求真理,引导学生继承、弘扬优秀的传统价值观,科学地吸收全人类普遍遵循的正确价值观。

比如,学习文艺复兴、启蒙运动等近代西方的思想解放潮流时,应该使学生深刻体会"平等、自由、民主"的核心价值;学习汉唐对外交往史,应该使学生明白"宽容、互赏、开放"的核心价值;等等。历史价值观无处不在,正确的历史价值观可以转化为人生观,学生深刻体会历史有利于树立正确的世界观、人生观、价值观。

当然,在中学历史教学中,唯物史观的落实不是一蹴而就的,不仅要在课堂片段中有所体现,更要从课标、教材、教学过程、素材选取、作业、检测等方面进行渗透。落实唯物史观的教学引领作用,融入新中考、新高考和新课程改革的基本理念,是教师提高教学水平的必备意识,不仅有利于学生对具体历史现象和历史事件进行理性思考和科学分析,还有助于学生掌握历史学习的方法和形成历史思维,更有利于学生正确认识世界、培养能力和形成正确的三观。同时辅以辩证唯物主义、整体史观、近代化史观、社会史观、文明史观、生态史观等理论的教学和引导,为学生历史综合素养的不断提高奠定坚实的基础。

基于核心素养的中学历史教学探索

核心素养之时空观念的培养与实践

芜湖市第一中学　王菡

唯物史观的时空范畴立足于人类历史活动，其主要特征是：时空以人的活动形式存在，并非独立于人的活动之外的抽象存在；时空是一个社会演化的内部参量，它是深入社会运动内部不同层次之间、由人的实践活动耦合到社会运动过程的内部参量；时空具有社会历史性，每一代人的社会需要、生活方式、目的不同，时空也具有不同的内容；时空之间可以互相转换。通过人类的社会实践活动，时间的存在可以转化为空间的存在，即马克思所说的"时间是人类发展的空间"。社会空间也可以转化为社会时间，社会空间在人的活动中不断变化，社会空间不断展开的过程，构成了人类社会活动的时间历程。在人类社会历史时空结构中，空间具有相对保守性，时间则始终表现出革命性、能动性。社会历史时间的积极能动性，以量变和质变的方式改变着僵化不变的历史空间结构。

笔者认为，培养学生的时空观念具有三方面的价值和意义：让学生在特定的历史背景下认识历史；让学生能在不同的时空条件下对史事做出合理的解释；让学生能运用时空观念洞察历史趋势，认清历史方位和时代主题，从而增强历史自觉性。

一、在特定的历史背景下认识历史事物

任何历史事物都是在特定的、具体的时空条件下产生的。所谓历史地分析问题，就是把具体的人或事放在特定的历史背景下去认识。过去不仅遥远，而且和今天很不相同。如果脱离历史发生的背景，用当代人的思维方式和价值观念去解读历史事件，就很容易误读甚至曲解。如今天的人们认为，手工纺织品代表着精美、高档和个性，比机器批量生产出来的产品更有品质和品位。但在晚清时的中

国，普通民众家庭手工生产的土布虽结实耐用却粗糙厚重，它们所用的棉花，至少要相当于英国运到中国去的最重的棉纺织品所用棉花重量的三倍，无论外观还是质地都和今天的手工纺织品无法相提并论。它们虽然同为"手工"产品，但不属于同一个概念。

在特定的时空框架下认识史事，还要求我们在分析评价历史人物和事件时，结合时代环境、阶级特性、人物处境等因素来判断，回到历史现场去体味历史背后的因素。历史是动态的发展过程，人类的活动都必须放在一定的场所（地点）空间下衡量。场所通常凝聚着某一社群或共同体的集体记忆或文化、观念，它们随着时间的累计，会左右历史进程中人或共同体的情感、行动。因此，场所承载的各类民俗观念、集体记忆、民族认同等，与场所一起构成了历史事件、历史现象产生的空间。

以太平天国运动为何在广西桂平的金田村发生为例来说明。金田村本身是一个场所，在一定的时间里，这个场所是固定不变的。太平军之所以选择在金田村发动起义，而不选择在其他地方，是因为金田村这个独特的地点具有满足太平军起义的一系列条件。当我们从"场所"进行思考的时候，会发现金田村本身的地理空间，即地形、地貌、位置等，只是满足太平军起义的其中一个条件。因为这样的地理条件在其他地区也会找到。除此之外，我们还要考虑在那个时期，金田村起事的民众是哪些人？这些参与起义的民众是因为什么揭竿而起的？这样的因素又是怎样产生的？等等。通过分析，我们认识到环绕在金田村的社会矛盾也是太平军起义的一个重要原因。理解这一矛盾，就需要深入金田村或者那个时期的桂平县，去反思当时的政治环境、文化环境乃至经济环境，它们共同构成了领会历史空间内涵的要素。

二、在不同的时空条件下对史事做出合理解释

历史既是时间也是空间，分析、解释历史现象时，应把其置于具体时代的空间下进行衡量。例如，广西为何会成为太平天国运动的策源地？一个非常重要的因素是广西的土客矛盾，理解这点就需要进入当时的时代去考察。鸦片战争以后，随着五口通商特别是上海通商口岸贸易的急剧扩大，广州贸易路线北移，导致广东失业劳动力大增。广东大量抗英乡勇民团、水陆兵勇被遣散，他们流离失所，到处游荡。同时，英国海军控制了广东一带的海域，造成广东的海盗、无业游民及被遣散的兵勇纷纷涌进广西。广西的人地矛盾本就尖锐，大量外来民众更加剧

基于核心素养的中学历史教学探索

了原有的土客矛盾。洪秀全在很大程度上就是利用了广西的土客矛盾，聚集起了一大批拜上帝会的信从者。许多教师在向学生讲解太平天国运动为何会在广西爆发的时候，往往从广西吏治腐败、赋税沉重、自然灾害等共性原因方面进行分析，缺少了时间、空间上的分析。只有进入那个时代，将时间、空间结合起来，引导学生认识社会矛盾从广东向广西、从沿海向内陆扩大与转移的史实，才有利于学生理解太平天国运动是鸦片战争炮声的回响。

再以宋元以来全国粮食生产、供应重心所在地为例，宋元时代流行的说法是"苏湖熟，天下足"，明清之际则流行"湖广熟，天下足"的说法，这两句略带夸张的谚语表明了不同时期苏湖和湖广地区粮食生产在全国的重要地位。"湖广熟，天下足"取代"苏湖熟，天下足"，两湖成为粮食生产与供应地，正是明清时期长江三角洲地区与两湖平原地区农村经济结构在空间上的演变，即长江三角洲地区农民将经营重点转向经济作物种植，进入城镇成为工商业者时，依赖的正是两湖平原地区的米粮供应，或者说两湖平原地区大力发展粮食生产是因为长江三角洲地区农业经营重点发生了改变。这种经济结构的演变是相辅相成、次第进行的，站在全国的经济空间结构分布上来看，有助于我们领会明代江南地区的资本主义萌芽问题，认识明清时期在全国渐次形成的一个完整市场问题。

三、洞察历史趋势，认清历史方位和时代主题

人类历史总是不断进步、滚滚向前的。孙中山先生说："世界潮流，浩浩荡荡，顺之者昌，逆之者亡。"在历史发展潮流面前，善于把握社会历史时空的人们，才能保持清醒头脑，审时度势，把握历史的方向，顺应历史发展潮流，开展与历史发展阶段相适应的社会实践活动。所谓"时势造英雄"，一定是英雄人物认清了历史潮流，抓住了历史时机，实现了历史自觉，从而推动历史不断向前发展。

习近平总书记在十九大报告中指出：经过长期努力，中国特色社会主义进入了新时代，这是我国发展新的历史方位。中国特色社会主义进入新时代，意味着近代以来久经磨难的中华民族迎来了从站起来、富起来到强起来的伟大飞跃，迎来了实现中华民族伟大复兴的光明前景。他并就青年一代承担使命、接续奋斗提出了期许："青年兴则国家兴，青年强则国家强。……广大青年要坚定理想信念，志存高远，脚踏实地，勇做时代的弄潮儿。"青年一代只有在认清自己所处的历史方位、把握时代主题，并深刻认识其重大意义时，才能树立起正确的历史观、民族观、国家观、文化观，在实现中国梦的实践中放飞青春梦想，在为人民利益的

奋斗中书写人生华章。

　　总之，社会时空观一方面要求我们回到历史现场，尽可能站在当时的历史环境下去认识历史；另一方面要求我们站在今天和未来的视角审视过去、分析现在、展望未来，将认识对象的过去、现在和未来的时空联结在一起，把今天的实践看作正在形成的历史，努力把握其对未来的影响。只有这样，对历史的认识才能摆脱简单的陈述而展现出生动的意义，对历史问题的考察与研究才能充满时代的气息。今天的人们在继承历史，同时也在创造历史。作为历史的创造者，应当具有强烈的历史责任感，努力使自己所做的一切经得起历史的检验，为后人创造更好的生存发展条件。

选定·立足·建构
——初中历史教学中培育学生时空观念素养的有效途径

芜湖市南陵县籍山镇先进初中　易玉美

随着初中历史统编教材的投入使用，不断完善的历史课程标准成为初中历史教学和考试的依据，但一线教师中仍有部分人被旧观念所束缚，不能把握历史学科的学科性质、特点与任务，与历史课程标准提出的立德树人、提升智育目标、培养学生五大核心素养的要求有很大差距。

如何在历史教学中实现五大核心素养的成功落地？笔者作为在教学一线的初中历史教师，今天就培育学生的时空观念素养谈谈自己的一点教学心得。历史上出现的事件、人物和现象，都是在特定的、具体的时间和空间范围内发生和发展的。这些活生生的、有血有肉的、没有完全相同的历史事件、人物和现象，都具有确切的时空规定性。[①]时空观念体现了历史学科的本质特征，它的意图是让学生基于时空框架而见微知著。所以，教师要构建合乎历史自身逻辑的线索，培养学生的时空观念素养。

现以统编教材《世界历史》九年级上册第15课《探寻新航路》为例，从"选定时空，探寻因果""立足时空，整合知识""建构时空，升华认识"三方面来谈谈在历史课堂教学中如何培育和提高学生的时空观念素养。

一、选定时空，探寻因果

历史学家卡尔·波普尔写道："不可能有'事实如此'这样的历史，只能有历史的各种解释，而且没有一种解释是最终的，每一代人都有权形成自己的解释。"且"历史解释是以历史理解为基础"的。因此，历史教师在课堂教学中，就需要

---

① 徐蓝,朱汉国.普通高中历史课程标准(2017年版)解读[M].北京:高等教育出版社,2018:38.

帮助和引导学生理解历史并学会理解历史的方法。其中，探寻因果关系是历史理解最重要的形式。因为历史的发展从来不是孤立、静止的，无论是纵向的历史时间还是横向的历史空间，都是动态的、发展的、变化的，呈现出时空交错、纵横交织的关联。

那么，怎样探寻因果关系呢？首先，要选定历史时空，马维林对"历史时空"的解释是："时空是历史存在的方式，是历史的本质呈现，是认识历史的起点。"所以，要准确理解历史，离不开特定时空。其次，要掌握一定程度的历史思维能力。赵恒烈对历史思维能力是这样描述的："是人们用以再认和再现历史事实，解释和理解历史现象，把握历史发展进程，分析和评价历史客体的一种素养。"由此可知，它包括形象思维和逻辑思维能力。选定历史时空是认识历史的基础，是重构、形成历史表象的必要条件；历史思维能力是"为了进一步揭示历史现象的内在联系，深入探求历史现象的本质，把握历史的发展规律"①，主要包括分析、概括、归纳、演绎能力等。在历史学习过程中，这两种思维能力必不可少。最后，"勾连事实"（寻求不同事实之间的时间、空间和人事等方面的链接）、"据理推断"（根据历史观念、规律、常识或生活经验推测事实之间的关联），"这是探寻因果关系的两个方面，由浅入深"②。

在《探寻新航路》教学中，教材用了5段正文内容、1段相关史事和2张图片来引导学生探究新航路开辟的原因和条件，这是本课的第一个重点内容。为了引导学生了解并理解探寻新航路的原因与能够成功的条件，笔者出示了数则材料，有图片、地图、书影等，让学生直观、形象地理解探寻新航路的背景。教师首先提供特定的历史时空——15—16世纪的欧洲，其次提出下列有效问题，让学生根据材料并结合所学知识，分析、推导并归纳：欧洲探寻新航路的经济（根本）原因、社会根源与直接原因分别是什么？新航路的成功开辟是因为当时欧洲已经具备哪些条件？引导学生运用"勾连事实""据理推断"对新航路探寻成功"知其所以然"，从而深入理解新航路的开辟是资本主义（生产力）发展的必然结果。

二、立足时空，整合知识

学生学习历史首先要学习历史事实，这是最基础的要求。但古今历史事实浩

---

① 叶小兵.论中学历史教学中的历史思维能力[J].首都师范大学学报(社会科学版),1998(1):112.

② 朱能.重在"历史解释"的考查，要在"学会理解"的教学——浙江省高考历史试卷的突出特点及教学建议[J].基础教育课程,2018(C2):33.

基于核心素养的中学历史教学探索

瀚复杂，同时由于初中历史教材的编写局限，限制了学生对历史事件前因后果的全面了解，所以教师就需要依据一定的原则，采用灵活多样的方法，对知识进行整合，也就是强调知识结构化。如果能够立足一定时空，能够使知识结构化，不仅有利于学生记忆、理解、运用历史知识，同时也能够防止知识出现孤立化和片面化，是将知识转化为核心素养的基本要求。那么，如何立足时空，整合知识？笔者认为应该依据历史时空展示的历史事实的逻辑，建构符合学生思维逻辑的知识结构，这样就能让学生依据特定的历史时空客观地分析和理解历史人物与历史现象。

例如，在《探寻新航路》教学中，新航路的探寻过程也是本课的重点之一，但学生对四位冒险家的四次航海事件很难记住，认为它们彼此基本没有关联。教师可以通过制作多媒体课件进行生动的模拟讲解，引导学生弄清楚四次远航之间的关系并进行整合，再让学生自己绘制模拟航海图，此问题就会迎刃而解。

教师在讲解时，需要突出四次航海事件之间的关联：1487年，葡萄牙人迪亚士在葡萄牙王室的支持下，带领3艘帆船沿非洲西海岸南下，在途中因为遭到风暴袭击，只绕过了非洲大陆，到达好望角。虽然这次航行没有到达东方，但实际上却打开了绕道非洲南端通往东方的航路。葡萄牙王室备受鼓舞，于是，1497年（10年之后），葡萄牙王室又派遣达伽马沿着迪亚士航线南行，横渡印度洋，于1498年到达印度。这是欧洲冒险家第一次打通通往东方的航线。

西班牙是葡萄牙的商业竞争对手。葡萄牙海上冒险的成功刺激了西班牙人。西班牙王室于1492年派遣意大利航海家哥伦布去探寻新航路，他们最终没有到达东方，而是到达了古巴和海地，发现了美洲。哥伦布没有给西班牙王室带来想象中的财富，所以西班牙王室于1519年又派遣葡萄牙人麦哲伦继续探寻新航路。麦哲伦船队于1522年返回欧洲，他的船队完成了世界上第一次环球航行。

蕴含着逻辑性的知识整合有助于学生更好地记忆历史知识，理解历史事件之间的关系，构建历史体系，培育时空观念素养。

三、建构时空，升华认识

随着历史课程改革的深入进行，立德树人成为历史课程的根本任务。这就要求教师在对学生进行知识和能力教育的同时，还要深化学生的价值性认知——知识内具的促进人思想、精神和能力发展的力量，是内隐于知识符号中的价值系统，对人的思想、情感、态度与价值观乃至整个世界具有启迪作用。①因此，历史教学就不能仅仅停留在知识和思维层面，还要进一步升华，挖掘出隐藏于知识背后的历史与现实价值及意义，让历史"教"与"学"达到一个更高的层次。

如在《探寻新航路》教学中，笔者选择了两次不同时空的航海事件，引导学生从几个不同角度进行比较分析，见表1。

表1　两次不同时空的航海事件比较

类别	郑和下西洋	新航路的开辟
时间不同	1405—1433年(15世纪初)	15世纪末—16世纪前期
追求目标不同	提高明朝的国际地位与威望	掠夺财富,开拓市场
航行性质不同	和平友好的贸易往来	殖民扩张与掠夺
特点不同	时间早,次数多(先后7次),规模大(船只多,人员多)	人员少,规模小,持续时间长
对世界的影响不同	增进了中国对亚非国家的了解,促进了友好往来,开创了西太平洋与印度洋之间的亚非海上交通线	促进了欧洲资本主义的发展,使世界开始连为一个整体,逐步确立起世界的观念
感悟	前者促进了亚非国家之间的友好往来,促进了文明的交流与发展;后者的殖民扩张给亚非拉人民带来深重的灾难。感悟:要坚持平等、和平、友好交往;要尊重世界文明的多样性	

以上对两次不同时空航海事件的分析与比较，既能让学生了解不同时空的两个历史事件的异同，培养学生的思辨能力，又能提升学生的价值认知，让他们认识到：要从具体的历史条件和背景出发来分析历史事件，从而科学地认识和把握历史，总结规律，吸取历史经验与智慧。

① 郭元祥.知识的性质、结构与深度教学[J].课程·教材·教法,2009(11):21.

"史料实证"在初高中历史教学中的重要性及其培养策略
——以《辛亥革命》教学为例

安徽省蚌埠二中　胡云好

一、初高中历史课标中都重视史料实证能力的培养

最新的义务教育初中历史课标和高中历史课标都强调，历史课程要将培养和提高学生的历史学科核心素养作为目标，使学生通过对历史课程的学习逐步形成具有历史学科特征的正确价值观、必备品格与关键能力。初高中的历史学科核心素养也是一致的，即唯物史观、时空观念、史料实证、历史解释、家国情怀。初高中的历史教育是一个知识不断深入和学生能力不断提升的过程，是一个有机整体，是培养学生能力的两个不同层次。

史料实证是指对获取的史料进行辨析，并运用可信的史料努力重现历史真实的态度与方法。在历史学科的五大核心素养中，史料实证能力的培养是培育其他素养的必要途径。高中历史课标对史料实证的解读，强调史料是通向历史认识的桥梁，也是认识历史的依据和基础，在初高中历史教学中地位尤为重要。因此，在初高中历史教学衔接中，做好史料实证能力培养的衔接有着重要的意义。

二、统编初高中历史教材都注重史料实证能力的培养

历史是不可逆的，史料是认识历史的主要依据。史料是历史学家与历史之间的中介，没有这个中介，历史学家对史事的认知就无法实现。在历史研究中，有一分史料说一分话，历史学家都十分重视对史料的收集、整理，用充分的真实的可信的史料从不同角度论证自己成果的合理性。基于此，初高中历史教材在编写中都十分注重对史料的运用，当然在史料数量、种类、长短和难易等方面有些差

异，体现了不同学段对学生能力要求的差异。初中《辛亥革命》一课除主要内容外，所用史料类型与数量为："导言"一段，图片六幅（其中人物头像两幅，地图一幅，其他图片三幅），"史料研读"一段，"相关史事"一段，"知识拓展"一段。史料类型多样，最难的史料是研读孙中山《〈黄花岗烈士事略〉序》中的一段文言文。图片史料较多，文字史料较少，这样可以激发学生的学习兴趣和探究欲，符合初中学生的认知水平和认知特点，可以初步培养初中学生的史料实证能力。高中《辛亥革命》一课所用史料数量与类型为："导言"一段、"历史纵横"两段、图片九幅、"史料阅读"两段、"学思之窗"一段、问题探究两段。文字和图片史料都大幅增加，对学生能力提出更高的要求，体现出在初中学习阶段基础上，进一步提高高中学生的史料实证能力的教学意图。

三、中考、高考试题都注重对学生史料实证能力的考查

近几年的中考、高考试题中，对学生史料实证能力的考查是重点，基本上每一道题都是通过史料呈现，设置情境问题，让学生从史料、情境中得出答案。例如2021年安徽中考历史试卷第7题：

1937年3月，陕甘宁边区停止没收地主土地，后又明确宣布："（地主）出租土地给农民，只要地租不苛刻，政府不加以任何干涉。"这一做法有助于（ ）

A.团结各阶级共同抗战

B.废除封建土地制度

C.打击国民党投降势力

D.结束国共十年内战

2021年普通高等学校招生全国统一考试（乙卷）第30题：

土改后，太行山区某农民要买一头驴，谈好价钱后，他表示要回家和妻子商量，理由是"我们村上好多人家都立下了新规矩，男的开支一斗米以上要得到女人的同意，女人开支二升米以上要得到男人的同意"。这件事可以反映出，当时解放区（ ）

A.男尊女卑观念消亡

B.家庭成员经济地位发生变化

C.按劳分配得到实施

D.传统的社会伦理秩序被颠覆

以上两题的史料具有相似性，都是对中国共产党根据地政策的考查。2021年安徽中考题考查学生对共产党在抗日战争时期敌后抗日根据地土地政策的认识，字数较少，学生通过史料将所学知识正确提取即可作答，符合初中阶段学生的知识能力水平，对学生的能力要求不高。2021年高考题考查的也是共产党的政策，这一时期是指解放战争或新中国成立初期的土改，农民获得土地，生活变好，提倡人人平等，妇女地位提高。该题史料相比中考题史料字数多，从史料中不能直接得出答案，需要学生根据史料和所学知识进行推理，体现了高考对学生史料实证能力水平要求的提高。

培养学生的史料实证能力伴随初高中教材、教学和考试的始终，做好初高中教学衔接，培养和提高学生的史料实证能力极为重要。笔者认为，初高中史料实证能力培养具体策略如下。

1.注意史料类型的多样性，应用不同类型的史料展开教学

史料的类型是多样的，具体有口述、文字、图片、影像、回忆录、史家著述、神话传说等，在初高中历史教学中，应该根据学生的认知特点，选择合适的史料展开教学。

《辛亥革命》一课中，蚌埠新城实验学校黄菁老师的教学对象是初二学生，她设计的探究问题相对较为浅显。由于初中学生的阅读理解能力和史料分析能力水平的限制，黄老师在教学中选择了大量的图片、影像史料，文字史料使用较少，而且使用字数不多的文字史料，这样降低了学生学习的难度，不会让学生刚接触历史就产生畏惧感。学生通过一幅幅直观的图片，了解图片背后的故事，通过鲜活有趣的历史故事来学习历史，感知历史，感受辛亥革命前后中国社会的风云突变以及革命者勇于革命的武昌首义精神，既增强了课堂的活力，又可以使学生初步养成史料实证素养。

笔者作为一名高中历史教师，在高中《辛亥革命》一课的设计中，考虑到高一学生对辛亥革命的基本史实已经在初中学习中掌握，他们可能对具体的史实不太感兴趣，而对历史事件背后的因果关系更加关注，这就需要老师通过深入探究的问题设计，加深学生对辛亥革命的理解。因此，笔者通过一系列问题，如辛亥革命的必然与偶然、改良与革命的博弈、辛亥革命为什么是低烈度与大变革、辛

亥革命的成功与遗憾等，再通过引用大量的文字史料与图片史料，培养学生从不同史料中找出信息的能力，进而解决这些问题。通过探究解决问题的过程，学生利用史料总结问题要点，加深对辛亥革命的理解，从而掌握系统的知识，提升史料实证素养。

2.根据学生的认知水平选择合适的史料，创设情境问题

初高中历史教学中，应该根据初高中不同学段学生的认知水平和能力差异，选择难易适切的史料，太难或太易都不能达到培养学生史料实证素养的目的。在学习中国古代史的时候，学生会遇到很多文言文史料，它们不仅出现在新课的材料中，还出现在课后练习题和试卷里。因此，对于语文基础比较薄弱的学生来说，阅读障碍成为他们历史学习中最大的困难，这也会使学生的学习热情降低，不利于历史学科教育的发展。

另外，史料的引入要服务于课堂教学，教师必须依据史料创设情境问题，让学生从史料情境中学会解决问题的方法，提高解决问题的能力。当然，史料的选择与情境问题的设计也需要符合不同学段学生的水平和特点。黄菁老师在初中《辛亥革命》一课教学中，通过对革命志士英勇事迹的介绍，让学生感受先进的中国人在救国活动中表现出来的英勇无畏精神，尤其是对中国第一个为革命流血牺牲的女革命家——秋瑾事迹的学习，让学生感受到家国情怀的熏陶。而笔者在高中《辛亥革命》一课的教学中，通过1912年《民立画报》刊载的一幅讽刺袁世凯的漫画——《袁世凯骑木马》这则史料，设计探究问题，符合高中学生的认知水平和课标对高中生史料实证素养的要求。

初高中历史教学中通过不同难度不同水平的探究问题，都达到了教学目的，也培养了两个学段不同水平学生的史料实证素养。

3.运用真实史料，培养学生的史料甄别能力

首先，教师在教学中，所用史料必须真实可靠。历史资料中蕴含着丰富的信息，是我们回顾历史、了解历史的窗口。所用史料如果是虚假的，得出的结论也必然不真实。教师在引用史料进行课堂教学设计时务必找到出处，鉴别其真伪，不能掐头去尾，断章取义。历史研究中流传着"孤证不立"的说法，也就是说即便是被记录、流传下来的史料也无法完全还原历史，而是需要多方面的证据，这样才能让历史的呈现更加真实可信，而这也能展现出研究者求实求真的精神品质。因此，在初高中历史教学中，教师应立足学生史料实证素养的发展，引导学生利用史料进行互证，培养学生严谨的态度，促使学生在丰富的史料中深刻认识历史。

其次，应该教会学生区分史料类型，辨别史料真伪。《普通高中历史课程标准

基于核心素养的中学历史教学探索

（2017年版2020年修订）》对史料实证的界定是："对获取的史料进行辨析，并运用可信的史料努力重现历史真实的态度与方法。"具体来说，就是"重视史料的搜集、整理和辨析，去伪存真"，以"形成对历史的正确、客观的认识"。在平时的初高中历史教学中，可以从史料的类型入手，教会学生对史料进行分类和辨别。其中实物史料是考古发现、历史遗迹、历史档案等，基本属于第一手史料，大多是真实可信的。口述史料包括回忆录、人物传记、纪录片、文学作品等，该类史料具有回忆者或作者的主观感受，使用起来应该慎重，可以和实物史料进行互证使用。文献史料是古代流传下来的史料，例如《史记》《汉书》等，虽然是古人所写，但受当时政治、思想文化、作者个人感情等因素的影响，也需要和实物史料互证使用。

初中近代史教学中家国情怀"落地"的探索

芜湖市镜湖新城实验学校　杜莎莎

八年级历史上册对应的是中国近代史部分。时至近代中国，西方列强的坚船利炮打开中国闭关锁国的大门后，中国丧失了独立发展的机会，迭遭战争、割地、赔款之痛，国破家亡。这对于中国和中国人民来说，是一个屈辱的、痛苦的过程，但同时又是一个抗争的、进步的过程。在此过程中，有刻骨的屈辱，有高举的旗帜，有英雄的人物，更有伟大的民族精神。在课堂教学中，笔者发现，在讲述列强侵略中国的战争史实时，学生会表现出明显的情感波动，在了解了一系列不平等条约的签订和清政府的腐败无能后，学生的悲痛情绪深深感染了笔者。在讲述林则徐、左宗棠、梁启超、严复等人为谋求民族奋进、救亡图存而反抗和探索时，学生又听得尤其认真，在学生逐渐发亮的眼神中，笔者感受到了学生对家国命运的深深关切，笔者意识到这是家国情怀培养的一个良好契机。近代中国的砥砺前行是培育家国情怀、形成国家认同的优质资源。在课堂教学中，笔者把近代史的课程资源和学生的学情特点相结合，使家国情怀的培育落地生根。

一、创设历史情境，感悟家国情怀

教学情境是指教师在教学过程中，根据教学目标和教学内容，创设适合学生主体并作用于学生主体的情感氛围。良好的教学情境能使学生进行积极主动的建构性学习。笔者在执教"公车上书"这一目时，通过创设历史情境，打通时空隧道，再现历史抉择，带领学生进行角色体验，并从中对戊戌变法形成比较客观的认识。

公车上书——签还是不签？首先，笔者将历史情境设定在1895年的春天，让学生把自己定位成一名正在北京参加科举考试的举人。这时，《马关条约》签订的消息传来，康有为和梁启超马上起草了一份请愿书，反对议和，请求变法，并邀请各省举人联名上书。在这里，笔者设置了第一个历史抉择：现在，这份请愿书就在你的面前，你是签还是不签呢？请说明理由。大部分学生都毫不犹豫坚定地说出了"签"。在学生回答之后，笔者给出了历史的答案：当时有1300多名举人不顾朝廷禁令，联名上书！这反映了时代变迁下读书人强烈的爱国精神和社会责任感。康有为、梁启超联名写出的万言书没有传到光绪帝的手里，对清政府触动不大。公车上书虽然失败了，却使康、梁等人认识到了"群体"的力量，揭开了维新变法运动的序幕。

御览上书——变还是不变？笔者再次创设情境，先展示了几张具有震撼性的图片：1897年11月，德国强占胶州湾；1897年12月，俄国强占旅顺和大连；1898年，英国强租新界和威海卫；1898年的一幅漫画——《时局图》，让学生感受到：瓜分狂潮来袭。这时，笔者设置了第二个历史抉择：此时康有为又上书光绪帝，倡议变法。那么光绪帝是决定变还是不变呢？请说明理由。学生们一致认为不能亡国，要马上变法。在学生回答之后，笔者告诉学生：光绪帝最终还是以国家民族的利益为重，决定变法！通过这一环节的设计，让学生认识到，救亡图存不仅是那些先进知识分子的责任，也是当时每一个中国人的历史责任！

通过创设历史情境渗透家国情怀教育，在一定程度上避免了单纯的理论说教，对于发挥学生的主观能动性，做好历史与生活、过去与现在的对接有着积极作用，这种体验式教学有利于学生形成家国认同感，积淀最深厚的家国情怀。

二、运用语言育人，领会家国情怀

教师语言表达技能是最基本的教学技能，即使再有效的教学手段也需要语言的相助。教师的课堂语言对学生的学科认知起着引导、促进的作用，并通过认知来影响情感，发挥育人功能。首先，教师在课堂上语言的运用要准确、严谨和富有逻辑。天京事变是太平天国运动由盛转衰的标志，在谈及太平天国领袖应为天京事变负责时，教师可以引用著名史学家范文澜的观点："太平军一坏于杨秀清的专横跋扈，再坏于韦昌辉的疯狂屠杀，最后坏于洪秀全的任用私人，尤其是最后一坏，历时既久，祸国殃民的军令政令迫使太平军逐步削弱以至于溃灭。"严谨地分析历史因果，有利于学生准确认识太平天国运动的特点与实质，也有利于学生客观地认识太平天国运动这场农民革命战争。

其次，教师的语言表达要注意对声调、音量和语气的把握。要有与内容相吻合的适时调控，以使语调跌宕起伏、疾缓有致，富有艺术性和感染力。语言育人的效果，优势不在于"说什么"，而在于"怎么说"。在执教《从九一八事变到西安事变》一课时，笔者讲述：杨靖宇将军率领东北军民与日寇血战于白山黑水之间，他身经百战，出生入死，屡立战功，在冰天雪地、弹尽粮绝的情况下，最后孤身一人与敌人周旋几昼夜后壮烈牺牲。（语调渐低，语音转弱）杨靖宇将军牺牲后，日军下令将其遗体解剖，试图发现饥饿严寒条件下野外生存及战斗的秘诀。（语速渐快）结果在杨靖宇将军肠胃中发现的只有树皮、草根和棉花，侵略者大受震骇。（语调减低，语速减缓）。笔者的讲述，把学生带入了杨靖宇将军生命的最后一刻，民族英雄、抗日英烈的气概在课堂上生成。

历史教师要善于运用语言工具，发挥教师语言的智能价值、情感价值，以起到启趣、研究、交流的作用，从而提升"以史育人"的实效，促进家国情怀培育的落实。

三、设计育人问题，培育家国情怀

教科书提供的学科知识、选取的史学内容具有典型性、概括性，这是教科书的张力所在。打通知识逻辑，设计育人问题链，引导学生理性辨析历史，进而在思维活动中感悟历史，达到培育学生家国情怀的目的。

在执教《辛亥革命》一课的"黄花岗起义"环节时，笔者设计了如下问题链：（1）同盟会成立后发动了多次武装起义，均以失败告终，为何革命党人仍然坚持不懈地进行斗争？引导学生回答：孙中山等革命党人秉持共和革命的理念，以民族、民权、民生三大主义为纲领，以挽救民族危亡、谋求民族独立和国家富强为志业。家国情怀支撑革命党人前仆后继、苦苦探索、千锤百炼、无惧失败。（2）起义失败，起义者被捕后，有的革命党人以绝食相抗争，如林觉民；有的拒不吐露组织机密，面对清军慷慨陈述革命宗旨，如喻培伦。是什么赋予他们这样的勇气？引导学生回答：革命党"内审中国之情势，外察世界之潮流"，充分体会了当时世界发展的潮流和多舛的国运。从甲午到庚子，屡弱、妥协、腐朽的清政府令国人彻底失望，要救中国，必先推翻清政府；只有推翻清政府，中国才有希望。为挽救国家和拯救民族，他们宁可捐躯赴难。

通过设计问题，留给学生独立思考的空间，让其通过"移情与想象""了解之同情"来感受"辛亥精神"的内涵：是中国传统文化"兼济天下"的雄伟气魄的体现，是革命志士"杀身成仁"的大无畏精神的体现，这才是19、20世纪之交中

基于核心素养的中学历史教学探索

国革命的真精神。

四、引入乡土资源，认同家国情怀

乡土资源具有生动、具体、真实的特性，学生易于感知和接受，容易引起情感共鸣，是对学生进行爱国教育和塑造家国情怀的绝好素材。乡土资源也能够帮助学生体验、感悟家乡历史，激发他们爱家乡、爱祖国的情怀，增强其建设家乡的使命感和责任感。

在执教《鸦片战争》一课时，笔者利用滨江公园"芜湖海关大楼"的图片导入新课，向学生讲述这一近代历史建筑的由来。"长江之锁钥"、皖南之咽喉、"鱼米之乡"的芜湖，有着交通便利、粮食生产丰富和商贸流通发达的优势，是遭受西方列强侵略的城市之一，也是近代史上开放的通商口岸之一。1876年中英《烟台条约》开辟芜湖为通商口岸。1877年芜湖建立海关，随后英国侵略者在长江边的范罗山上建起了领事馆，西方列强接踵而至，开始了对芜湖的殖民掠夺。海关大楼这一乡土资源，引发了学生强烈的共鸣，学生为近代中国沦为半殖民地半封建社会的悲惨命运哀叹的同时，对家乡芜湖近代历史学习探究的欲望也在增强。课堂教学中引入乡土资源，便于拉近学生与历史的距离，激发学生的乡土意识，形成文化认同心理。

五、开展主题活动，提升家国情怀

历史课堂中的主题活动，即在时间、地点以及活动内容安排恰当的前提下，带领学生围绕某个主题对一项或者一组历史资源进行专题性的探讨。

笔者在讲述《辛亥革命》"革命志士的奋斗"这一内容时，女英雄秋瑾的革命事迹尤为让学生动容，秋瑾虽是女性，却立志要推翻清政府的统治。她在日本留学时加入了同盟会，之后回到国内筹备起义，由于叛徒告密，不幸被捕入狱，审讯时，她视死如归，"坚不吐供"，只写下了"秋风秋雨愁煞人"七字。这一时期，无数革命党人把他们的青春、幸福乃至生命，与国家存亡的时代主题紧紧相连；他们甘愿用自己的一切作为祭品，奉献于中华民族复兴之路。如何把家国情怀教育从课堂延伸到课外，长远、长效地渗透深化呢？本课的课后活动正好是一个合适的主题："课外阅读一些关于革命党人事迹的书籍，讲述一个革命党人为革命不惜抛头颅、洒热血的故事。"

笔者把学生分成四个学习小组，以小组合作形式查找、选取史料，进行研学和交流。小组成员分别讲述了李秀成、邓世昌、李大钊的革命事迹，还有一组成员特别准备了芜湖籍英雄戴安澜将军的事迹。学生在聆听的过程中，被英雄们在艰苦困顿的环境中努力奋斗的顽强意志品质所感染。在随后的交流环节中，学生积极参与讨论，理解了民族真正繁荣昌盛的基石是民族独立和主权完整，珍惜今天的美好生活之情溢于言表。

六、走访调查拓展，垒筑家国情怀

历史学科拥有众多培养学生家国认同感的社会资源，历史教师可开发利用文博资源，带领学生亲临遗存，触摸人文脉络，传承历史记忆，在深入探究中垒筑家国情怀。

芜湖是中国最早开埠的地区之一，在近代史上留下了丰富的印记，在开展历史教学、培育家国情怀方面具有天然的优势。芜湖沿滨江公园一带有西洋风格的近代建筑群：芜湖老海关、弋矶山医院（今住院部旧楼）、第十一中学内的圣雅阁中学、第一人民医院旧址、位于范罗山顶的英国驻芜领事署（今雨耕山广场）。学生走访调查身边的历史遗存，感受芜湖在整个中国步入近代史的大背景下经历的冲击、阵痛与发展。学生也可以参观戴安澜烈士墓、王稼祥纪念馆、神山公园烈士陵园等，寻找有价值的史料，在走访调查中感悟个人命运与民族国家命运息息相关，家国情怀在心中垒筑。

中国近代史和芜湖的近代发展都留下了厚重的一笔，讲好历史课，用好历史课，激发学生家国一体的爱国情、经邦济世的报国志、荣辱与共的兴国心，是历史教师的责任，更是使命。

基于家国情怀素养的世界史教学思考
——以《资本主义世界殖民体系的形成》为例

芜湖市火龙岗中学　奚晟

相对于《普通高中历史课程标准（实验）（2003年版）》来说，《普通高中历史课程标准（2017年版）》最大的变动就是凝练了历史学科五大核心素养：唯物史观、时空观念、史料实证、历史解释和家国情怀。其中，家国情怀素养是"诸素养中价值追求的目标"，对学生爱国主义的培养、增强"四个自信"有着非常重要的意义。下面笔者以《中外历史纲要（下）》第12课《资本主义世界殖民体系的形成》一课为例，谈谈在世界史教学中培养学生家国情怀素养的思考和实践。

一、解读课标，明确教学目标

课标是教材编写的主要依据，是教学实施的主要指导，它统领教学活动。因此，在教学过程中首先要明确课标的要求。课标对《资本主义世界殖民体系的形成》一课的要求是："通过了解西方列强对亚非拉的殖民扩张、世界殖民体系的建立以及亚非拉人民的抗争，理解世界殖民体系的建立及殖民地半殖民地民族独立运动对世界历史发展的影响。"依据对课标的解读，我们把培养家国情怀素养在教学目标中明确下来。为何？因为历史教学目标是师生在教学活动中所要达到的预期结果，它是教学设计的基础，所有教学过程都是为实现教学目标而设计的。[1]因此，在教学目标中明确指出家国情怀素养是必要的。在本课中，笔者确定的与培养家国情怀素养有关的教学目标是："通过对本课的学习，学生能梳理出列强殖民扩张的过程，并认识到殖民主义的罪恶，尤其是其对生命的漠视，使学生在学习过程中树立正确的价值观，培养学生的人文情怀与国际视野，从而培养学生的家

---

① 郑林.基于学生核心素养的历史学科能力研究[M].北京:北京师范大学出版社,2017:147.

国情怀。"目标已经确定，如何在教学过程中达成呢？这就需要教师通过教学环节的设计来推进了。

二、整合教材，优化教学环节

教材蕴含了丰富的信息，它是极为重要的教学资源。但是，教材的编写体例并不适合所有的学生。因此，在分析学情的基础上，教师需要对教材内容进行整合，以便更好地进行教学，实现培养核心素养的目标。

本课有四个子目："拉丁美洲的殖民地化""亚洲沦为殖民地半殖民地""西方列强瓜分非洲""世界殖民体系的形成"。这四个子目遵循历史的时空顺序，沿着资本主义发展的逻辑，介绍了拉丁美洲、亚洲和非洲被殖民化的过程和特点，总结了资本主义世界殖民体系形成对历史发展的影响。按照以上四个子目进行教学的话，内容多，学生不太容易掌握。为此，笔者整合了本课的教学内容，将之整合为三个部分："寻殖民之因""探殖民之路""思殖民之果"。通过整合教材内容，探究殖民活动的因果，尤其是对殖民之路和殖民之果的学习，使学生们认识到，虽然资本主义的出现推动了社会的发展与进步，但是，却无法掩盖其为了发展不择手段、泯灭人性的罪恶。通过学习，培养学生以人为本、尊重生命的人文情怀，树立"君子爱财，取之有道"的价值观念。

三、运用材料，合理设计问题

史料是过去人类思想行事所留之痕迹，有证据传留至今日者也。[①]因此，历史研究过程中讲究史论结合，论从史出。历史教学亦是如此。为了更好地说明问题，教师会在教学过程中选择合适的史料进行辅助教学。通过分析史料，设置问题，培养学生的家国情怀。在本课教学中，笔者运用了十三则史料，分别用来讲述殖民体系形成的原因、经过和结果。在使用史料过程中，一方面对史料进行解读，明确史料所要表达的意思；另一方面，通过问题设置开展教学。在解读史料和分析问题的过程中，渗透家国情怀素养。在导入新课时，笔者选择以4月15日国家安全教育日香港纪律部队表演中式步操视频导入，并设置了问题：为什么香港纪律部队表演中式步操？导入新课环节选择的材料和设置的问题，既是为了导入对新课的学习，也是让学生能够对国家有高度认同感、归属感、责任感和使命感，

① 梁启超.中国历史研究法［M］.上海:华东师范大学出版社,1995:53.

能够关注现实问题，树立服务于国家强盛、民族自强和人类社会进步的历史使命。

在分析殖民之因时，笔者选择了《全球通史》中的一段话：

> 欧洲的扩张在某种程度上可用欧洲基督教扩张主义来解释。与欧洲其他大宗教完全不同，基督教浸透了普济主义、改变异端信仰的热情和好战精神。……为了使异端和不信教的人皈依基督教，基督教会总是毫不犹豫地使用武力。
>
> ——斯塔夫里阿诺斯《全球通史》

在对此材料的解读中，不仅涉及新航路开辟和欧洲进行殖民扩张的宗教动因，同时，也解释了欧洲人对基督教的信仰。解释是为了让学生了解世界历史发展的多样性，理解和尊重世界各国、各民族的文化传统，使学生能具有广阔的国际视野，树立正确的文化观。

在分析殖民之果时，笔者选择了这样的两段材料：

> 的确，英国在印度斯坦造成社会革命完全是受极卑鄙的利益所驱使，而且谋取这些利益的方式也很愚蠢。但是问题不在这里。问题在于，如果亚洲的社会状态没有一个根本的革命，人类能不能实现自己的使命？如果不能，那么，英国不管犯下多少罪行，它造成这个革命毕竟是充当了历史的不自觉的工具。
>
> ——马克思《不列颠在印度的统治》

> 随着地理大发现，世界各地区形成一个有机的整体，固然是人类历史上一个巨大的进步，但是这个进步也是与资本主义列强对于世界上其余国家、地区的宰割、奴役密切地联系在一起的。这显然是一种很不公平很不正常的现象，也是一个矛盾。因此，1900年以后的人类历史发展的趋势就是解决这个矛盾，消灭这种不公平的现象，逐步建立一个公正的世界。
>
> ——吴于廑、齐世荣《世界史·近代史编》

这两段材料的使用，不仅是为了让学生能分析出殖民扩张带来的后果，同时，也是为了与中国史相结合，让学生在这一过程中能接受"四史"的教育。所以，笔者用了这样一段话进行总结："列强笃信，武力可以解决一切问题，尤其是对古老中国的侵略让列强坚信，这个世界会朝着列强期望的方向发展。然而，哪里有压迫，哪里就会有反抗，正义从不缺席。"通过材料的使用和问题的引导，既强化了学生对国家和民族的认同，培养了学生的责任意识，也使学生意识到没有中国共产党，就没有民族的独立、国家的富强、人民的幸福。

四、设置情境，引导情感体验

体验式教学法是指在教学过程中为了达到既定的教学目的，从教学需要出发，引入、创造或创设与教学内容相适应的具体场景或氛围，以引起学生的情感体验，帮助学生迅速而正确地理解教学内容，促进他们的心理机能全面和谐发展的一种教学方法。笔者对教学过程中学生情感体验的理解是：课堂体验与课外体验相结合，激发学生的情感共鸣，从而达到教育教学的目的。在课堂上，笔者通过合理设置情境，引导学生走近历史、走进历史。

在本课教学过程中，笔者通过角色扮演的方式，让学生分别成为葡萄牙、西班牙两国的国王，成为荷兰、英国、法国、美国等国的外交官，使其在风云变幻的国际舞台上展示自己的风采。这种方式，活跃了课堂氛围，让学生能在轻松的环境中学习知识。另外，通过情感体验，学生也认识到殖民主义的罪恶、弱国无外交，从而达到培育学生家国情怀素养的目的。

除了让学生在课堂体验之外，还有课外的体验活动。笔者利用乡土历史，拓展教学资源。比如芜湖博物馆，馆中的资料详细介绍了芜湖的历史。笔者组织学生前往参观，学生对此非常感兴趣。学生在博物馆了解到一批近代企业，包括民族工业和外企，看到了繁华的十里长街，看到了繁忙的长江航线，这些都使学生更加热爱芜湖，热爱家乡。除博物馆之外，芜湖还有天主教堂、英国驻芜领事署旧址、圣雅阁中学、弋矶山医院（今住院部旧楼）等，都与近代史密切相关，也与资本主义世界殖民体系有着密切关联。教学中，可以让学生前往参观，渗透情感体验。学生通过知晓家乡的历史，对今天家乡的发展感到骄傲，从而激发他们的社会责任感，开阔他们的国际视野，培养他们的家国认同观念。笔者认为，通过实地参观体验，能大大激发学生的学习兴趣，促进学生主动学习，为落实家国情怀素养奠定良好基础。

家国情怀是一个永恒的话题。习近平总书记指出："我们是中华儿女，要了解中华民族历史，秉承中华文化基因，有民族自豪感和文化自信心。要时时想到国家，处处想到人民，做到'利于国者爱之，害于国者恶之'。爱国，不能停留在口号上，而是要把自己的理想同祖国的前途、把自己的人生同民族的命运紧密联系在一起，扎根人民，奉献国家。"正是基于此，在历史教学中，不仅要在中国史教学中培育学生的家国情怀素养，也要在世界史教学中培育学生的家国情怀素养，让学生能够拥有国际视野，能够坚定中国特色社会主义道路自信、理论自信、制度自信、文化自信，为实现中华民族伟大复兴的中国梦而不懈努力！

善变角色，助力学生核心素养的培育

——以《北宋的政治》一课为例

安徽省蚌埠五中　潘振虹

随着《义务教育历史课程标准（2022年版）》的制定和颁行，如何落实历史课程立德树人的根本任务，着力培养学生的核心素养，成为历史教师共同努力的方向。笔者结合自身的实践和思考，认为：在历史教学中，教师主动承担起相关的职责，善于转换自身角色，是培育学生历史核心素养的一个重要途径。下面笔者就以统编教材七年级下册《北宋的政治》一课为例，立足初高中教学衔接，谈谈自己的一些想法。

一、教师要担当核心素养教学目标的研究者

德国教育学家雅斯贝尔斯曾指出："我们人类的全部存在是以有意义的计划为基础的。"在教学行为实施之前，要根据课标、要教材内容、学情等制订教学计划，而明确教学目标是制订教学计划的前提。教学目标的制定中，学生核心素养培养目标的定位将关系到学生的历史学业水平和历史学科素养未来发展形成的高度。而这一切的实现离不开教师的潜心分析和研究。

对比研究初高中教材：初中教材七年级下册第二单元"辽宋夏金元时期：民族关系发展和社会变化"的第1课《北宋的政治》，高中教材将其编排在了第三单元"辽宋夏金多民族政权的并立与元朝的统一"第1课《两宋的政治和军事》中，初中的知识点在高中教材中都有所涉及。对比初高中课标：《普通高中历史课程标准（2017年版2020年修订）》要求了解两宋的政治和军事，认识这一时期在政治上的变化。《义务教育历史课程标准（2011年版）》要求知道北宋的建立，了解宋朝重文轻武的特点；《义务教育历史课程标准（2022年版）》要求认识北宋面临的

新形势，了解北宋强化中央集权和重文轻武的政策。从初高中课标要求的不同表述和义务教育课标的变化中可见：初高中教材都将"北宋的政治"定位在了中国古代专制主义中央集权制度趋向强化的新时段，初中教学也开始强调在特定时空架构下的北宋政治的变化。但高中历史课程标准对学生的认知水平和素养的要求肯定比对初中生的要求要高。在分析的基础上，结合初中学情，笔者将本课核心素养培养目标设定为：重点架构时空感，着意培养学生的时空观念，使其初步树立特定时空中认知相关历史事物的意识；注重引导学生分析相关图文资料，鼓励其尝试对历史事物作出合理的解释，初步培养其历史解释、史料实证的素养；在相关历史事物因果的探寻和利弊分析中，让学生初步感知利用唯物史观认知事物的方法，一定程度上形成对北宋政治制度的赞赏与肯定，实现家国情怀素养方面情感体验的升华。

二、教师要担当核心素养目标教学的设计者

首先，要抓住初一学生的心理特点，展开有利于核心素养培养的教学设计。心理学研究认为，人的认识最初是由感觉开始的。而历史是叙述过去的事情，缺乏现成的直观材料。比之高中学生的理性，初一学生偏感性，因此笔者在教学设计中迎合了学生的这一心理需求。在本课的导入部分，笔者就采用了一个有关北宋时代特征的视频，设计了小活动"猜猜看"。通过画面、色彩、声音等，对学生产生视觉和听觉上的冲击力，可拉近历史时空感，催生共情，激发学生探究的兴趣，从而为新课学习、核心素养目标推进做好铺设。

其次，多样精选、活用素材，做好推进核心素养培养的教学设计。历史是一门综合性极强的学科，内容庞杂、素材丰富，且时空结合，立体感强而生动鲜活。例如，着眼于初高中教学的不同梯度和核心素养形成的渐进性，本课预设核心素养目标重点培养方向是时空观念素养和史料实证素养。为了帮助学生初步构建时空观念，笔者选用了前课的《五代十国后期形势图》和本课的《北宋形势图》，刻意以时空地图为抓手来帮助学生初立时空意识，意图指导学生通过时空对比来认识课标中要求的北宋当时所面临的形势，理解北宋的版图特点是局部统一等内容，并为之后北宋民族关系的学习做好铺垫。为了帮助学生初步形成史料实证意识，笔者多方对比，尽量选取了《旧五代史》《续资治通鉴长编》等史书中较为易懂的段落，以及当时一些通俗的民间谚语等，精心设问，以与课本知识相衔接印证，着意培养学生的证据思维能力。

最后，对比分析初高中教材内容和素材，可借用高中素材，但切忌进行高中化的初中教学设计。笔者以为，高中教材、高考试题，作为初中教师一定要看、要研究，但应主要着眼于开阔教学视野、提升自身教学水平。教师可以借用高中教材或素材内容服务于初中教学，但不应该提前教学高中内容，或者不经筛选直接借用高中教材或素材来教学，甚而用高考题目训练初中学生的答题能力和认知深度。笔者发现，本课内容在高中教材中的图文资料大多比较晦涩，初一学生理解起来有难度，不宜多选。但有一幅《雪夜访普图》可结合相关背景故事衔接初中教材讲清北宋的统一方略问题，有利于初一学生在本课中时空观念的构建，于是欣然选之。

三、教师要成为教学过程中学生核心素养培养的组织者、引领者

从教学本身来看，教学设计的主导者是教师，但教学是师生互动的过程；从《义务教育历史课程标准（2022年版）》的理念看，学生是主体，要着重开展学生自主探究的学习活动。教学中避免传统的"一言堂"，教师要担当好组织者、引领者的角色。

1.试着放手，把学习的主动权交给学生

考虑到"北宋的建立"在高中教材中着墨不多，"陈桥驿兵变"只是一笔带过，从教学衔接的角度，笔者进行了提前布置，让两个班的学生搜集资料，自己来讲一讲"陈桥驿兵变"的故事，或者排演历史小短剧进行展示。无论哪种方式，教师只做活动的组织者、引领者，锻炼学生的素材搜集能力、史料运用能力、语言表达能力等，从而既有利于理清历史事件的来龙去脉，也有利于相关核心素养的培养。

2.注重学法指导，在学习能力的拓展中发展核心素养

"授之以鱼，不如授之以渔。"首先，初一学生认知能力有限，史料研读有时会不得其法，理解困难。教学中笔者会引导学生学会从寻找关键信息、联系前后语境、定位材料内容的时空坐标等方面去分析理解，进而为史料实证素养的发展打下基础。其次，面对纷繁复杂的历史知识，笔者尝试引导学生用简明图示法理顺北宋君主专制与分权宰相、中央集权与地方分权的关系，归纳从五代十国之弊到北宋政治一系列措施带来的变化，既进一步帮助学生培养了时空观念，也有利于在提高学生理解能力的基础上培养他们的历史解释能力。

四、教师要成为教学置疑中学生智慧闪光的捕捉者、助推者

著名教育家叶澜曾说："教师要尊重学生、倾听学生、善于捕捉学生回答中的闪光点。"笔者认为，这是激发学生核心素养发展内动力的重要方法。例如，在了解"陈桥驿兵变"故事的过程中，有学生提出疑问："老师，我觉得兵变应该是早有预谋的，一件黄袍哪能说有就有?!"接着有学生进一步提问："这样得来的皇位会不会有问题?"在意外和惊喜中肯定学生提出了好问题，然后抓住学生们的智慧闪光点，鼓励学生根据自己的理解和所学知识进行论证阐述。在倾听学生的一番探讨后，结合课本，笔者带领学生们一起归纳出了宋太祖加强中央集权的原因、目的，并乘机进行了"社会存在决定社会意识"的唯物史观的渗透。笔者又进一步有意识地追问："宋太祖为稳固统治采取了哪些措施?""这些措施能保他坐稳江山吗?"引导学生进行探究学习，促进学生在运用史实论证、解惑的过程中，树立史料实证意识和时空观念意识，以及培养初步的唯物史观素养和历史解释素养。

五、教师要担当教学之后回省归纳中的反思者

《礼记·学记》中有语："学然后知不足，教然后知困。知不足，然后能自反也；知困，然后能自强也。故曰：教学相长也。"教师自觉地回顾教学过程，对教学实践中的优缺点进行全面、深入、冷静的思考、总结和评价，是促进教师改进教学、不断成长的重要途径。教师教育教学水平的不断提高，教育教学手段的不断改进，也会更有利于学生学习效果、学习能力、核心素养的提升，使教师在完善自己的过程中更能照亮别人。但要使教学反思最终达到这样的效果，笔者认为，其落脚点不能只落在"思"上。教师要在反思总结的基础上进一步查找素材、参看课例、反复研讨，对之前教学目标的不合理之处进行再定位，教学设计的不完善之处进行再优化、再设计，教学行为中的不当之处进行再改进，才是反思的真正意义所在。本课教学完成后，笔者又查看了一些资料和初高中的相关课例，结合原有的不足之处，准备尝试再度设计和实践，期待获得更好的教学效果。

总之，教师如果主动担当相关职责，在教学准备环节做好研究者、设计者的角色；在教学实施环节做好组织者、引领者的角色；在课堂生成环节做好捕捉者、助推者的角色；在教学完成后做好反思者的角色；将有助于教师把握好初高中教学差异的尺度，掌控好推进学生渐进学习的梯度，实现初高中教学有机衔接的目标。

把握统编教材精神 落实立德树人目标

安徽师范大学附属外国语学校 朱俊

　　落实立德树人目标是深化历史学科课程改革的一项重要任务，也是历史课程标准的根本要求。从《义务教育历史课程标准（2011年版）》到《普通高中历史课程标准（2017年版）》，再到《义务教育历史课程标准（2022年版）》，都将正确的思想导向和价值判断融入历史教育教学之中，坚持育人为本，德育为先。本文从把握统编精神、了解教材内容变化、践行核心素养培育等角度谈谈自己在这方面的教学实践和思考。

一、体现育人为本理念，实现培养核心素养根本目标

　　《义务教育历史课程标准（2011年版）》从四个方面阐释了初中历史课程要秉持的基本理念，主要涉及：

　　1.充分体现育人为本的教育理念

　　育人为本是教育发展的本质要求。育人为本意味着要以学习者为教育主体，以满足人的需要、提高人的能力、提升人的自由个性发展、实现人的全面发展为教育的终极价值目标。初中历史课程要充分体现育人为本的教育理念，尊重学生的个性差异，关注学生需要，促进学生的全面发展。

　　2.以普及历史常识为基础

　　所谓"普及历史常识"，与"专业史学"相对，意指义务教育历史课程不以"锻造"专业史学家为目标，而是以培养合格的公民为宗旨，包括：义务教育历史课程的内容属于历史学的基础知识，是公民的历史素养中应具备的常识性知识；相关的课程要求和内容是面向全体学生的，是每个学生都要学习并能达成的，以此达到普及目标。以普及历史常识为基础，使学生掌握中外历史的基本知识，让

学生初步具备学习历史的基本方法和基本技能，促进学生的全面发展。

3.将正确的价值判断融入对历史的叙述和评判中

历史认识涉及对历史的叙述和评判。历史认识以史实为基础，史实是客观存在的，史实准确、清楚，对历史的叙述、评判就有了前提与条件。不过，鉴于历史是人的历史，各有其立场、利益、政治倾向、价值标准，对史实的采认、分析与解释不同，也就影响对历史的叙述与评判。因之，义务教育历史课程的实施，应将正确的价值判断融入对历史的叙述和评判中，使学生通过历史学习，增强对祖国和人类的责任感，逐步确立为中国特色社会主义事业、人类的和平与发展做贡献的人生理想。

4.鼓励自主、合作、探究式学习

新课程倡导以学生发展为本，鼓励学生学会自主、合作、探究式学习和积极参与教学活动，强调发挥学生主体地位的教学理念。

相对于实验版课程标准，《义务教育历史课程标准（2011年版）》更注重对学生的价值引领和价值指导，更注重发挥历史课程的育人功能，提出：培育具有社会主义核心价值观的公民，是时代发展和社会前进的需求，也是青少年自身成长和全面发展的需要。这是对义务教育历史课程总体目标的论述，确立了历史课程的目标价值取向。

《普通高中历史课程标准（2017年版）》坚持育人为本，德育为先，强调历史教育是形成和发展社会主义核心价值观的重要途径。它论述的课程性质是：历史学是在一定历史观指导下叙述和阐释人类历史进程及其规律的学科。中学历史课程承载着历史学的教育功能。学生通过学习，发展历史思维，提高历史学科核心素养，认同社会主义核心价值观，树立正确的世界观、人生观、价值观和历史观。它确立的基本理念是：

1.以立德树人为历史课程的根本任务

坚持德育为本，育人为先，使历史教育成为形成和发展社会主义核心价值观的重要途径。发挥历史课程立德树人的教育功能，使学生能够从历史的角度关心国家的命运，关注世界的发展。

2.坚持正确的思想导向和价值判断

以唯物史观为指导，对人类历史发展进行科学的阐释，将正确的思想导向和价值判断融入对历史的叙述和评判中。

3.以培养和提高学生的历史学科核心素养为目标

历史课程要将培养和提高学生的历史学科核心素养作为目标，使学生通过对历史课程的学习，逐步形成具有历史学科特征的正确价值观念、必备品格和关键能力。课程结构的设计、课程内容的选择、课程的实施等，都要始终贯穿发展学生历史学科核心素养这一任务。

以上历史学科的纲领性文献规定了课程的性质、理念，都把立德树人、培育学生的历史学科核心素养作为历史教育的重要目标和根本任务。教育部副部长在2018年5月全国统编教材培训大会上，介绍了统编教材编写、举办统编教材使用培训的背景和意义，强调了各地在教学中要坚持价值引领，把握统编精神，掌握新教材的变化，把国家意志贯穿在平常教育教学中。他还在"2018未来教育大会"讲话中指出：教育的根本目的是培养人，既要传授给学习者知识技能，还要对其进行价值引领和人格塑造，促进其全面而自由地发展。无论未来社会如何发展变化，教育对这一点都要恪守。教育绝不能丧失价值立场，成为纯粹的工具。对此，教师要谨记和借鉴。

二、把握教材内容变化，了解学科前沿动态

教材内容的调整和变化，是中学历史教学最大的"前沿动态"。一线教师要时刻注意，梳理变化内容，分析变化原因，引领新教材教学。例如，2019年9月新学期八年级教材就有以下变化：

1.单元、课目名称变动

第五单元"从国共合作到国共对峙"改为"从国共合作到国共对立"；第七单元"解放战争"改为"人民解放战争"；第5课"甲午中日战争与瓜分中国狂潮"改为"甲午中日战争与列强瓜分中国狂潮"；第7课"抗击八国联军"改为"八国联军侵华与《辛丑条约》签订"；第11课"北洋政府的黑暗统治"改为"北洋政府的统治与军阀割据"。

2.课文内容变动

2019年版教材在课文内容的变动上总计有8处：增加了《天朝田亩制度》的积极作用；删除了批判儒家学说的字眼，改为"封建旧文化"；对"五四运动"历史意义的叙述做了较大幅度的调整；关于"工农武装起义"领导人增加了"彭德怀"，其他五人排列顺序有调整；在叙述红军长征时，将"敌人"一词改为"蒋介石"；对"九一八事变"的叙述有调整；"敌后战场的抗战"一课，增加了"毛泽东《论持久战》"的内容，且整课内容有较大调整。

3.配图变动

有10幅图的下方文字有微调；"租借地"情况表有变动；共删除了1幅配图，增加了5幅配图：删除李秀成配图，增加毛泽东配图、淞沪会战示意图、百团大战示意图、八路军收复山东诸城配图、毛泽东题词配图。

4."问题思考""相关史事""人物扫描"等辅助栏目变动

增加"抗日战争"的"相关史事""刘胡兰事迹""董存瑞事迹"等内容。

综上所述，词语、段落、配图以及栏目内容等方面的变动，势必引起教学设计的调整。一些词如"国共对峙"改为"国共对立"，北洋政府"黑暗统治"改为"统治"，对"批判儒家"字眼的调整、五四运动叙述内容的调整，等等，并不单单是词语的改动，其背后更深层次的问题发人深思。特别是配图的增加，"抗日战争""刘胡兰""董存瑞"等相关事实栏目的增加，是为了突出红色教育、传承红色基因，是进行革命传统教育的需要，也是加强"四史教育"的具体体现。

中国共产党作为百年大党，历经沧桑而初心不改、饱经风霜而本色依旧，一部党史就是一部践行初心使命的奋斗史。学习党史，就要传承红色基因、守住为民初心、勇担时代使命，不断在学习中提升政治境界、思想境界和道德境界。习近平总书记指出："历史是最好的教科书，也是最好的清醒剂。"教师要发掘教材中的"四史"学习内容，丰富"四史"学习素材，让广大中学生了解历史脉络、掌握历史事实、坚定"四个自信"。

下面再以统编九年级历史新教材编写特点为例，谈谈其中的价值引领问题。九年级历史教材的编写特点：

1.坚持唯物史观，统筹教材内容及体例安排

教材编者把国家对统编教材的要求落实到教科书文本中。九年级上、下册都是用唯物史观来统领教材，在内容体系、框架结构、文字表述等方面都体现了历史学科的特点，努力做到科学性、规范性和引领性。教材从不同侧面、不同角度运用唯物史观对历史进行解释。

2.既落实课标要求，又体现时代精神

课程理念已经发生变化，由三维目标转为核心素养；关注学术的进步与发展；体现时代关注点的变化；主题教育的加强。新教材强调环保意识、生态环境教育、生态文明建设、可持续发展等。同时，新教材对妇女解放运动的描述，体现了社会进步：新增了"妇女的社会角色发生变化"和"妇女地位的提高"等素材，这是新教材中全新的知识点。

3.反映历史学科的时序性，突出阶段的主要特征

原来按照专题编写，一些内容写不进去，如太平天国运动、关于圆明园的内容。现在按照时序，大的反映时代特征的事实都有。这有利于构建我国基础教育领域完整的世界史体系，吸收主流学术研究成果。教师要完全把握，并充分注意。

三、强调价值引领，践行核心素养培育

马克思主义的科学历史观——唯物史观的渗透和培育，绝非一朝一夕之事，必须靠一线教师在观念上更新，在专业上提升。教师要将唯物史观的培育落实到具体教学过程中，帮助学生形成唯物史观的思维和方法。下面举一个唯物史观运用的案例。

统编教材《中国历史》七年级上册第10课课后材料研读部分，提出问题："依据材料，归纳刘邦战胜项羽的重要原因"。对楚汉战争中刘邦胜利、项羽失败原因的认识，自古以来就是众说纷纭。《史记》记载，刘邦本人在做了皇帝之后有过一番"经验总结"："夫运筹策帷帐之中，决胜于千里之外，吾不如子房。镇国家，抚百姓，给馈饷，不绝粮道，吾不如萧何。连百万之军，战必胜，攻必取，吾不如韩信。此三者，皆人杰也，吾能用之，此吾所以取天下也。项羽有一范增而不能用，此其所以为我擒也。"长期以来，大家多以刘邦的见解为基础，从刘、项两人在谋略和用人方面的反差来分析刘胜项败的必然性。统编教材《中国历史》七年级上册第10课也采用了这个观点。但这个观点不够全面。

这里要使用唯物史观的阶级分析方法，透过历史现象，揭示问题本质。刘邦代表的是新兴地主阶级的政治主张，进行的是反对、消除旧贵族复辟势力，统一中国的战争；在所占领地区主要实行郡县制度，恢复发展生产，得到人民的拥护，顺应了当时历史发展的要求。而项羽代表的是旧贵族复辟势力，企图维护分裂割据的政治格局，逆历史潮流而动，失败无法避免。著名史学家翦伯赞说："余于项羽亦不胜其钦佩。但可惜他是贵族的后裔，决定了他走向历史的反动方向，因而终于碾死于历史前进的车轮之下，实为可悲。"教师首先自己要准确把握和理解唯物史观的内涵，以唯物史观为指导，在教学中做到思想性和科学性的统一。

立德树人是教育的根本任务。课程、教材、教学是落实立德树人根本任务的重要载体，也是最为重要的育人途径。教师要准确理解统编教材的育人价值，深入分析课程结构，改进教学方法，发展学生能力，推进素质教育。

基于核心素养的中学历史教学探索

第二篇　资源与教学

——合理发掘课程资源，精心设计教学过程

　　本篇着重于各类课程资源的发掘、各种史料的精准使用，以及基于史料运用的教学过程的精心设计，如对教材本身的文本资源、图片资源的运用，对乡土资源的发掘，对各种课外资源的解读和运用等，涉及史料实证、历史解释、家国情怀等素养的培育，尤其对史料实证、历史解释素养进行了诸多探索，具有较好的借鉴意义。

基于新课标，兼顾大单元，培育核心素养

——以《北魏政治和北方民族大交融》一课为例

安徽省蚌埠实验中学　方琼

在最新发布的《义务教育历史课程标准（2022年版）》中，明确提到："历史课程的目标是落实立德树人根本任务，体现历史课程的育人功能，培养学生的核心素养，引导学生初步树立正确的历史观、民族观、国家观、文化观。"新课标通篇突出了素养导向，强调在以学生为主体的探究性实践中，实现育人目标。笔者以七年级上册《北魏政治和北方民族大交融》一课为例，谈谈新课标视域下初中历史教学设计的一些思考。

一、结合课程内容和学业要求，制定素养培育目标

教师应从发展学生核心素养的角度制定教学目标，将核心素养的培育作为教学的出发点和落脚点，使教学目标在培育学生核心素养方面起到指引性、规定性的作用。新课标聚焦历史学科应着力培养的核心素养，培养学生终身发展的正确价值观、必备品格和关键能力。教学中要在了解学生的知识水平和成长需要的基础上，结合课标的课程内容和学业要求，制定每一课的素养培养目标，实现从知能目标到素养目标的转变。

七年级上册《北魏政治和北方民族大交融》一课，新课标的内容要求是："通过了解三国两晋南北朝时期的政权更迭和北魏孝文帝改革、人口迁徙和区域开发，认识这一时期民族交往交流交融的历史特点及其对中华民族发展的意义。"既要求学生了解基础史实，更要求学生关注本单元知识点之间的联系，认识到这一时期的特点和发展趋势。为达到课标要求，使核心素养培养落地，使学生的能力得到提升，在本课教学实践中，笔者制定了具体的素养培养目标：

（1）唯物史观：了解三国两晋南北朝时期各民族政权分立，认识这一时期历史发展的总体趋势：纷争中交融，交融中孕统一。

（2）时空观念：通过对时间轴、地图的观察，了解三国两晋南北朝时期的时代特征；通过对北方民族交融过程示意图的完善，认识到民族交融是长时段的过程；学会把历史事件放置在特定的时空下进行学习，培养时空观念。

（3）史料实证：通过对北魏政权发祥地的探究，了解考古发现、文字史料是认识历史的证据，掌握学习历史的基本方法，培养史料实证素养。

（4）历史解释：能运用史料对重要史事进行简要说明，有理有据表达自己的看法。

（5）家国情怀：通过梳理西晋以来各民族交往交流交融的历史过程，认识到中华民族共同体的形成是历史发展的必然结果；通过分析北方民族大交融对整个中华民族的影响，认识到民族交融为统一奠定了基础，各民族共同推动了中华民族历史的发展，促进学生树立正确的中华民族历史观。

二、结合教学建议和单元主题，明确教学立意

教师在分析教材时，应将教材中的单元作为一个整体通盘考虑，尤其要发掘和梳理单元主题学习内容中蕴含的具有培育核心素养意义的要素，从而整体发挥单元学习的教育效果。本课的课题是《北魏政治和北方民族大交融》，整节课和单元的联系是什么？"北魏政治"和"北方民族大交融"之间是并列关系还是因果关系？本课的第一子目"淝水之战"和课题之间的联系是什么？在处理复杂的历史和繁多的史事时，如果不理清彼此之间的逻辑关系，就容易造成知识点的松散和割裂，难以达成教学内容的深化，不利于学生形成正确的历史观和民族观。因此，在教学中，基于单元主题，整合教学内容，确立教学立意，提高教学的精准度和效度尤为重要。

本单元的时代特征是政权分立和民族交融，在这一大时代背景下，以"纷争中交融，交融中统一"作为本节课的教学立意，从民族关系的角度出发，体现民族交融和发展的趋势，从统一多民族国家发展的角度出发，体现国家从分裂走向统一的趋势，符合单元核心主旨。本课教学设计中将教材的主要知识点进行整合，构建起三个新的教学篇章，分别是："身世——来自嘎仙洞的拓跋鲜卑""成长——顺应趋势的历史选择""新象——中华文明的内涵扩大"。理清了"淝水之战""北魏孝文帝改革""北方民族大交融"三者之间的联系：淝水之战中前秦的

战败给后来北方统治者留下深刻教训，即能否处理好民族问题关系到政权的兴衰。此后北魏孝文帝决定文治，移风易俗，迁都改革，也是顺势而为做出的选择。无论是前秦还是北魏，都为北方民族大交融做出了重要的贡献。

新整合后的三个篇章，基于课标，符合单元主旨，构建起完整的知识体系，彼此之间也形成了历史的逻辑关系，相互关联，相互印证。学生在学习时，重点明确，主线清晰，有具体的探究性问题引领，就更容易实现思维的进阶，达成能力的发展、素养的培育。

三、结合教学提示和关键问题，探索素养培育落地的途径

2022版新课标和旧版课标对比，其中突出的一项变化就是增加了"教学提示"。课标的"内容要求"提出"学什么"，"学业要求"提出要"学得怎样"，"教学提示"就是明确给出了"怎么学"的建议，通过具体的、典型的教学活动和途径，让学生掌握历史学习的方法，形成正确的思维方式，实现核心素养的培育。

1.利用时间轴、历史示意图，培育时空观念

任何历史事件都是在一定的时间和空间条件下发生的，在特定的时空背景下认识历史，是对一定环境下历史事件和历史现象之间内在联系、发展变化和发展趋势的认识。引导学生从"长时段"视角把握历史脉络，通过时间轴、地图、知识结构示意图等多种方式，使学生置身于特定的历史时空背景下进行学习，多角度、全面掌握历史线索，理解历史现象，培养时空观念。

在导入新课时就提出问题："通过对前面几课的学习，魏晋南北朝时期给你留下了怎样的印象？"并出示相关时间轴和地图，引导学生观察分析。从时间轴来看，魏晋南北朝前有秦汉的统一，后有隋唐的统一，是一个分裂时期；从地图来看，南北分裂，南方相对统一，北方出现很多并立政权。引领学生在大时空格局下开展学习，把握从分裂到统一的历史趋势，理解民族交融既是政权并立时期呈现的特征，也是实现统一的重要条件。

2.探究关键性问题，培育史料实证、历史解释素养

新课标提出：结合教学内容的逻辑层次，设置需要解决的问题，并形成递进性的问题链，构成教学过程的逻辑层次，使学生在解决问题的过程中掌握知识、发展思维，形成新的迁移，获得新的认识。本课教学中，关键性问题就是处理好北魏政权和北方民族大交融之间的关联。围绕核心问题，针对学习过程中将要产生或可能产生的认知困惑，按照一定的逻辑结构设计一组中心明确、层次分明，

相对独立又相互关联，具有系统性的问题，旨在通过对核心问题的细化、具化、深化，演绎论证、推进说明核心问题。

在第一篇章"身世——来自嘎仙洞的拓跋鲜卑"中，设置了探究问题（1）："如何知道鲜卑拓跋部的发祥地在嘎仙洞？"引导学生能将考古发现和文字史料进行对比分析、印证，运用史料说明历史问题，增强实证意识，涵养史料实证素养。在第二篇章的学习中，为了让学生理解北魏孝文帝等少数民族政权学习中原文明这一历史现象，设置了探究问题（2）："结合材料，分析少数民族政权为巩固统治，有何相同举措？"在学生归纳后进行追问："这些相同之处是巧合还是必然？""为什么是历史的必然？"在这个环节中，学生需要对材料进行分析概括，才能得出"十六国时期少数民族政权采用了中原模式的国号、年号，学习汉族的典章制度"的结论。之后教师再引导学生结合特定的时代背景进一步思考：少数民族入主中原后，面临人数众多的汉族和先进的中原文明，为了巩固政权，学习先进是必然的趋势和选择。第三篇章是本课的重难点，如何认识民族交往、交流、交融的长期性、广泛性，理解北方民族大交融对整个中华民族的影响，需要学生在活动中解决问题、把握规律、认清趋势，形成知识的迁移，获得理性认知。在这一部分教学中设计了两个教学活动。

活动1：魏晋以来，随着各民族错居杂处，人们的生产生活发生了很多变化，请按照"生产方式变化""生活习俗变化""文化艺术变化"给图片分类。引导学生思考、得出认识：少数民族和汉族在长期交往中，所产生的变化层面广，彼此学习、相互影响，在相互碰撞与交融中逐渐形成共同的语言、生产方式和文化认同，最终使民族隔阂趋于消解，民族关系趋于缓和。

活动2：完成知识结构示意图，想想北方民族交融现象是在北魏孝文帝改革后才出现的吗？整个过程呈现出怎样的特征？学生在对示意图的完善中认识到北方民族交往交融的长期性，又在接下来的思考探究中理解三百多年的魏晋南北朝时期民族政权并立，在纷争中促进民族交融，游牧民族走向农耕化，也丰富了中华民族文明的内涵，为隋唐的统一奠定了基础。通过学习活动，在大时空格局下发现规律，从长时段视角把握历史脉络，在解决系列问题的过程中引导学生了解历史发展过程中的各种联系，认识历史发展的基本趋势，形成正确的中华民族历史观，培养学生的唯物史观、时空观念、历史解释、家国情怀等素养。

3.讲好历史故事，加深思考和理解

新课标明确提出：教师讲好相关的历史故事，有助于学生提高学习兴趣，体验历史情境，了解史事的基本情况，加深对历史的思考和理解。本课内容时间跨度大，叙事宏观，缺少细节的呈现，学生理解起来有一定难度。教师在教学中要结合历史发展脉络和学生认知特点，精选史料，聚焦历史人物和历史故事，用感性的、易于理解的方式开展教学，与学生进行互动和深层次的问题探究，加强对学生分析能力、历史思辨能力的锻炼与培养。

例如，为了厘清"淝水之战"和"北魏政权"的关系，教师应详细讲述淝水之战的故事，并请学生思考：87万人因何败给8万人？从"投鞭断流"到"草木皆兵"再到"风声鹤唳"，前秦的败局早有迹象可循，其根本原因是没有处理好民族关系，以至在战败后迅速土崩瓦解，这也为后来继任的北方统治者提供了前车之鉴。为了让学生理解孝文帝改革的背景和原因，在不改变史料原意的同时进行适当的裁剪，讲述第二个故事"孝文帝因何改革"。引导学生理解孝文帝所面临的最大问题就是如何处理这一广大地区的民族关系，如何对待汉族的先进生产方式、汉族的文化等。"用武"已经完全无法有效治理国家了，"文治"移风易俗是必然的选择。关于孝文帝改革的影响，教材中只有两句"促进了民族交融，也增强了北魏的实力"，缺乏对历史细节的描述，不利于学生理解。笔者在这里补充了《洛阳伽蓝记》中的故事，在具体的历史事件渲染中，让学生感知改革带来的变化和影响，形成自己的历史解释。

总之，新课标强调核心素养培育的落地，需要教师在具体的素养培育目标下，通过多种教学实施路径，使学生掌握认识历史的基本方法，形成正确的思维方式。

第二篇　资源与教学

明史·赋能·立德:历史图片教学的三层目标
——以《外交事业的发展》一课为例

安徽省黄山市黄山区教研室　谢旭永
安徽省黄山市黄山第二中学　叶慧芳

基于核心素养的中学历史教学探索

　　历史图片是研究历史的重要资料，每张历史图片都蕴含着丰富的历史信息。在历史教学中合理运用历史图片，准确解读、挖掘历史图片所蕴含的史实和情感内涵，可以帮助学生建构认知框架，培育学科核心素养，落实立德树人根本任务。本文以统编教材八年级下册《外交事业的发展》一课为例，旨在探讨如何运用历史图片进行教学，实现明史、赋能、立德的目标。

一、以图解史，建构认知框架

　　历史教学过程就是历史教师基于客观史实的主观解读。而客观史实有过去性的特点，远离了学生生活实际，导致学生不易理解。历史图片本身就是历史的一部分，而且具有直观性的特点，教师在教学中运用历史图片可以营造符合当时历史条件的历史情境，让学生走近历史，克服认知上的困难。《外交事业的发展》一课教学内容较多，而且事件发展时间跨度较大。只有找到史实之间的逻辑关系、相关事件的时间线索，才能将不同史实串联在一起，揭示历史发展的规律。在本课设计中，笔者通过以图解史的方式组织教学，用历史图片营造历史情境，并分析出历史图片所蕴含的各知识点之间的逻辑关系，从而构建整体认知框架。

　　如在导入新课时，笔者运用历史图片开宗明义，确立教学核心。先展示了《乔的笑》《毛泽东会见尼克松》《第二届"一带一路"国际合作高峰论坛圆桌峰会》三幅图片。然后引导学生观察三幅图片，启发学生思考：这三幅图片反映出什么共同的主题？基于学生的回答，笔者揭示本课主题："中国外交事业的发展"。运用具有共同主题的历史图片逐步提炼出本课的核心内容，可以化抽象为具体。新课教学中，笔者采用以图解史的方式构建知识框架。在运用图片导入的基础上，笔者继续解说三幅图片分别反映的历史事件，即："中国重返联合国""中美关系正常化""全方位外交"。将三幅图片与教材的主干知识对应起来，从而纲举目张，使课堂结构清晰起来。然后，笔者进一步挖掘历史图片的内涵，将本课核心内容提炼为三个篇章："取得历史性突破""实现历史性握手""担当历史性责任"。这三个篇章既独立成篇，又浑然一体，既概述了三项外交活动的重要地位，又说明了自20世纪70年代以来中国外交事业取得的历史性成就。

运用历史图片教学是对历史事件加以形象的解读，以图解史、图文互印，用历史图片勾勒出历史事件发展的轨迹，使历史事件更直观、更具体，使教学形式与教学内容完美结合，有助于学生对历史知识的理解。当然要实现上述效果，在选用历史图片时需要兼顾三个原则：真实、准确、科学。图片本身就是历史的一部分，来源要真实可靠，绝不可张冠李戴、无中生有；图片要能够反映教学的重点，所反映的史实要与教学主干相吻合，不能为了增加教学的直观性，盲目使用历史图片；图片所反映的史实之间要有逻辑关系，每张图片中的史实既独立存在，组合在一起又是一个完整的篇章，这样更能体现历史图片的价值。

二、以图引思，培育核心素养

初中历史教材主要是以文字的形式向学生陈述历史人物、历史事件，但单纯的文字资料比较枯燥，难以激发学生的想象。历史图片锁定了昔日事物的风采，为我们提供了认识昔日事物的众多信息。教师应当引导学生挖掘其中的有效信息，进行分析、处理，形成生动而深刻的历史认识。对于理性思维能力才刚刚起步的初中生来说，运用图片教学有助于还原情境、感知历史，培养学生史料实证、诠释评价等学科关键能力，促进学生理性思维的发展。

在教学"中美建交"一目时，笔者以"实现历史性握手"为主题，展示了"毛泽东与尼克松握手""周恩来与尼克松握手""邓小平访美时与美国总统卡特握手"三幅历史图片，请学生观察图片，并思考图片蕴含的信息，继以中国成语"握手言和"来说明中美关系的转变。结合图片内容，笔者还节选了《尼克松回忆录》中尼克松关于"握手"的一些表述："我（尼克松）走完阶梯时一边决心伸出我的手，一边向他（周恩来）走去。当我们的手相握时，一个时代结束，另一个时代开始了……周（周恩来）说：'你的手伸过世界最辽阔的海洋来和我握手——25年没有交往了啊。'"然后向学生提出思考性问题："尼克松为什么决心伸出他的手？他说的'一个时代结束，另一个时代开始了'，这两个时代分别指的是什么？周恩来总理的话语有何深意？邓小平与卡特握手说明了什么？"通过图片与文字史料相结合，图文互印，启发学生思考美国从敌视中国到尼克松主动与周恩来总理握手，中美关系发生了怎样的转变，是什么原因导致这样大的转变。通过分析讨论，使学生明白由于中国综合国力的提升、国际地位的提高、国际形势的变化，美国不得不重新审视中美之间的关系，这是中美关系发生转变的根本原因。中美关系在经历了破冰后，在邓小平访美的推动之下，1979年中美正式建立外交关系。由此可见，中美关系的变化、发展，是中国综合国力提升、国际形势变化的结果，使学生既正确认识了历史发展规律，又培育了家国情怀素养。

反思教学环节，笔者选用了同类型（"握手"）的历史图片来反映某个历史主题，然后指导学生分析同类型图片所蕴含的历史信息，使图片资料与文字资料相结合，以图引思，借图说理，培养学生透过现象看本质的能力。笔者认为，运用历史图片是培养历史思维、提升核心素养的途径之一。实现这个教学目标的关键在于教师能否挖掘历史图片的内涵，设置符合历史图片逻辑的问题，创设思辨的情境，指导学生深入思考，揭示历史发展的规律，从而使学生加深对历史的理解与记忆，在潜移默化中提高学生的学科核心素养。

三、以图育情，落实立德树人根本任务

历史图片中蕴含了丰富而具有感染力的情感元素。教师运用历史图片教学时，如果能充分挖掘图片中蕴含的思想教育因素，就可以增强历史教学感染力，激发学生的热情，在润物细无声中落实家国情怀培养目标，发挥学科德育功能。

在教学"中国重返联合国"一目时，笔者以"取得历史性突破"为主题，选用了《乔的笑》与《多国代表欢呼庆祝"两阿提案"通过》两幅历史图片，从国内与国际两个方面来分析中国重返联合国的历史意义。首先，指导学生观察《乔的笑》中印有"CHINA"的席卡、乔冠华仰天大笑的形象，然后请学生思考："在联合国大会这样一个庄严的场合，乔冠华为什么仰天开怀大笑？"在学生思考之后，教师解说：中国人民为恢复在联合国的合法席位进行了22年的艰苦斗争。1971年11月15日，乔冠华率中国代表团首次参加第26届联合国代表大会。联合国大厅里出现了盛况空前的欢迎场面。这是中国外交事业取得的历史性突破！证明美国为了"遏制中国"而进行外交封锁的僵局已被打破，我国外交出现了新局面！因此，乔冠华激动的心情难以抑制，仰天开怀大笑。这美妙的一瞬间被新华社记者拍了下来，化作永恒的纪念。通过这样的解读，学生就不难理解乔冠华为

何仰天开怀大笑了。那是扬眉吐气的笑！是意气风发的笑！是无比自豪的笑！学生心中也升腾起满满的民族自豪感和自信心。其次，解读《多国代表欢呼庆祝"两阿提案"通过》时，笔者设问："恢复中国在联合国中的一切合法权利的提案通过后，为什么多国代表欢呼庆祝？"说明中国是"得道多助"！中国恢复在联合国中的合法席位是历史发展的必然趋势。

图1　乔的笑　　　　　　　　图2　多国代表欢呼庆祝"两阿提案"通过

在教学"全方位外交"一目时，笔者以"承担历史性责任"为主题，充分解读了图片《第二届"一带一路"国际合作高峰论坛圆桌峰会》，先介绍了当时国际形势风云际会，外交工作错综复杂，然后结合《'一带一路'示意图》解说"一带一路"战略的宏大愿景与中国方案，突出新时期中国全方位的外交，使学生坚信崛起的中国有能力、有智慧做出更大的成绩，创造更大的辉煌，彰显大国担当！从而培养学生关心国事、关注时事的习惯，增强学生的历史使命感、民族自豪感，培育家国情怀素养。

由此可见，教师充分挖掘历史图片内涵及蕴含的情感因素，使历史知识教育与情感教育融为一体，可以增强历史学科的德育效果。为此，教师在运用图片进行情感教育时，需要将历史图片放在时空背景下解析图片展示的历史事件及内含的教育意义，以富有感情的语言激发学生形成正确的价值判断，落实历史教学立德树人的根本任务。

以史为序　以点观面　以德立人
——核心素养视域下高中历史选择性必修教学路径探索

安徽省蚌埠铁路中学　冯琦

习近平总书记在党的十九大报告中指出："要尊重世界文明多样性，以文明交流超越文明隔阂、文明互鉴超越文明冲突、文明共存超越文明优越。"正是在这个意义上，高中历史选择性必修三《文化交流与传播》通过7个专题，从人类历史上文化交流与传播的不同方式切入，展现不同文明、不同人群之间的联系与互动，使学生理解文化交流与传播在人类文明进步中的重要作用。学生要了解中华优秀传统文化的主要内容，理解世界文化的多样性，认识到不同文化之间要相互尊重、平等相待，加强交流互鉴，促进共同发展。

那么，在选择性必修教材教学中，如何呈现学科特色？如何提升学生的历史素养？如何真正地将学科素养融入课堂教学并逐渐内化为学生的关键能力？笔者以高中历史选择性必修三第9课《古代的商路、贸易和文化交流》为例谈几点体会。

一、核心素养视域下选择性必修教材的特点及内容分析

《普通高中历史课程标准（2017年版2020年修订）》指出，"历史必修、选择性必修、选修三类课程，构成高中历史课程的整体结构，具有关联性、层次性和渐进性"。选择性必修教材按照专题模式设计，是学生在学习中外历史相关知识的基础上，根据升学需要而选择的修习课程，也是深入了解历史、进一步学习历史的阶梯。相较于必修教材，它在整体设计上有着明显的变化：（1）拓展空间大，不是必修课程的重复组合，而是进一步的拓展提升；（2）引领角度多，使学生从政治、经济、社会、文化等多视角认识历史，打开的面更宽；（3）知识范围广，

视角宽泛，涉及法律学、经济学、社会学以及文化学等内容，对广大师生来说极具难度和挑战。（4）现实结合紧，既有高度的历史知识概括，也有极强的现实意义，真正发挥读史明智的作用。

以第9课为例，本单元的课标要求是：了解不同时代、不同类型商路的开辟；通过了解商品所体现的特色文化，理解贸易活动在文化交流中所扮演的重要角色。根据课标要求，本单元分为两课，第9课《古代的商路、贸易与文化交流》，第10课《近代以来的世界贸易与文化交流的扩展》。两课在时间上相互衔接，在内容上互相补充。第9课以新航路开辟前古代世界的商路、贸易与文化交流为主要内容，看似与之前的学习内容有所交叉，但选择的知识点更加新颖，涉及的视角更加宽广，需要广大教师用心体悟。

教科书以"丝绸之路""欧亚大陆其他重要商路"和"古代商路上的中西文化交流"三目呈现。第一目首先叙述"丝绸之路"名称的由来，然后叙述丝绸之路发展史上的标志性事件——张骞通西域，最后简述丝绸之路具体路线的变化以及后来重要性的下降。这一目时间跨度大，知识点比较细密，需要教师详略得当的设计和去芜存菁的主线梳理。第二目简要介绍丝绸之路以外古代欧亚大陆东西方之间的其他三组长距离交通线，即"草原丝绸之路""西南丝绸之路""海上丝绸之路"。这一目对于学生来说有不少新增加的知识点，但由于与第一目实际上属于同质化且关联紧密的内容，建议与第一目合并处理，帮助学生从宏观视野理解"丝绸之路"的概念延伸和历史演变。第三目简要介绍通过上述交通线展开的东西方文化交流，包括物质文化交流和精神文化交流。这一目与现实结合十分紧密，既有中华优秀传统文化的吸纳和传承，又有"一带一路"的历史发展与沿革，以及不同文明、不同人群之间的联系与互动，有助于学生进一步理解"以文明交流超越文明隔阂、文明互鉴超越文明冲突、文明共存超越文明优越"的深刻内涵，增强中华民族文化自信，尊重世界文明的多样性，有益于学生放眼世界、海纳百川、开阔胸襟。

综合以上内容和课标要求，笔者凝练本课主题为"无问西东，通达天下"。以丝绸之路的探索、形成、繁荣和走向衰落的漫长过程为主线，将古代商路放在具体的、特定的时间和空间下进行学习，认识到古代的商路、贸易与文化交流是一个动态的不断发展的过程。通过对多种史料的解读，提升学生运用和发现史料的能力；在感受商贸、文化繁荣昌盛的同时联动"一带一路"的生机勃勃；深刻理解世界各国纵有地域阻碍，但人类打破天然壁障，寻求沟通交流的探索步伐与精神追求却从未停歇，文明的交流互鉴也因丝绸之路而绵延不绝、生生不息；达成历史学科唯物史观、史料实证、时空观念、历史解释以及家国情怀五大核心素养的培育以及学生关键能力、情感认知和价值取向的形成。

二、核心素养视域下选择性必修教材教学路径初探

1.以史为序，丈量教材的长度

司马迁撰史强调"通古今之变"，即应以"通感"诠释大格局下的发展脉络。《普通高中历史课程标准（2017年版2020年修订）》指出，普通高中历史课程需"展现历史演进的基本过程"，"揭示人类历史发展的基本规律和大趋势"，要求教师将"核心问题的解决与历史学科核心素养相联系"。可见历史教学应关注重大事件间的逻辑关系，述史的核心也应立足大时序的关键问题。正如李惠军老师所说："历史教师要善于将宏观的体系与微观的细节结合起来，从历史的高处、深处、细处去彰显历史的博大与精深。"

在之前的设计中，笔者把教科书的第一、第二目合并处理，即"商路交织中的兴与衰"。这一目的核心概念就是李希霍芬以及赫尔曼所提出的传统意义上的丝绸之路。为了和其他各条中西通道相区别，人们又习惯称其为绿洲或沙漠丝绸之路。鉴于任何事物都是在特定的、具体的时间和空间条件下发生的，只有把"丝绸之路"置于特定的时空框架中，学生才能对此概念有准确的理解。因此，教师可以引导学生在课前预习并绘制丝绸之路演变的时间轴，以此为主线开展探究学习。学生通过观察时间轴、教材地图，结合相关知识，能够概括出丝绸之路的空间和时间发展过程，并对丝绸之路的演变历程进行归纳阐述，体现时空观念素养。

材料1 伴随着唐朝中期以后西北政治局势的长期动荡，中国的经济重心也逐渐南移，……从某种程度上来说，中国经济地理格局的深刻变化是造成陆上丝绸之路衰落、海上丝绸之路兴盛的深层次国内根源。

——邹磊《中国"一带一路"战略的政治经济学》

材料2 一方面，陆上丝绸之路对于沿途各国政治局势的变动极其敏感，往往某一国内部发生政治动荡，就会影响整条丝路的通畅。另一方面，陆上丝绸之路容易受到自然条件的极大限制，往往要穿越崇山峻岭与戈壁沙漠等极其艰苦的区域……

——邹磊《中国"一带一路"战略的政治经济学》

材料3 精美的华瓷外销，陆上交通，晓行夜宿，辗转搬运，极易破损；

而靠海路运输，则不虞路途之遥。而且，海路运输比之陆上运输，载量也大得多。据估计，一支由30头骆驼组成的沙漠商队，只能装载9000公斤货物，而一艘海船则可载船货60万至70万公斤，相当于两千头骆驼的运输量。

——何芳川《中外文化交流史》

教师补充史料，引导学生根据图片和材料，归纳丝绸之路的变化特点及海陆丝绸之路呈现上述特点的原因。经过对材料1、材料2和材料3的挖掘，学生可以总结出丝绸之路具有：起源早，历史悠久；线路多，覆盖面广；先以陆路贸易为主，后以海路贸易为主等特点。以及国内政局转换，经济重心南移；国外政局动荡，易受自然条件限制；海上运输的优势等原因使丝绸之路呈现出了上述特点。并能够结合所学知识进一步分析出造船、指南针等技术条件的进步和政府积极的政策支持等多重原因。以此强化学生对史料的解读能力。最终得出认识：丝绸之路开辟、形成、演变、衰落的历史进程，实际上也是古代中国国力、民族关系变化与对外交往程度的风向标和晴雨表。在这一教学环节中，时空观念、史料实证、历史解释等核心素养得到了充分的生成和落地，学生的历史信息获取能力、历史思维能力、历史探究能力和历史表述能力等学科关键能力也得以发展。

2.以点观面，延展教材的宽度

站在人类文明史的高度看，人类所从事的一切物质和非物质交流，皆为文化交流。本课第二部分"文化交流的汇与融"，所涉及领域众多，如果面面俱到，不仅拖沓课堂教学时间，更难以让学生深刻体会文化是如何在不断交流、借鉴中向前发展的。因此，笔者大胆取舍，以点观面，创景移情，以求兼具历史味和文化性。笔者选择的点是——敦煌飞天。

飞天形象最初起源于古印度的神话传说。通过观察、鉴赏文物图片，学生了解到，古印度飞天造型大都是裸体形象，既具有宗教神话传说的特征，又反映出对生殖的崇拜和对丰产的愿望。伴随着印度佛教文化的外传，飞天造型也由丝绸之路传入中国，开启了不断转型与创造之路。在北凉时期，飞天造型是动作僵硬的男性，内容及形式基本上是对西域石窟的模仿。北魏时期，飞天造型渐露中原风，体态轻柔，出现男性转女性的趋势。隋唐是飞天形象创造的鼎盛时期，其基本形象是菩萨装，女性体型，特别是盛唐时期，由浪漫、夸张步入现实，由天人转变为楚楚动人的宫娥舞女。"素手把芙蓉，虚步蹑太清。霓裳曳广带，飘拂升天行"是唐代诗人李白对飞天仙女的咏赞，敦煌飞天形象达到了最完美的阶段，是完全中国化的飞天形象。

经过一千多年的衍变，敦煌飞天逐渐融入中国本土文化审美，展示了不同的时代特色和民族风格，呈现出"你中有我，我中有你，各美其美，美美与共"的文化融合发展的亮丽底色和崭新格局。以点观面，以图证史，不仅生动地体现了中华的博大胸怀，也使学生认识到，丝绸之路不仅是亚欧大陆诸国商业贸易往来的大通道，也是社会交往和精神交往的文化丝路，是推动文明交融创新的希望之路。

3. 以德立人，挖掘教材的深度

唯有了解昨日的世界，方知今日和明日的世界。历史学习的终极目的就是让学生运用所学的历史知识分析现实问题，真正发挥读史明智的作用。两千多年前，古老的丝绸之路把中国与世界连接在一起，推动了世界文明的交流。两千多年后，随着"一带一路"建设的纵深推进，被时代重新唤醒的丝绸之路为沿线国家开启了和平合作、互利共赢的机遇之窗。"一带一路"倡议凝聚着和平合作、开放包容、互学互鉴、互利共赢的丝路精神，彰显了中国"达则兼济天下"的大国担当。通过这一环节的学习，学生进一步理解：文明的繁盛、人类的进步离不开求同存异、开放包容，离不开文明交流、互学互鉴。

高中历史选择性必修课程把人类社会政治、经济与文化交流的变迁作为一个动态过程和有机整体来剖析解读，力求从纷繁复杂的历史现象中探寻、揭示历史发展的规律。对于教师来说，既有许多新的未知，也是很大的创新机遇。广大教师要提高自身的专业素养，研究教学策略，以创造性的教学思维迎接这一挑战。

基于核心素养的中学历史教学探索

统编新教材历史学科核心素养培育探究
——以选择性必修二第1课为例

安徽省南陵中学　胡峰

历史教材是展开历史教学的第一文本，连接着师生。目前高中历史统编新教材与旧教材相比，呈现出诸多不同之处：

（1）高一《中外历史纲要》部分采用了通史体例编排，教材容量偏大，知识密度大，叙述过于浓缩。如《中外历史纲要（上）》第二单元第6课《从隋唐盛世到五代十国》，短短的第一目三个自然段叙述完了整个隋朝的历史。

（2）高二选择性必修教材，内容涵盖面广。如选择性必修一第一单元第6课《西方的文官制度》，第16课《中国赋税制度的演变》，第17课《中国古代的户籍制度与社会治理》，选择性必修二第1课《从食物采集到食物生产》，等等，都是以往教材并未涉及的内容。

（3）在统编新教材的文本表述中，有许多诸如"考古发现""史称""史书将……统称为"的字眼，学术情境深厚，背后指向的是史学思想方法和唯物史观。针对新教材出现的新变化，结合教学实践中的摸索，笔者以高中历史选择性必修二第1课《从食物采集到食物生产》为例，谈高中历史统编新教材中落实历史学科核心素养的几点对策。

一、立足单元进行"单元整体教学设计"

教材内容的整体性呈现，决定了教师解读教材思维的整体性，也呼吁教师注意教学设计的整体性，帮助学生形成整体的认知结构，进一步培养学生的关键能力和学科核心素养。在高中历史选择性必修二第1课《从食物采集到食物生产》的设计中，因为本课是该单元的第一课，所以在备课之前笔者首先构思的是单元学习核心主题。该单元三课分别是《从食物采集到食物生产》《新航路开辟后的食物物种交流》《现代食物的生产、储备与食品安全》，所以笔者以"食物"为核心，借用纪录片《舌尖上的中国》之名，建构本单元学习核心主题——舌尖上的文明，按照核心素养时空观念的要求，讲述人类社会从农耕文明到工业文明再到现代生态文明的整体过程。从整体视角探索新教材，既能体现模块知识的整体性呈现，又体现单元内知识的整体性架构。

二、利用时间轴和历史地图落实时空观念素养

在时空观念维度，新教材尤其是《中外历史纲要》的编排本身具有一定的时空性，这是落实时空观念素养的优势。但是具体课程的安排上，不完全是按时空编排，所以善用时间轴和历史地图，强化学生的时空观念就显得很有必要。选择性必修主要按照专题体例编排。所以本课的整体设计，笔者结合时空观念，将本课分为两大部分：第一部分——舌尖之欲醒，讲述人类社会农业革命的兴起；第二部分——文明之滥觞，主要讲述世界主要农业区农业文明的发展状况，以及早期农业国家的建立，同时引导学生以年为单位建立时间轴，制作大事年表，帮助学生树立把历史事件、历史现象与其特定的时间阶段联系思考的意识，梳理历史发展的脉络和趋势。在本课设计中关于各农业文明发展状况部分，笔者除了以农业交流会形式让学生讲述之外，还展出各农业文明的分布格局，以期增强学生的空间观念。

三、坚持论从史出、史论结合来培养唯物史观

在唯物史观维度，引领学生科学构建知识体系，坚持论从史出、史论结合的原则。历史学科核心素养从来不是孤立存在的，而是一个有机整体。比如社会存在决定社会意识是唯物史观的核心观点之一，那么在教学中坚持论从史出、史论结合的原则就非常有必要了。在本课第二部分"农业文明的兴起"，笔者设计了一个探究问题：如何理解食物生产推动了人类文明的产生？而后展出材料，通过逻辑推理展示历史发展的演进过程，从而得出结论：生产力决定生产关系，农业文明的发展带来了生产力的提升，必然也会带来生产关系的变化。这就落实了唯物史观。

四、创设情境提升历史解释能力

情境教学有助于将抽象的历史具体化，帮助学生理解和学习历史知识，有助于学生在解读历史情境的过程中锻炼思维能力，促使学生通过历史情境实现知识衔接和情感共鸣，提升历史解释能力。在本课教学设计中，为了能让学生迅速掌握各农业文明区的发展概况，笔者用了召开国际农业交流会的形式，让学生分组讨论归纳不同文明区的食物生产与社会生活，并设计多个综合探究活动，全面解释历史概念。

五、以史鉴今，强化家国情怀培育

本次新课改的重大变化之一，就是从单纯的考试评价向立德树人和素质教育方向转变，突出强化"国家认同"。所以家国情怀成为历史学科不可或缺的核心素养。在本课的新课导入环节，笔者选择以南陵县著名美食的照片导入。以乡土美食激发学生对本课的学习兴趣，同时南陵县是农业县，与本课内容联系紧密，符合核心素养中的家国情怀素养培育。在本课的结尾部分，结合对袁隆平院士的描写，激发学生的民族自豪感，符合历史课渗透思政思想的政策，也符合核心素养中家国情怀培养的要求。

附　课例：选择性必修2第1课《从食物采集到食物生产》教学设计

第1课　舌尖上的文明——从食物采集到食物生产

教学目标与核心素养：

唯物史观：掌握人类获取食物的不同手段，知道人类由食物采集者向食物生产者演进的过程及意义；知道古代不同地区的食物生产及其对社会生活的影响。

史料实证：能通过史料分析农业出现的重要意义。

历史解释：能通过文字、图片等材料，分析并认识影响农业发展的诸多因素，理解古代生产关系的变化和国家的诞生。

时空观念：能通过对已学知识的总结，对比分析不同区域食物生产的不同特点，梳理世界农业发展的基本发展线索。

家国情怀：认识农业和畜牧业对人类历史发展的重要性，以及农业的交流与传播为世界各地的发展所带来的重要影响，树立人类命运共同体的价值观和中国历史源远流长的文化观。

教学重难点：

重点：农业革命的意义；古代不同地区的食物生产特点。

难点：农业革命的原因和影响。

教学过程：

【导入新课】

图片导入：以南陵县著名美食的照片导入。

【教师讲述】这三张照片是我们南陵县著名的三大美食。南陵县古称春谷，是位于江南地区的鱼米之乡，农业发达，物产丰饶，美食众多，当真让人食指大动矣！从我们的祖先直立行走的那一刻起，追寻美食的脚步就从未停歇。这节课就让吃货老师带着同学们一起学习《从食物采集到食物生产》这一课，去感受先辈们开创的舌尖上的文明。

【新课讲授】

一、舌尖之欲醒——农业革命

【师】原始社会的人类以什么为食？又是靠什么工具来获取食物？他们又在哪里生活呢？

1.采集渔猎——人类早期的生产与生活

（1）食物来源：原始农耕和畜牧出现以前，人类依靠自然界现成的动植物为生。他们采集可食的植物果实和茎叶，捕捞鱼虾或猎取动物作为食物。

（2）生产工具：那时的人们使用木、骨和石等材料制作的工具从事采集和渔猎。

（3）生活方式：他们用火取暖、烧烤食物。女性除生育和抚养后代外，还负责采集植物果实、昆虫等，为群居的人们提供大部分食物。在一定的地域范围内过着迁徙的生活。

过渡：原始人类很聪明，在长期的采集过程中掌握了一些植物和动物的生长规律，于是原始的农耕和畜牧开始出现。

2.食物生产——农业革命的出现

（1）出示材料，归纳原因：社会生产力的发展；人口增长对食物的需求量增大；气候变暖为农业发展提供了有利条件；政治的力量。

过渡：人类从食物的采集者变成了食物的生产者，摆脱了愚昧，走向了文明，我们把这一过程称之为"农业革命"。农业革命是人类文明史上的第一次里程碑式的发展，它给我们带来的影响无疑是伟大的。

（2）农业革命的意义：

①人类获取食物的方式从采集、渔猎转向农耕和畜牧，开始从食物采集者转变为食物生产者，人类生产自己需要的产品，初步改变了纯粹依赖自然的状况。

②农业生产增加了人类的食物供应，改善了人类的生存条件，加速了人口的增长，促进了生活和生产方式的变化：人类从迁徙过渡到定居，逐渐形成聚落。

③社会分工的出现：随着农业生产力的提高，一部分人从食物生产中解放出来，专门从事制陶、采矿、冶炼等手工业劳动；原始音乐、文学和宗教因为精神生活的需要而产生。

④推动了科学技术的发展：人类认识到天文知识对农业生产的重要性，促进了天文历法的发展；数学和其他相关学科也逐渐发展起来。

过渡：我们了解了农业发展的时间脉络，历史学科核心素养要求我们大家具备良好的时空观念，接下来就让我们在空间上去感受由于地理环境和经济发展情况的差异造就的不同文明区的食物生产与社会生活的多姿多彩。

二、文明之滥觞——农业文明的兴起

以召开国际农业交流会的形式，让学生分组讨论归纳不同文明区的食物生产与社会生活；结合材料探究中国与西方农业经济发展的不同点。

归纳：

（1）农业结构不同：中国采取的是以复种连作制为主的种植农业，西欧采取的是以轮作制为主的农牧混合农业，休耕和收获后的土地一般用作牧场。

（2）种植结构不同：中国是"主谷式"农业，农桑结合是中国农业结构的主要特征。西方是"谷草式"农业，农牧并举则是西方农业结构的主要特征。

（3）中国人的食物是以植物性的饭菜为主，粮食占主导地位（主食是豆类和谷物）；西方人的食物结构中肉奶的含量较高，肉类一直是大宗食品。

过渡：随着农耕和畜牧的出现，生产力发展了，有了剩余产品，私有制出现，阶级产生，国家也随之诞生。

设问：如何理解食物生产推动了人类文明的产生？

过渡：唯物史观说生产力决定生产关系，农业文明的发展带来了生产力的提升，必然也会带来生产关系的变化。

结语：学习完今天的内容，我想到了一个人——共和国勋章获得者、中国工程院院士、"杂交水稻之父"袁隆平先生。他说他有两个梦：一个是禾下乘凉梦，一个是杂交水稻覆盖全球梦。伟大的梦想是需要踏实勤奋的脚步和汗水去实现的，袁老虽然已经逝世，但是他留给我们的不仅仅是杂交水稻，还有为了实现梦想朴实无华的终身奋斗精神！也希望在学完这节课以后，同学们能够以史为鉴，认识到今天我们的幸福生活来之不易，珍惜当下，为青春去奋斗！

核心素养视域下的中职历史探究性学习设计

安徽省马鞍山理工学校　胡常海

中职历史课程标准指出："中等职业学校历史课程的目标是落实立德树人的根本任务，使学生通过历史课程的学习，掌握必备的历史知识，形成历史学科核心素养。"中职历史核心素养与普通高中历史核心素养一样，包括唯物史观、时空观念、史料实证、历史解释和家国情怀五个方面，它们是一个有机整体，有着各自的地位和作用。学生通过学习历史课程，形成正确的历史价值观念、必备品格与关键能力，实现全面发展、个性发展、持续发展和终身发展。

中职历史学科教学，应该从"核心素养"视域下的历史学科教与学策略和育人目标等维度，在课程设计、课堂教学等层面发生相应的变化，而探究性学习可以有效保证中职历史学科核心素养的落地生根。何为探究性学习？探究性学习是在探究和解决问题的过程中，教师引导学生感受历史人物的情感变化、生活境界和精神追求，感悟历史事件的现实价值、未来指向，以此陶冶、引领和启发认知，认识自我、控制自我、完善人格，增强道德意识、社会责任和历史使命感，提升道德境界和践行能力，达成培养历史核心素养的课程目标，奠定全面成长的坚实基础。①中职历史教学行为和知识传授的最终目标，是追求历史教育的文化价值和社会价值，为学生未来的社会角色和职业生涯奠基。因此，历史教育必须坚持求真务实的态度，追求真善美，实现历史理性和道德理性的有机统一。根据中职学生的学习特点、学习行为和认知规律，中职历史探究性学习可以通过情绪烘托、情境创设、情感表达、情意释放等途径，让学生主动去感知、体验、发现和评判历史，形成历史学科核心素养。笔者以《中外历史纲要（上）》第25课《人民解放战争》教学为例，探讨核心素养视域下的中职历史探究性学习实施策略，与各位同仁商榷。

---

① 刘俊利.基于史学素养的"人性化"课堂的建构与实施[J].历史教学（上半月刊）,2016(8):33-38.

一、情绪烘托：激发历史情趣

情绪是一种心理活动，是人对客观外界事物的主观认知、态度体验与主体需求之间的行为反应。积极情绪使人心情愉悦，可以唤醒沉睡的潜能，充分调动学生主动学习的兴趣和欲望，是学生进行有效学习的强力保障。所以，教师在教材内容处理、教学设计构思、历史素材选取等方面，应尽可能地活跃学生的学习思维，激发学生的学习热情，培养学生的创新能力。

"好的开始是成功的一半"，一节课的开端饱含热情的气氛营造和情绪烘托尤为重要。在《人民解放战争》教学导入新课时，利用多媒体展示图片《重庆谈判期间的合影》，指出：中国人民通过艰苦卓绝的奋力抗战终于迎来了胜利，人民普遍期望和平，希望中国能从此走向复兴。可是美蒋反动派却玩弄"假和平、真内战"的阴谋，连续三次电邀毛泽东去重庆谈判，以毛泽东为首的中共中央为了人民的切身利益，为了全国的和平大义，不顾个人安危，携天下之大勇前往重庆进行了43天的谈判，国共双方达成了著名的《双十协定》。而在谈判期间，美国充当"和事佬"，在当时留下了一张"毛泽东、赫尔利、蒋介石"三人同框的照片。从这张老照片中，我们可以直观读出二战后国共重庆谈判的背景。二战结束之后，世界政治格局大变动背景下的中国将何去何从？国共关系会发生怎样的变化？今天我们共同学习《人民解放战争》这一课，将对其一一揭秘。利用历史老照片，创设历史情境，设置问题，渲染情绪，能迅速激发学生的好奇心、求知欲和探究欲，为下一步走进历史情境探究体验铺平道路。

二、情境创设：走进历史体验

教师要通过创设历史情境、设计有价值的思考题、组织学生开展史料研习等丰富多彩的活动，让学生体验当时人们所处的历史背景，感受当时人们所面临的社会问题，引领学生对历史问题进行探究。通过历史情境的创设，学生可以身临其境，"神入"历史，真正认识历史、理解历史和解释历史。在本课教学中，笔者依据中职历史新课标内容要求，勾勒出本课的教学目标：（1）感知素材，识记《双十协定》签订的原因、过程和意义；人民解放战争的防御、反攻、决战和胜利的主要史实；（2）体验素材，理解中国共产党为什么能在敌强我弱的情势下打败强大的美蒋反动派，取得人民解放战争的伟大胜利，深刻领会新民主主义革命胜利的意义；（3）升华素材，体会中国共产党的建党初心，在民主革命时期全心全意为人民谋解放谋幸福而坚持不懈的奋斗精神，感悟中国共产党是人民的政党，坚持人民的利益高于一切，培养中职学生热爱祖国热爱中国共产党的家国情怀。然后根据教学目标将"江山就是人民，人民就是江山"作为本课的主线和灵魂，确定本课的核心主干史实：（1）风雨欲来——人民解放战争爆发的原因；（2）枪林弹雨——人民解放战争胜利的过程；（3）和风细雨——人民解放战争胜利的原因；（4）主旨升华：春风化雨——人民解放战争的理性思考。围绕"江山就是人民，人民就是江山"教学灵魂进行甄别、收集和整理相关历史细节、历史素材和视频资料，精心设计问题，创设教学情境，把学生"神入"到具体的历史环境中体验当时的历史"真实"，让学生自己去发现、探究、思考问题，充分培养学生运用时空观念解决问题的能力。这里仅就第二个核心主干史实"枪林弹雨——人民解放战争胜利的过程"为例进行阐释。

在美国支持下，国民党军队于1946年6月对中国共产党领导的中原解放区发起全面进攻，点燃了内战的烽火。人民解放战争经过四个阶段，最终迎来了新民主主义革命的全国性胜利。在这里，笔者通过播放《解放》《大转折》等影视片段和历史素材创设问题情境："面对强敌，以毛泽东为首的中共中央采取了怎样的战略战术？假如你是一名战地记者，亲身经历解放战争，你将如何向全国人民实时报道这场波澜壮阔的战争的过程？"通过情境创设，带领学生走进人民解放战争，重温青化砭、羊马河、蟠龙镇、沙家店和孟良崮等战役，重温人民解放军千里跃进大别山等重大军事行动，使学生身临其境感受当年波澜壮阔的战争历史，深切感受以毛泽东为首的中共中央领导人"用兵如神"的聪明才智。通过分析敌强我弱形势下人民解放军不断取得胜利的原因，培养学生勇敢、乐观、坚毅的品格和历史解释等核心素养。

三、情感表达：感悟历史价值

中职历史课程标准在"家国情怀"学科核心素养中强调，"学习和探究历史应具有价值关怀，要充满人文情怀并关注现实问题，自觉提升境界、涵养气概、激励担当，以服务于国家富强、中华民族伟大复兴和人类社会的进步为使命"，将历史教学的人文价值、社会价值指向社会责任的教育。历史教育是过去与当今的精神交流，是将历史和当今社会联系在一起的具有现实使命价值的历史教学，可以激发学生的学习热情和公民责任感。中职历史探究性学习课堂需要架设起历史与现实之间的阶梯，寻找史事映射现实的影像，古今参悟，表达情感，让学生多维度、多方位、多角度获得历史的智慧和真谛，进而升华史识，涵养史德，提升精神境界、行为自觉、责任担当和生命质量。在本课教学中，在体验解放战争胜利过程的历史情境的基础上，在讲述第三个核心主干史实"和风细雨——人民解放战争胜利的原因"时，笔者适时引导学生从历史情境中再回到现实社会生活，思考作为新时代的中职学生，从人民解放战争胜利的原因中能够感悟出哪些现实价值和人生发展启迪。利用多媒体出示5段材料，引导学生进行探究性学习，运用史料实证、历史解释分析得出新民主主义革命胜利的原因。根本原因：谁能赢得老百姓的拥护，谁就能无往而不胜，最终赢得天下；谁丧失了民心，就失去了人民支持，必然会失败。充分诠释了"江山就是人民，人民就是江山""人民是历史的创造者，人民是真正的英雄"，培养学生的唯物史观。

四、情意释放：重构历史表述

中职历史探究性学习就是在情绪烘托、情境创设、情感表达基础上的情意释放过程，是师生深度学习、理解史实和感悟历史的过程，一节精彩的历史课需要最后的总结、凝练和升华。首先，让学生以小组合作探究方式总结出本课的知识结构图。其次，一堂情绪饱满、抚今追昔、生机盎然、互动频繁的历史课，最后师生的总结一定是教学内容的重构、凝练与升华，一定会触动心田、有感而发、有意释放，一定是师生情感和心灵世界正确价值取向的归宿，一定是本课探究性学习推向高潮的点睛之笔。在《人民解放战争》一课教学的最后，笔者结合主旨升华"春风化雨——人民解放战争的理性思考"，要求学生用高度精练的语言对人民解放战争这段史实进行学习重构与感悟表述。

情绪、情境、情感、情意是中等职业学校历史探究性学习实施策略的四部曲，是落实与达成历史学科核心素养的有效途径。

浅谈历史核心素养在教学过程中的有效落实

——以中职生历史教材《中英鸦片战争》教学为例

芜湖电缆工业学校　　王传喜

随着以核心素养为导向的历史教学的逐渐展开，教师该如何理解核心素养，如何解决教师面临的教学困惑，如何让核心素养有效落实于课堂教学之中。本文就这些问题作一些探讨。

一、优化教学目标

目前，在实际教学过程中，存在着核心素养有效落实不足的问题。究其原因，部分教师观念陈旧，固守三维目标，不愿做过多的改变。《普通高中历史课程标准（2017年版2020年修订）》中强调："历史课程要将培养和提高学生的历史学科核心素养作为目标，使学生通过历史课程的学习逐步形成具有历史学科特征的正确价值观、必备品格与关键能力。从这段表述可以得知，核心素养关注的是人，关注学生适应未来社会的发展要求。"每个受过历史教育的学生，无论他今后从事什么样的职业，都应该具备终身发展的正确价值观、必备品格与关键能力，这是历史教育真正的价值所在，其重要性要远远大于对知识技能的学习。三维目标侧重点更多的是历史知识本身，较多强调专业性，而核心素养则强调育人，具有普遍性。也可以说，核心素养超越三维目标，是三维目标的综合与升级。

从评价的角度看，素养可能是不可测的，可测的是具体的学习结果或学业质量，素养只能是学业质量测评后的推论，是一种理论构念，而不是具体实在。[①]因此，核心素养目标更多是内在的，而三维目标则是外在的。从发展的角度看，培养学生的素养是长期发展的过程，需要教师将核心素养贯穿于每一堂历史教学实

[①] 崔允漷.素养：一个让人欢喜让人忧的概念[J].华东师范大学学报（教育科学版），2016（1）：3-5.

践中。核心素养目标体现着长期性，是一种养成教育。其实在核心素养目标提出之前，在历史教学中就有所涉及。比如唯物史观关于人类历史发展的社会形态；课堂教学过程中的史料教学；三维目标中的情感态度和价值观；历史事件分析中的背景、原因、评价、影响；历史知识中的时序和史地关系；等等。这些都或多或少体现着对核心素养的培养，只不过以前没有凸显出来，现在更为系统、凝练，以弥补三维目标的不足。

既然有了核心素养目标，那三维目标是不是就不需要了呢？两者不是非此即彼的关系，而是共存的关系。目前，关于如何进行目标表述的争议比较大，无论哪一种观点，都没有要抛弃"三维目标"的意图，最后的落脚点，学科核心素养并没有完全取代"三维目标"，也没有完全脱离"三维目标"。笔者认为，核心素养目标相对来说抽象一些，但脱离具体知识内容去谈抽象的核心素养，也是行不通的。

具体到本课《中英鸦片战争》以核心素养为教学目标的设计是：

（1）将马戛尔尼使团访华放入特定的时空下，分析鸦片战争前中英两国发展的状况；探究中英两国在政治、经济、军事、外交等方面的差异。以唯物史观为视角，明确社会形态在两国之间的本质体现。（2）通过对不同材料的解读，分析两次鸦片战争爆发的原因及其必然性；通过地图和时间轴，概况两次鸦片战争的进程，培养时空观念。（3）通过组织学生收集史料，培养学生的史料实证素养，体会中国人民反抗外来侵略的民族精神，渗透家国情怀素养。（4）结合两次鸦片战争签订的不平等条约，运用辩证法，分析两次鸦片战争给中国社会带来的影响。（5）认识林则徐、魏源、徐继畬向西方学习的新思想，分析"师夷"与"制夷"的关系，理解其在近代中国社会进程中所起的作用，培养家国情怀素养。

上述教学目标的设计，以相应的历史知识为桥梁，以培养学生的学科核心素养为目标。既有知识点也有过程与方法，涵盖了原有的三维目标，在表述中体现出核心素养的主体地位，从根本上实现了教学思想的转变。

二、加深理论认识

一线教师要不断加强核心素养理论学习，教师要有源源不断的活水，才能让学生有一杯清水。学生核心素养的养成取决于教师对核心素养的学习程度、领悟程度。五大核心素养，并不是简简单单五句话，而是有着丰富的内涵。既有理论概念，又有实际操作要求，且各要素之间并不是独自存在的，相互之间有包含和交叉的关系。对核心素养的掌握不仅在于理解还要注重灵活运用。

基于核心素养的中学历史教学探索

具体到本课《中英鸦片战争》中对战争背景的分析：

材料一：出示马戛尔尼使团访华场景图。这是1793年，英国马戛尔尼使团访华的场景，由英方随团画师亚历山大所画，刻画了使团代表觐见乾隆时以英式礼仪单膝下跪的情形。

材料二：两份"国书"

英国	中国
一、请中国允许英国商船在舟山、宁波、天津等处登岸，经营商业。…… 二、请于珠山附近划一未经设防之小岛归英国商人使用，以便英国商船到彼即行收藏，存放一切货物且可居住商人。…… 五、凡英国商货自澳门运往广州者，请特别优待赐予免税。如不能尽免，请依1782年之税率从宽减税……	乾隆帝在致辞英王的第二道敕谕中说："天朝物产丰盈，无所不有，原不假外夷货物以通有无……今尔国使臣于定例之外，多有陈乞，……且天朝统驭万国，一视同仁。"

材料三：两份礼单

英国的礼单	中国的回礼单
礼单一（部分）：天文仪器有天体运行仪、地球仪、望远镜、透镜、气压计等，工业设备有蒸汽机、棉纺机、梳理机和织布机，军事装备有步枪，装备有110门火炮的巨型战舰模型等	（部分）：珐琅、珍宝、玉器、漆器、花缎、画册、鼻烟壶、扇、签、普洱茶48团、茶膏9匣和各色食品等

材料四：英国历史方面的材料

1769年，瓦特制造出第一台蒸汽机；1790年，瓦特蒸汽机已经流行全英国。1776年，亚当·斯密发表《国富论》，重商主义、自由主义思想在西方开始盛行。1215年，英国国王约翰签署《大宪章》，确定了王在法下；1689年，英国通过《权利法案》，建立君主立宪制。

根据上述材料并结合所学知识，小组讨论，完成下表。

	中国	英国
政治	封建君主专制制度	新兴的资本主义制度
经济	以小农经济为主	率先完成工业革命，奉行自由贸易
军事	装备陈旧、军务废弛	船坚炮利
外交	闭关锁国	殖民扩张
综合	封建统治日益腐朽	资本主义迅速崛起

一方面，通过马戛尔尼使团访华图片史料，创设情境，把学生的视野拉回到1793年，了解两国之间的交流状况。另一方面，按照时间和空间要素，建构历史事件、历史人物、历史现象之间的联系，并做出合理解释，突出对时空观念和历史解释两大核心素养的培养。以马戛尔尼使团访华为时代背景，让学生了解18世纪末中英两国之间的巨大差距。教师补充材料，特别是英国历史的相关知识，拓宽学生时空认知的视野，认识到近代英国在综合国力上的发展。在这样的时空背景下，了解中英两国之间的差异，完成表格填写。

历史解释素养的要求有：区分历史叙述中的史实与解释；对同一历史事物有不同解释，加以辨析和价值判断；能够客观论述历史事件、历史人物和历史现象，培养学生有理有据地表达自己的认识；学会发现问题，解释历史事物之间的因果联系。本目中，教师展示材料属于史实部分，而对材料的解读则属于历史解释。通过单膝跪拜礼仪、两份"国书"和两份礼单，从这些历史表象中发现问题，让学生表述这些史实背后两国在政治、经济、军事、外交方面的差异。

三、注重教学策略

核心素养的养成是逐步实现的，在落实上要注重其持续性和灵活性。也就是说，核心素养的养成不可能一蹴而就，教师在做教学目标设计时就不必硬要在单一课时里体现五个素养，要根据课堂教学内容灵活实施。在核心素养选择上，针对不同历史知识的特点有针对性地选择某一种或某几种核心素养来培养。在核心素养的培育过程中，教师要把课堂还给学生，让学生成为课堂的主体。一切知识，唯有成为学生探究与实践的对象的时候，其学习过程才有可能成为素养发展过程。[1]以前教师也在强调学生自主学习、合作学习和探究学习。现在再提学生主体地位，具有更深刻的意义。需要注意的是，以前是从三维目标的角度来看，现在教师应该从核心素养的角度来理解与实践。不再一味强调教师在教学过程中教得多好，而是应该强调教师指导学生如何学才更好。

本课最后把全班分为四个小组，每个小组收集鸦片战争中中国人民抗争的有关史料，形成认识。让学生结合史料，感悟中国人民反抗侵略、不屈不挠、不怕牺牲的爱国精神，渗透家国情怀素养的培育。

关于核心素养培育的有效落实，仁者见仁，智者见智，本文针对几个主要方面提出笔者的认识与思考。优化教学目标，让核心素养在教学目标中生根，从根

① 张华.论核心素养的内涵[J].全球教育展望,2016(4):10-24.

本上指导课堂教学；加深理论认识，使核心素养更加准确有效地落实于课堂教学中；注重教学策略，让核心素养的培育有灵活的方法与手段。围绕历史学科核心素养的教学改革，教师要与时俱进，多学善思。

在原始资料的运用中碰撞智慧、培育素养

安徽省南陵中学　　汪明舟

基于核心素养的中学历史教学探索

　　教学以相互交往的形态存在，交往是判断真假教学的标志，是教学存在的生成标准。如果认同这一观点的话，我们就会发现"交往"是核心词，只有师生发生了交往，教学才会存在。所以说教学是教师与学生之间知识、智慧的交流过程，而历史教学还是现实与历史的对话过程。呈现历史的最佳方法就是呈现原始资料：让学生直接与原始资料接触是与历史对话的最佳方法，在这种对话中培养能力、碰撞智慧是历史教学的一种理想、一种追求。

一、原始资料在教学中呈现的意义和效果

　　课本知识是历史学家通过自己对浩瀚原始资料的研究提炼而得出的结论，是历史学家智慧的结晶。今天鲜活的生活将是明天的历史，历史则是昨天鲜活的生活。呈现原始资料是呈现鲜活历史的最好方式，将原始资料直接呈现在学生面前，让学生直接与历史对话会产生一些意想不到的效果。首先，学生与历史直接对话，能够让学生对历史有直观的感性认识，从而激发学生学习历史的积极性。历史离学生的生活有些遥远，怎样拉近学生与历史的距离需要方法，直接呈现原始资料给学生，让学生认识到历史原来是这样，会让学生倍感亲切，瞬间拉近了学生与历史的距离，让学生有学习的热情。其次，当学生对历史有了感性认识、有了学习的积极性后，学生就愿意投入并积极思考历史现象及现象背后的本质的、规律性的问题。一方面能够培养学生的阅读能力、分析能力和理解能力，另一方面能够调动学生学习的主动性，从而实现智慧的生成。再次，容易让学生真正走进历史，走进历史人物的内心，用历史的思维去理解历史及历史现象。正是基于这些原因，所以在新一轮的课程改革中，把史料实证作为历史学科的核心素养之一。

要想培养学生的史料实证素养，最好的方式就是把原始资料呈现在课堂上、呈现在学生的学习中。在课堂上如何运用原始资料，这需要老师精心安排、循序渐进地引导，使之逐渐内化为学生的基本素养。

这些认识来源于笔者的教学实践，又在笔者的教学实践过程中得到了验证。在九年级历史下册《苏联的社会主义建设》这一课的教学中，笔者将原始资料呈现在学生面前，收到的效果让人惊喜。为了解释战时共产主义政策为什么没有在战争结束后马上停止，笔者将列宁在 1918 年的讲话原稿展示了出来。列宁说："在一个遭受帝国主义战争破坏的国家里，实行余粮收集制，禁止自由贸易——不仅是维持生活和对付战争，已经超越'一般革命'的任务，而是共产主义的任务，是推进社会主义的主要门径。"从材料中可以清晰地看到列宁推行战时共产主义政策的目的不仅是应付战争，还要把这一政策作为向共产主义直接过渡的一种手段。这样，这个疑问很简单地被解决了，原来历史就这么简单：伟人曾经的生活、曾经的决定，简单而直接。伟人也是人，他的思维首先要符合人基本的逻辑。

新经济政策使苏俄经济得到了恢复，是一种向共产主义间接过渡的方法，但很快被取消了。很多学生不理解，向学生解释起来又比较麻烦，于是笔者将当时苏联领导层对新经济政策的不同看法展示给学生："在列宁看来，'战时共产主义'是战争和经济破坏迫使我们实行的。它不是而且也不能是适应无产阶级经济任务的政策，它是一种临时的办法。但在当时的多数共产党人看来，却正好相反。他们始终认为，向国家资本主义倒退的'新经济政策'才是一种'临时的不得已办法'。而取消商品、货币、私有制和市场的共产主义，才是正统的马克思主义意识形态。列宁的新经济政策……甚至连他最亲密的战友们也感到不理解。"这样学生就能了解到当时苏联的领导层对新经济政策有着不同的认识，当列宁去世后，斯大林上台逐步取消新经济政策就可以理解了，但随之学生又出现了另一个疑问——为什么斯大林等一批苏共领导人会不赞成列宁的新经济政策呢？笔者从《共产党宣言》中找到了有关内容给学生进行展示："在生产力高度发达的资本主义基础上建立社会主义；消灭了资本主义私有制，建立了生产资料公有制；社会生产将有计划地进行，不存在商品生产、货币交换和市场；实行按劳分配的原则，并逐步从按劳分配向按需分配过渡。"《共产党宣言》所描绘的社会正是战时共产主义所追求的，所以一部分苏共领导不接受新经济政策，而是更相信战时共产主义政策就情有可原了。最后斯大林上台逐步取消新经济政策，重回直接过渡的斯大林模式就可以说得通了。

二、原始资料在教学中呈现的注意事项

从本课教学中，笔者意识到原始资料在教学过程中的重要性，原始资料可以让教学变得简单、直接，让历史教学呈现出它的原本特征。了解历史最好的方法就是走进历史，直接面对昨天鲜活的生活去认识她、理解她。在这一过程中，学生的核心素养和能力也必然会提升。但原始资料的使用需要教师精心安排，一要考虑学生的能力和基础。展示原始资料对学生的阅读能力、理解能力有一定的要求，比如学生的古文功底较差时，展示古文形式的原始资料，效果就不一定好，有时还会适得其反。在讲到理学时，笔者引用了《中庸》中的一段话："天理也，不及天理之高明，不足以道中庸。"想说明理学和儒家思想的关系，但有的同学不理解这句话，最后耽误了时间，效果也不好。二要考虑到学生接受这一教学方式需要一个过程，要循序渐进。学生从接受传统的课堂授课到从原始资料中寻找知识、培养能力、激发智慧的转变，一时肯定有不适应的地方。这就需要老师去引导学生逐渐接受这种学习方式、逐步接受这样的上课形式。三是对老师的要求提高了。一方面老师需要投入大量时间，去搜集、阅读、甄选原始资料；另一方面对老师的能力提出了更高的要求：教师需能够从宏观上把握课本，从微观上切入课本解决问题，完成历史课程标准的教学要求。老师要大量地阅读原著，从原著中去寻找历史事件内在的逻辑关系，再把相关的原始资料提炼出来展示给学生。当然也可以从历史学者的研究中直接引用相关史料，这也需要老师大量阅读相关论文或专著。总之，教学是一个需要老师用心投入、付出的事业，只有热爱才能持之以恒，才能收获幸福。同时，教学是一个不断积累、逐步成长的过程，应给予一个年轻教师足够的时间去摸索、去成长。

改变自己原有的教学方式需要一个适应的过程，采用一种新的教学形式更需要有创新的勇气和挑战自我的胆识。一个新的教学形式从设想到在教学实践中加以运用一定会碰到很多困难，也许并没有设想的那么美好，但这都是探索必须付出的代价，是值得的。因为这是培养学生核心素养的要求，也是历史教学的使命所在。

基于核心素养的中学历史教学探索

基于核心素养的初中历史课堂教学有效性浅探

——兼及"双减"背景下历史学科核心素养培育路径

芜湖市南陵县许镇镇华林初中　秦庆祝

课堂教学的有效性是指在课堂教学活动中，教师采用各种方式和手段，投入最少的时间和精力，取得尽可能好的教学效果。初中历史教师应该在日常教学工作中正确对待课堂教学有效性问题，认识到课堂教学有效性在历史教学中的重要性，并根据教学的需要和学生的实际情况，制定出相应的教学策略。

一、为什么要提高历史课堂教学有效性

1.提高教学质量的需要

在新一轮课改大潮中，特别强调"轻负增效"的教学模式。这就是说，要改变教学质量增长方式，从而达到提高教学质量的目的。因为教学质量高低是评价教师教学行为和学生学习活动是否有效的重要标准之一。提高教学质量是新课改的重要目标之一，也是广大教育工作者的责任和义务。但是，学科的原因，初中历史在初中教育体系中并不处于核心地位。历史课程的安排和教学时间在某些方面存在不合理性；部分学生只在课堂上看历史，课后就把历史当成"历史"了，真正接触和学习历史的时间也就在课堂上。由此可见，只有提高课堂教学的质量，才能充分利用有限的课堂时间完成教学任务，也才能让学生真正学好历史。因此，提高课堂教学的有效性，不仅是素质教育的需要，也是新课改的要求，更是提高教学质量的需要。

2.减轻学生学习负担的需要

素质教育提倡的是学生素质的全面发展。而要实现学生素质的全面发展，不是通过各种具有强制性的措施如我们所熟悉的题海战术、熬夜战术等来完成。在

素质观下，"减负"是广大教育工作者必须要正确对待的问题，而"减负"最直接的行动就是减轻学生的学习压力，而压力的减轻是建立在学习任务减少、学习时间缩减、实现学习时间正常化的基础之上的。而要做到这些，教师可以通过提高课堂教学有效性来实现。让学生在课堂上就能完成既定的学习任务，减少学生课后学习的时间。

3.是教师的责任和义务

教师是学生的导师，也是学生的学习伙伴，对学生的学习生活有着重要的影响。教师的主要活动都是在课堂上完成的，这也就决定了课堂教学有效性的重要性，毕竟课堂是教师对学生进行引导和教育的主要阵地，学生从教师身上得到的教育和启发，主要是从课堂上得到的。因此，提高课堂教学有效性，是教师完成教学任务的需要，是教师应尽的义务和责任。

二、如何提高历史课堂教学有效性

1.巧用图片资源，激发学生的学习兴趣

教材资源是最重要的课程资源，教师要充分重视、深入挖掘。人教版历史教材中的历史地图、形象插图涉及政治、经济、文化、民族关系等各个领域，是历史教材的重要组成部分。插图中有的描述激烈的战争场景，如《三大战役示意图》；有的展现事件发生时的真实情况，如《毛泽东和蒋介石在重庆谈判期间的合影》。这些直观的画面最易激发学生的学习兴趣，使学生对新知识满怀期待，并饶有兴味地进行学习。

2.有机整合教材资源，优化课堂教学结构

教材是国家课程标准的主要承载，是学生在校学习的主要资源，但不是唯一资源。面对新教材，教师不是单纯的组织者和执行者，还应该是教材的研究者和开发者。教师在了解学情之后，应创造性地使用教材，灵活利用教材，使教材成为一种动态的、生成性的资源。为此，在具体的教学中可以根据实际需要对教材做适当的重组或取舍。例如，九年级上册第四单元的主题是"资本主义制度的初步建立"，单元的重点内容是17至18世纪早期的资产阶级革命。第17课为《君主立宪制的英国》，第18课为《美国的诞生》，第19课为《法国大革命和拿破仑帝国》。教师可以将第17课至第19课列为一个大的学习主题，其主题可以定为：17至18世纪早期的资本主义制度的确立和上升时期。教师可以以条款的形式来整合这3个课时的内容，引导学生阅读教材，帮助学生对教材进行科学有效的整合。

3.借助多媒体教学，让历史变得生动、形象

多媒体教学的直观性是任何传统的教学手段都无法代替的。它通过多种媒介的交互演示，向学生传递丰富的教学信息，使学生利用各种感官对新知识进行感知、消化，并内化为自己的知识。历史教学具有过去性和一维性的特点，这就使得历史教学中原本生动的历史场景、历史人物，仅靠语言叙述去感知就会变得困难和枯燥。而运用多媒体辅助教学，就可以改变这种情形，让过去的历史人物、历史场景生动鲜活地走入学生的视线，加深学生对所学历史知识的印象，从而提高课堂教学的质量和效果。例如，在学习八年级上册《鸦片战争》这一课时，教师可以先提出一些问题：鸦片输入给中华民族带来了如此深重的灾难，清政府为何还有人反对严禁鸦片呢？中国的禁烟是引起鸦片战争的根本原因吗？然后让学生观看电影《林则徐》《鸦片战争》的经典片段。形象的电影片段将学生带到了腐败落后的清王朝，带到了列强恃强凌弱的19世纪中期。影片结束后，教师可以简单地对史实进行分析，相信学生很快就会认识到"落后就要挨打"的道理，教学效果也会很理想。

4.密切联系生活，引导学生主动探究历史

学生的学习过程不是知识的简单接受过程，而是学习主体基于自身原有生活经验与知识基础，主动建构知识的过程。教师要关注班级每一个学生的生活经验和知识基础，对于学生已有生活经验的教学内容可以少讲、略讲，对于经验缺乏的，教师可以适当补充一些教学案例，或者组织学生开展调查采访。例如，在教学八年级《艰辛探索与建设成就》这一课时，学生没有经历过"文化大革命"，但是他们的长辈可能经历过。教师可以设计这样一道题：分组收集自己所在地区有关"文化大革命"的人和事，搜集后整理成文相互交流。可以给予学生充足的时间准备，教师认真监督，上课前10分钟，安排小组长进行汇报。相信在学生的努力下，学习效果会非常显著。

5.及时进行教学反思，提高课堂教学实效

教学反思是教师自觉地把自己的课堂教学实践作为认识对象，进行全面、深入的思考与总结，从而进入更好的教学状态，使学生得到更充分的发展。历史教学反思就是历史教师把自己的教学实践作为研究对象，对教学过程进行重新审视，改进不足之处，提高历史教学的效果。例如，教师可以撰写教育教学案例，它不是简单地记录教育教学过程，而是要能够对案例进行精彩的点评、深刻的探究。案例撰写融入了教师对教学理性的反思，有助于教师把握住历史课堂教学的脉搏，从而不断提高课堂教学的实效性。提高课堂教学有效性，是提高课堂教学质量、

减轻学生学习负担的需要，也是在教育"双减""五项管理"背景下实现教学目标的最重要途径。因此，历史教师应该在认清课堂教学重要性的基础上，切实转变教学观念，在教学实践中不断对教学内容和方式进行调整。针对学生实际，找到提高课堂教学有效性的最佳途径。

综上所述，在当前改革背景下，初中历史教师要全面贯彻历史核心素养的要求，对学生进行有目的、有意识的培育。初中学生的核心素养培养是以历史学科的教学实践为前提的，教师要以高效的课堂教学为重要途径，以此引导学生树立正确的历史价值观，培养学生的爱国情怀。

初中历史教学中史料实证素养的培育
——以《安史之乱与唐朝衰亡》教学片段为例

芜湖市第二十九中学　李悦华

《义务教育历史课程标准（2022年版）》正式发布，相比于2011年版的课程标准而言，2022年版的课程标准有了许多变化。例如，增加了对课程目标的表述，明确了历史学科五大核心素养的内涵以及每一个核心素养需要达到的目标要求。基于此，笔者根据《义务教育历史课程标准（2022年版）》中关于史料实证素养的相关要求，结合自身在七年级下册《安史之乱与唐朝衰亡》这一课教学中的实际情况，探究如何在初中历史课堂教学中更好地培育史料实证素养。

一、以课标要求为依据，合理选择史料

《义务教育历史课程标准（2022年版）》中对于史料实证的定义是："对获取的史料进行辨析，并运用可信史料努力重现历史真实的态度与方法。"在《安史之乱与唐朝衰亡》这一课的"安史之乱"部分，只有"材料研读"部分出现了一点史料，这显然不足以培育学生的史料实证素养。因此，教师需要补充史料以使教学内容更加充实，将史料实证素养的培育落到实处。然而，关于"安史之乱"的史料不胜枚举，不可能全部堆砌于课堂，那么，教师在上课之前首先要对史料进行筛选。在筛选史料时，要考虑如下因素。

第一，所选择的史料要短小精悍，不可过于繁冗。教学对象是七年级学生，他们对于文言文的阅读理解能力有限，过于繁冗的史料不利于他们理解，而且需要教师花费时间对史料进行解释，侵占了有限的课堂时间。同时，冗长的史料会让学生感到枯燥、乏味，大大降低他们学习历史的兴趣。

第二，俗语所谓"兵不在多而在精"，在历史课堂教学中，史料的运用同样如

此。教师在选取史料的过程中，首先要对史料进行深度思考，看一看同一则史料是否能解读出多样化的历史信息，从而在一节课中反复多次使用，以此来加强学生对于史料的多重解读能力。笔者在执教"安史之乱"这一部分的过程中，运用了这样一条史料：

> 天宝元年，以平卢为节度……三载，代裴宽为范阳节度……十载入朝，又求为河东节度，因拜之。
>
> ——摘编自《旧唐书·列传第一百五十安禄山》

安禄山身兼三镇节度使，说明唐玄宗对安禄山十分宠信，既反映出这一时期各地节度使势力膨胀，也表现出唐玄宗任人唯亲，而上述两点都是"安史之乱"爆发的原因，通过解读一条史料，可以印证课本上归纳的两条结论，事半功倍。

第三，《义务教育历史课程标准（2022年版）》中希望学生通过对历史课的学习"初步理解古代史料的含义，尝试运用史料说明历史问题"。笔者在执教"安史之乱"这一部分的内容时，文字史料全部选取或者摘编自《资治通鉴》《旧唐书》等正统史料，就是希望学生能够通过对史料的阅读与理解，感受"安史之乱"爆发前后的真实情境，以此明晰"安史之乱"爆发的原因、大致的过程以及产生的影响，在对史料的解读与分析中培育史料实证素养。

二、用史料创设情境，巧妙设问引导

《义务教育历史课程标准（2022年版）》要求：教师要通过情境再现、问题引领、故事讲述和多样化的资源运用等方式，激发学生的求知欲，促进学生积极、主动地学习历史。课本中"安史之乱"部分的内容包括"安史之乱"爆发的原因，"安史之乱"的经过以及"安史之乱"产生的影响。这部分内容绝大多数是后人概括归纳出的结论，缺乏必要的史料相互印证，这也就给了教师一个机会：利用史料创设情境，使学生更好地感知与理解历史，提升学生的史料实证素养。

在讲述"安史之乱"爆发的原因时，笔者首先出示材料：

> 有密旨，令禄山将兵入朝讨杨国忠，诸君宜即从军。
>
> ——《资治通鉴·唐纪三十三》

基于核心素养的中学历史教学探索

设置如下问题：安禄山起兵的理由是什么？学生通过阅读材料轻而易举地找到了关键：讨伐杨国忠。由此，笔者将学生的视线转移到与"安史之乱"爆发有紧密关联的杨国忠身上，同学们不免好奇：杨国忠究竟做了什么，让皇帝下"密旨"请安禄山讨伐杨国忠呢？基于此，笔者出示了如下材料：

材料1：国忠数以事激之，欲其速反以取信于上。

——《资治通鉴·唐纪三十三》

材料2：杨国忠扬扬有得色，曰：今反者独禄山耳，将士皆不欲也。不过旬日，必传首诣行在。

——《资治通鉴·唐纪三十三》

材料3：人告禄山反状已十年，上下之信，今日之事，非宰相之过。

——《资治通鉴·唐纪三十四》

这三则材料分别对应三个不同的时段，材料一是"安史之乱"爆发前，材料二是"安史之乱"刚刚爆发时，材料三是安史叛军即将打到首都长安时。笔者首先要求学生根据材料找出杨国忠的表现，在此基础上要求学生进一步思考材料说明"安史之乱"爆发有着怎样的原因？因为这三则材料都比较短小，没有不易理解的生僻字词，所以学生很快就概括出杨国忠的表现。在"安史之乱"爆发前，杨国忠多次采取行动逼迫安禄山造反，以此来获得唐玄宗的信任。当"安史之乱"爆发时，杨国忠又洋洋自得，认为用不了多久，安禄山的首级便会被送到朝廷来。当安史叛军即将攻打长安时，杨国忠却忙着推卸责任，认为自己没有过错。由此，学生不仅明确了"安史之乱"爆发的导火线是由于杨国忠的逼迫，也由此进一步推论出唐玄宗用人不当、识人不明，导致了"安史之乱"的爆发。

笔者引导学生看材料，关注安禄山的任职情况，学生发现安禄山兼任的节度使越来越多，表明安禄山的实力逐渐壮大。

表1 天宝元年（公元742年）十节度使兵力（整理自《资治通鉴·唐纪三十一》）

名称	兵力/人	名称	兵力/人
安西节度使	24000	范阳节度使	91400
北庭节度使	20000	平卢节度使	37500
河西节度使	73000	陇右节度使	75000
朔方节度使	64700	剑南节度使	30900

名称	兵力/人	名称	兵力/人
河东节度使	55000	岭南五府经略使	15400

接着，笔者出示了一则对比性材料：

> 封常清所募兵皆白徒，未更训练，屯武牢以拒贼；贼以铁骑蹂之，官军大败。常清收余众，战于葵园，又败；战上东门内，又败。丁酉，禄山陷东京，贼鼓噪自四门入，纵兵杀掠。常清战于都亭驿，又败；退守宣仁门，又败；乃自苑西坏墙西走。
>
> ——《资治通鉴·唐纪三十三》

出示这则材料的目的是希望学生借此与课本中的"中央与地方力量对比失衡，形成外重内轻的局面"相印证。因为地方节度使手握重兵，导致中央兵力短缺，所以封常清到达洛阳之后不得不紧急招募人手补充兵力，但新招募的士兵并未经过系统的训练，并不是久经沙场的安史叛军的对手。由此，加强学生对外重内轻局面的认识。

接着，笔者提出问题：既然节度使手握重兵对朝廷构成了威胁，为什么唐玄宗还要设置节度使呢？引导同学们思考唐玄宗设置节度使的初衷，并出示如下材料帮助学生思考。

> 奚复叛，与契丹合，夹击唐兵，杀伤殆尽。射禄山，中鞍，折冠簪，失履，独与麾下二十骑走。
>
> ——《资治通鉴·唐纪三十二》

学生从材料中了解到奚、契丹等少数民族与唐朝开战以及安禄山作为朝廷的节度使与少数民族作战的情况，由此想到唐玄宗设置节度使的目的在于抵御少数民族的侵略。此时笔者提问："安史之乱"的爆发与唐朝和少数民族关系的紧张有没有联系？由此学生将边疆局势的紧张和安史之乱的发生联系起来，再一次和课本上的内容相互印证。

最后，笔者将上述过程予以归纳总结，指出"安史之乱"的爆发是多方面因素共同作用的结果。有安禄山自身的因素：随着势力的壮大，野心也在膨胀。有

基于核心素养的中学历史教学探索

朝廷方面的因素：唐玄宗任人唯亲，导致朝政腐败。杨国忠多次寻找各种事由逼迫安禄山造反。有整体局势的原因：边疆形势日益紧张，中央与地方力量对比逐渐失衡，外重内轻。至此，"安史之乱"爆发的原因部分的教学完成。

三、课堂反馈促调整，优化教学设计

在课堂教学中，学生是听课者。一节课的优劣，自然需要学生参与评判。而学生的反馈，是教师调整和优化教学设计的风向标。笔者在一个班上完课后，询问了一些学生的感受，根据他们的反馈以及课堂教学的实际情况，对教学设计进行了调整，在其他班级上课时取得了良好的效果。

在课后，有学生提出了这样的疑问："唐玄宗的腐朽统治带来了'安史之乱'，但我们也学习过唐玄宗创造的开元盛世，那么开元年间唐玄宗任用的宰相表现如何呢？"这使笔者发现，在讲述第2课内容时，只是简单地提及唐玄宗任用了姚崇、宋璟等贤相，却没有给同学们展现姚崇、宋璟等人贤明的证据。于是笔者通过《旧唐书》中关于开元时期两位贤相姚崇、宋璟的相关描述，与杨国忠的所作所为形成对比，加深了学生对唐玄宗统治后期任人唯亲的认识。同时让学生感受到统治者用人的优劣对国家的兴衰也会产生影响。

笔者在说明"安史之乱"爆发的原因之中央与地方力量对比失衡，形成外重内轻的局面时，发现学生将所给材料中的内容与课本内容相印证时过于生硬。基于此，笔者对这一部分的教学安排做了细化。要求学生根据材料内容，说明唐朝军队为什么会屡战屡败？学生在材料中找到了答案："所募皆白徒，未更训练。"新招募的士兵没有经过系统的训练，自然抵挡不住久经战阵的安史叛军。追问：为什么要招募士兵？为什么会出现士兵数量不足的情况？学生的答案是战争的消耗，大部分士兵在节度使手中。由此，不仅可以推出中央与地方力量对比失衡，形成外重内轻局面的结论，也可以印证地方节度使势力膨胀这一结论。一连串问题的逐步引导，让学生由对材料本身的理解逐渐过渡到与课本知识相互联系、相互印证，有利于学生史料实证素养的培育。

四、小结

《义务教育历史课程标准（2022年版）》对学生史料实证素养的要求是："在义务教育阶段，要求学生初步学会依靠可信史料了解和认识历史。"教师首先要做

的就是培养学生对于历史课的兴趣，保持他们的学习热情。例如本课对于"安史之乱"爆发的原因只有几句结论，教师进行简单的阅读理解就可以完成。但这样的教学势必会降低学生学习历史的热情，培育学生历史学科核心素养更是无从谈起。因此，中国古代史教学可以根据课本内容选择恰当的史料，创设情境，使学生通过对史料的阅读与理解，感受历史事件发生时的场景。但教师在课前要对史料进行精心的筛选，选择那些短小精悍、易于学生认知与理解的史料。再以适当的问题进行引导，让学生由对史料本身的阅读与理解，逐渐过渡到将史料与课本内容进行联系与相互印证，在潜移默化中逐渐渗透史料实证意识。

基于史料实证素养的初中历史教学思考

——以八年级下册《三大改造》教学为例

芜湖市第二十七中学　杨璐

《义务教育历史课程标准（2022年版）》中明确了"课程性质"，即历史学是在一定的历史观指导下叙述和阐释人类历史进程的学科。马克思主义指导下的历史学，以探寻历史真相、总结历史经验、认识历史规律、认清历史发展趋势为其重要功能。历史已然过去，我们如何能达成这一步——探寻历史真相呢？

中学历史的客观性、科学性最突出的表现即"史由证来，证史一致，论从史出，史论结合"。而这种史证性也在历史学科的五大素养中有所体现——史料实证。我们想探寻历史真相，那么历史真相通过什么方式流传下来呢？在文字发明以前是口口相传，文字发明后则是将发生过的事用文字记录下来，成为史料。官方都有自己的史官负责记录历史，我们称之为"正史"；也有民间流传的历史，我们称之为"野史"。我们在进行历史教学时往往会借助史料去进行论证。《义务教育历史课程标准（2022年版）》提出："史料实证是指对获取的史料进行辨析，并运用可信史料努力重现历史真实的态度与方法。史料是认识历史的主要依据。要形成对历史的正确、客观的认识，必须重视史料的搜集和解读，并在学习和探究活动中加以运用。在义务教育阶段，要求学生初步学会依靠可信史料了解和认识历史。"

一、指导学生广泛阅读文献，学会收集史料

史料的搜集是历史教学的开始。正如历史学家傅斯年强调的"上穷碧落下黄泉，动手动脚找东西"。我们需要寻求适当的史料，将其运用在教学过程中。在以往的教学中，教师经常是直接将文献资料进行呈现，学生根据材料进行分析、讨

论，最终形成结论。其实如果想要更好地培养学生的史料实证素养，需要鼓励学生广泛阅读文献，至少可以指导部分感兴趣的同学自主阅读完史料所在的文献。

在进行《三大改造》教学过程中，可以推荐学生阅读《新中国成立初期中共领导人新民主主义经济形态思想研究》。三大改造正处于由新民主主义经济形态向社会主义经济形态的过渡时期，那么改造前中国社会的经济形态，我们也要有所了解，而这段历史在课本中并未多作说明。教师可以将典型片段展示给学生，如下：

> 毛泽东在1947年12月（史称"十二月会议"）发表了《目前形势和我们的任务》，他将新民主主义经济的三大纲领概括为：没收封建阶级的土地归农民所有，没收以"四大家族"为代表的垄断资本归新民主主义国家所有，保护民族工商业。中国共产党人分析了上述三大经济纲领提出的主要理论依据：……民族工商业是中小资产阶级所开办的企业，民族工商业在发展过程中深受帝国主义、封建主义和官僚资本主义的压榨，因此，它具有革命的要求，加之中国经济的落后性，在民主革命胜利以后，在一定时期内允许民族工商业存在、发展是有利于国计民生的，因此，中国共产党必须坚决地保护民族工商业。[①]

通过这段史料学生可以明确新民主主义经济的基本情况，还可以直观感受到民族工商业对国家的重要性。如果能够利用课余时间主动地感知史料，寻找相关的研究文章自主阅读，就很利于养成自主辨析史料的好习惯。再出示近代史中学习到的人物照片——张謇、侯德榜，这两人在近代民族工业发展中都做出过巨大贡献，是近代民族资本家的代表。此时教师可以提出问题"结合材料和书本内容回答：为什么国家要对资本主义工商业进行社会主义改造？"，学生可以清晰地回答出"资本主义工商业是新中国初期社会经济的重要组成部分；民族资本家在近代时期对国家做出极大贡献；私营工商业中有不利于国计民生的消极方面"。

教师可以依据本课的重难点给学生布置收集史料的作业，可以督促学生自主收集史料。中学生搜集史料的基本途径主要有：利用历史教材及教辅资料；通过专业网站、电子书籍等渠道；通过文学作品、电影电视作品、报刊等；通过百科全书、字典、辞典。教师需要指导，便于学生更多地了解、多方位理解历史知识，从而更好地培养学生的史料实证素养。

① 胡万庆.新中国成立初期中共领导人新民主主义经济形态思想研究[D].吉林:东北师范大学,2020.

二、引导学生积极发现问题，联系课本利用史料

史料即过去，史料只是单纯地"报道"过去发生的事。要想让史料价值体现出来，必须引导学生去"问"它。史料能成为"实证"，前提是必须产生"问题"。没有问题，就没有证据。在历史教学过程中，教师要学会放手，把更多的时间交给学生，让学生自己去发现、去探索，充分利用课本中的知识强化实证与史料的联系。让学生在不断地发现问题、分享各自想法的过程中使自己的史料实证素养再次得到培养。

《三大改造》教学过程中有这样一则报道：

> 1952年秋，河北遵化王国范领导的合作社，23户贫农，全社仅有一头驴，入社三条腿，还有一条腿是别社的，农民家里一穷二白，生产资料极为缺乏，人们称这个社是"穷棒子社"。但就是这么一个穷棒子社，不依靠政府的财政，依靠自己的劳动，去离该村35里的深山打柴，1952年冬季到1953年春季共打上了400多元柴，帮助一些困难户解决了生活问题，还为社里添置了一头牛，一头驴，30只羊，一辆铁轮车，还有一些生产资料。到了1953年冬季，社里又添置了1头骡子，5头牛，65只羊，12头猪，1辆铁轮车，还有喷雾器等生产工具。毛泽东听了后，豪情满怀地说："我看这就是我们整个国家的形象，难道6万万穷棒子，不能在几十年内通过自己的努力变成一个社会主义的又富又强的国家吗？"[①]

这则史料很直观，直接反映了当时的合作社的困境以及后来发生的变化，看似可以直接说明历史，但这只是对过去发生的事情的"直接报道"。想要体现史料的实证性必须通过问题的形式，进一步挖掘分析史料。出示该报道，让学生初步阅读后就可以自发提出问题。如："穷棒子社"出现困境的原因是什么？"穷棒子社"是如何改变现状的？"穷棒子社"如今社民们的生活状况如何？第一个问题道出了土地改革后在我国农村出现的新问题：贫苦农民缺乏生产工具、资金，农产品满足不了国家工业化建设的需要。虽然成立了合作社，但太过贫困，工具的缺乏导致生产落后。随后第二、三个问题引导学生理解，农村地区依靠农民的勤劳苦干、合作社的优越性大改往日颓势，走集体化和共同富裕的道路，充分发挥集

① 中共中央办公厅.中国农村的社会主义高潮[M].北京:人民出版社,1956:13-14.

体的力量，从而促进了农业生产，改善了农民生活。

核心素养很难通过死记硬背来培育，教师必须改进传统的单纯讲授式的教学模式和方法，积极践行启发式、讨论式、体验式教学，营造让学生独立思考、自由探索的良好环境，让学生学会发现学习、自主学习。

三、培养学生深入历史，接近历史真实

深入历史是"主体进入客体之中去想象客体"的心理活动，即当事者置身于特定的历史时空，站在历史人物的立场，尽量理解其看事情、想问题的方式，尽量体会其感受，尽量走入其心中，避免用现代的观念、想法去看历史人物，去理解过去。历史深入需要一定程度的想象，但不是凭空虚拟，需要足够的资料佐证和逻辑推理。

义务教育阶段的学生很容易陷入这样的困局，他们总认为历史中人物的做法让人无法理解。在日常教学中经常听到学生讥讽历史人物或者对他们的言论嗤之以鼻。学生很难体会历史人物实际遭遇的困境，无法共情。因此需要培养学生深入历史的思维，走进历史人物的世界，以当时的条件去考虑，也就更能理解历史事件的走向。任何历史事件都是在特定的时间和空间条件下发生的，只有在特定的时空框架当中，才可能对时事有准确的理解。学生在对史料的搜集、整理和辨析中运用深入历史思维，会更容易理解当时人物的思想和行为，认识历史真实，提升史料实证素养。

如《三大改造》第一个子目：农业合作化。土地改革后为何又出现农业合作化？在"土地改革"教学中明确提出土地改革大大解放了农村生产力，极大促进了农村经济的发展，为国家的工业化建设准备了条件。此时，学生都会有一个困惑：土地改革效果如此之好，为何又要搞农业合作化？教材对此部分有所缺漏，只是用了结论性的语句——土地改革以后，农民分到了土地，农业生产有了恢复和发展。但是我国的农业仍然是一家一户分散经营的，这就影响农业生产的发展，农产品满足不了国家工业化建设的需要。

为此教师可以提供相关史料，便于学生走近农民生活，理解农民当时的思想和行为。在教学中出示下面两则史料：

史料一：据湖南省委农村工作部1953年对……四个乡的调查，占总农户数11.3%的农户生产生活仍存在较大困难，经常入不敷出，其中的大多数须

靠社会借贷和国家扶持来维持生活；占总农户数 1.81% 的农户走向破产……各地均已发生因生活逼迫自杀及出卖土地、耕牛、房屋甚至出卖小孩等现象。

　　史料二：据 1953 年对长沙县云泉乡的调查，造成部分贫农生活困难和生活水平下降的原因主要有：田地土质差；遭受天灾人祸；劳动不努力，生活浪费；丧失劳动力，雇人耕种；人口多，劳力弱；过去不从事农业生产，生产技术落后……由此可见，少数人的贫困并不是由于受到富裕户剥削所致。①

　　在此基础上可以设置问题：农民现状如何？经历土地改革，消灭了地主剥削，为何农民生活依旧困苦？通过问题和史料使学生更容易与当时的农民共情，理解他们的贫苦，以及他们想要改变贫苦状况、搞农业合作化的决心。深入历史的过程，其实就是学生走回过去，像当时的人那样去看待当时的世界。在尝试进行辨析的过程中，运用可靠的史料，努力呈现历史真实，进而让史料实证素养的培育落到实处。

四、结语

　　总之，史料实证素养的培育对中学生意义重大。现代教学中史料的呈现不仅仅是为了"直接报道"，更是为了将史料提供给学生，便于他们对史料进行对比、分析、论证，以此来解决具体的历史问题。同时进一步提高学生阅读和通过多种途径获取历史信息的能力，促进学生学习方式的转变。历史核心素养的培育，必将是一个长期而漫长的过程，教师需要做到坚信、坚守，在历史教学过程中充分挖掘史料，做到史论结合，不断提升学生的史料实证素养，为学生对历史学科的学习奠定坚实的基础。

① 张勇.土地改革后湖南农村"两极分化"现象评析[J].广西师范大学学报(哲学社会科学版),2014(6)：148-153.

史料实证：小说资源的历史解读

——以2018年全国卷Ⅰ第42题为例

安徽省南陵中学　储蓉蓉

《普通高中历史课程标准（2017年版2020年修订）》指出："历史课程要将培养和提高学生的历史学科核心素养作为目标，使学生通过历史课程的学习逐步形成具有历史学科特征的正确价值观、必备品格与关键能力。"其中，史料实证是诸素养得以达成的必要途径，是学习历史和认识历史所特有的思维品质，是理解和解释历史的关键能力与方法。史料实证是通过严格的检验获取可信史料，并据此努力重现历史真实的态度与方法。由此可见，史料是需要通过严格检验的，实证的前提是史料可信。

史料是指能够记录或反映过去发生、存在过的事情的文字记载和一切物品，或者说，过去遗留下来的所有文字记载和物品都可以作为了解、认识历史的资料。可以说，史料是人们了解过去、认识历史的重要依据和基础。正如梁启超所说："史料为史之组织细胞，史料不具或不确，则无复史之可言。"由此可知，对史事的推理和论证必须以可靠的史料作为证据，从而培养学生的史料实证意识，促使学生建构正确的历史认识。通常人们所能认识并运用的史料大体有四类：文献史料、实物史料、口述史料、图像史料。

本文要讨论的是常常被大家忽略的文学类史料。从目前的教学实践看，很少有利用文学资源进行历史探究的案例，倒是2018年高考历史试题的命制采用文学类资源作为史料，迈出了历史性的一步。2018年全国卷Ⅰ第42题是以文学作品小说《鲁滨孙漂流记》作为切入点，意在考查世界近代早期的一些重大历史现象。下面就以英国作家笛福创作的小说《鲁滨孙漂流记》为例，谈谈如何从历史教学的角度对小说资源进行利用和解读。

一、去伪存真：小说资源的历史鉴别

以小说为主体的文学资源，是一种特殊的史料，通过人物形象、故事情节来反映特定历史时期的人情世故、社会精神面貌。一方面，小说中不可避免地存在许多虚构情节，这就决定了在利用小说史料辅助教学时要给予更谨慎的鉴别判断。另一方面，小说同各种历史文献一样，都是特定历史时期的产物，往往带有真实历史的痕迹。著名史学家翦伯赞曾指出："认识时代的文学作品，正是各时代的社会缩写，正是各时代的人民呼声，正是千真万确的历史记录。"

《鲁滨孙漂流记》是英国作家笛福1719年发表的第一部长篇小说，也是英国历史上第一部现实主义代表作品。笛福并不是简单地记述整个故事，而是把故事进行了艺术加工。小说取材于1704年一个苏格兰水手身上发生的真实事件：1704年，苏格兰水手亚历山大·塞尔柯夫因和船长发生口角，被抛弃在一个荒无人烟的海岛上，被迫过了四年茹毛饮血的原始人生活，直到1708年才被碰巧路过的商船发现并被救回。作者用第一人称按时间顺序讲述了鲁滨孙不平凡的漂流经历。

小说往往带有真实历史的痕迹，但是小说毕竟不能与历史著作相提并论，更不能与真实历史画等号。所以在历史教学中，不能拿一般史料的评判与分析标准去衡量小说的历史价值，要从多个角度全面考察这种特殊的史料教学资源。比如《鲁滨孙漂流记》属于本时代人写本时代故事，所以这种类型小说的故事情节的可信度可能高一些。因为作者对历史事件有深刻的感受，可以说是比较接近真实历史。

同时，我们也应该认识到，文学作品毕竟不同于一般的历史文献，它更多是通过隐喻的方式来展现或解释一个历史时期社会发展中的深层次问题。正因为如此，在使用文学资源进行历史教学过程中，我们应当运用质疑、鉴别、分析的思维方法，最大限度地对其进行去伪存真的解读，只有这样才有可能筛选出切实有用的文学资源，挖掘出隐含在背后的深层次问题。从这个角度看，小说也可以成为认识历史的重要资源。

总之，以小说为代表的文学作品具有显著的史料价值已成为普遍的共识。从某种意义上说，它是一种有人有事、有声有色的形象史料，而且其中的细枝末节更是官方文献很少涉及的。首都师范大学侯会教授说："小说也是历史，是生动细腻的百姓生活史，记录着百姓的吃饭穿衣、婚丧嫁娶、喜怒哀乐等种种活动和情态。"显然，今天的历史教学，在观念和实践上都应该突破以往历史研究所固有的科学实证思维，改变对史料的认识，不能将以现实或历史为背景的文献资源与传统观念下的史料对立起来，在合适的情况下，应积极将文学资源纳入教学资源的视野之内，用批判的理性思维去分析史料、鉴别史料，去伪存真，发挥其应有的价值。

二、由表及里：小说资源的历史解读

2018年高考历史全国卷Ⅰ第42题以英国作家笛福的小说《鲁滨孙漂流记》中的相关情节为素材，考查小说所反映的历史现象。那么我们如何将小说史料的相关内容同历史教学结合起来呢？我们从以下几个方面来对小说资源进行解读。

（1）时空观念：依据小说提到的时间和涉及的空间。小说出版于1719年，属于世界近代早期的时间段。世界近代早期一般是指新航路开辟（15世纪末到16世纪）到第一次工业革命开始（19世纪60年代）。小说主人翁鲁滨孙的人生涉及的空间经历了从出生在英国，再到巴西开办种植园，然后再去非洲贩卖黑奴。可以说是从欧洲到美洲再到非洲的一个世界环球之旅。这主要考查学生获取和解读小说信息、了解小说的创作背景的能力。

从1492年哥伦布发现新大陆起，西方的殖民者纷纷踏上了亚洲、非洲、美洲的土地，开始了殖民扩张的过程。小说恰恰是这一时期殖民过程的写照。鲁滨孙在荒岛上的开拓发展过程向我们展示了帝国殖民地建构的过程，是英国早期殖民主义和帝国主义海外扩张行为的真实写照，是西方殖民主义向海外进行殖民开发的一个缩影。

（2）史料实证：依据小说提到的人物和涉及的事件。笛福向读者再现了英国新兴资产阶级上升时的资本原始积累和殖民扩张的历史，成功地塑造了一个虽身处逆境，却积极进取的资产阶级典型代表人物。如实反映了英国当时的社会状况、国民信仰以及人们的价值观念的转变。18世纪的英国弥漫着一种追求财富的进步精神，并得到社会的认可和鼓励。这一点在鲁滨孙身上体现得淋漓尽致。鲁滨孙的出现是历史发展的必然结果。小说主要讲述了鲁滨孙这个人物的人生经历以及重要的活动。如：鲁滨孙出生于英国一个生活优裕的商人家庭；他渴望航海冒险；他在巴西开办种植园；他转而去非洲贩卖黑奴；他遇险漂流到荒岛上，在那里建立了自己的领地；他凭借自己的智慧和力量"过得很富裕"；宗教信仰是重要力量，他自己阅读《圣经》而无师自通；整个小岛是他的个人财产；等等。这也侧重考查学生获取和整理有效历史信息的能力。

基于核心素养的中学历史教学探索

（3）历史解释：依据小说情节、题目设问和历史教学。这道试题设问的要求是：结合世界近代史的所学知识，从上述梗概中提取一个情节，指出它所反映的近代早期重大历史现象，并概述和评价该历史现象。对中学历史教学而言，即包括四个层面的要求：首先，文本阅读能力，简要写出所提取的小说情节，即获取和解读信息；其次，知识迁移能力，小说情节反映的历史现象，即调动和运用已有知识分析和说明问题；再次，文字表达能力，对历史现象的概述，即准确描述历史事物，阐释历史观点；最后，历史思维能力，对历史现象的评价，即运用史学思想和方法思考，探讨和论证问题。

为什么鲁滨孙会出生在一个生活优裕的商人家庭？从历史教学的角度解读，是因为鲁滨孙出生在17世纪的英国。17—18世纪初期，英国国内商业和海外贸易获得发展，资本主义成为时代发展的一股潮流。接下来我们可以引导学生探究17—18世纪资本主义发展的原因、途径和影响，以此拓宽学生的思维。为什么鲁滨孙渴望航海冒险呢？是因为文艺复兴运动提倡人文主义精神，鼓励发财冒险；新航路开辟使得世界逐渐成为一个联系的整体，新航路开辟使得欧洲国家走上了殖民扩张的道路。紧接着我们可以引导学生探究文艺复兴、新航路开辟、殖民扩张等这些重大的历史现象之间的联系。

在世界近代早期资本主义兴起时段，教师适当引用一些小说资源进行历史教学，可以使枯燥抽象的历史表述具体化、形象化，从而有利于提高学生学习的积极性和趣味性，又能培养学生批判性的历史思维能力，最大限度地实现历史教育的价值。可以说，开发和利用小说中的史料资源，对深化史料教学改革是一个值得探索的也是有意义的新话题。

立足教材史料，培育学生史料实证素养

——以初中统编教材《西欧经济和社会的发展》为例

芜湖市万春中学　张天生

史料实证是指对获取的史料进行辨析，并运用可信的史料努力重现历史真实的态度与方法。史料是认识历史的主要依据，要形成对历史的正确、客观的认识，必须重视史料的搜集和解读，并在学习和探究活动中加以运用。教材作为学习的最主要载体，是教学活动开展时学生掌握知识的最主要途径，也是培养学生史料实证素养的最主要载体。教师在教学中，一定要着重分析教材中的史料，加以合理运用，还要深入发掘教材之外的资料和信息，加以补充和解释。

一、合理利用教材史料，做到论从史出

《西欧经济和社会的发展》一课，学习"新的生产和经营方式"一目，通过阅读教材，推导分析：新的生产——垦殖运动的兴起，冲击与瓦解封君封臣制度和庄园制度，从而导致经营方式的改变；土地通过承租、购买或转租等方式集中起来，建立起租地农场，新的生产和经营方式形成——雇佣劳动经营、为市场而生产。这就是西欧的逐步资本主义化。

这一目是新内容，较难理解。为剖析租地农场，教材增设了"相关史事"栏目，以英国的租地农场为例，明确表述出农场的生产组织方式具有资本主义生产关系的特征，把正文中不便展开的历史事件，通过"相关史事"加以补充明确，其功能就是对正文未能详细说明的历史信息进行补充说明，消除学生疑惑，开阔学生视野，所以教学中一定要以"相关史事"为突破口，合理利用教材史料，并对历史信息进行完善整合。

为进一步理解资本主义生产关系的特征，教材设计了"材料研读"环节——

马克思说:"租地农场主成了这种农业工人的实际指挥官,成了他们的剩余劳动的实际剥削者,而土地所有者现在只和这种资本主义租地农场主发生直接关系,而且是单纯的货币关系和契约关系。"你如何理解这句话?这时,教师就要引导学生对教材中的关键史料进行深度解读,这也是培育史料实证素养的重要途径。通过教师引导和学生研读,逐步明确:农场主一方掌有生产资料——土地、生产必需品,以出租的方式提供给承租人,双方订立契约,承租方支付租金,这样农场主、土地所有者一方和承租者一方形成雇佣关系,水到渠成——典型的资本主义生产关系的特征。符合在义务教育阶段,要求学生初步学会依据可靠史料了解和认识历史的目标。

本课还有一个难点——手工工场。由于手工业的发展,手工业者为了市场而生产,小型手工作坊发展成分散的手工工场;部分农民经营手工工场,并逐渐转向集中的手工工场;随着商人参与其中,雇工分工合作,进一步提高了劳动生产率,从而形成了一种新的生产组织形式——雇佣与被雇佣——典型的资本主义生产关系。如何突破难点,教材选择了展示"相关史事",举实例来解读手工工场的发展及其特点、如何分工合作(配以插图《中世纪印刷工场》)以及雇佣与被雇佣关系的形成,并引出资本与劳动的分离,这就是资本主义化的体现。文末的"知识拓展",引用了伍丹戈《工业中资本主义发展的三个阶段》中关于工场手工业的论述,让学生进一步了解中世纪后期手工作坊、手工工场、工场手工业以及社会关系的变化。教材正文、辅助资料形成一个有机整体。教学时恰当加以运用,通过灵活的教学方式,帮助学生提高探究史料的主动性和积极性,做到史论结合,使学生的史料实证素养在潜移默化中得到孕育。

二、深入发掘材料,突破教学难点

教学本课"新的生产和经营方式"一目时,除了利用课文"相关史事""知识拓展"外,笔者还补充了以下材料:"15—16世纪,英国、法国、尼德兰等西欧国家和地区的农村,也出现了新的经营方式。大地主把获得的土地,出租给富裕农民或农业家,形成租地农场。租地农场主雇人进行商品化种植或养殖生产,用雇佣劳动者取代了传统的依附农民,使农场的经营具有了资本主义性质。"对材料进行分析探究,解释"租地农场""新的生产经营方式"等。从另外一个视角对本目知识点进行教学。将课外的历史资源适当地以不同方式融入课堂教学中,不仅能够丰富教学内容,增强教学的趣味性,同时让学生对历史事件的认知更立体、更全面，有助于培养学生的思维迁移能力。

教材第二目，正文部分仅用115个字阐述了欧洲农村社会结构的变化，富裕农民、骑士、乡绅不断集中土地，以新的经营方式成为农村的主导——富有生气的阶级力量。若不加以诠释，学生可能不知所云，更不用说深入了解。笔者发掘资料，以叙述的方式从四个方面进行了补充解读：富裕农民的出身、特长、货币地租的发展、财富的积累。教学中穿插这些史料，有助于帮助学生树立"论从史出"的历史观念，还能提高学生学习历史的能力。笔者还着力介绍了教材中的《中世纪农民在耕种》图，这出自为法国国王的兄弟贝瑞公爵制作的日历书，反映了15世纪早期的农业生活场景。挖掘材料中的资源予以分析解释，帮助学生理解富裕农民如何采用新的经营方式逐步发展成为西欧新的阶级力量的。

本课教材的史料选择和使用，可谓匠心独运。借助史料，培养学生阅读史料、解决问题的能力；补充史料，引导学生分析探究得出结论，培养学生"以图证史""史论结合"的能力；帮助学生养成学习和探究历史知识的良好习惯，进而促进学生历史学科核心素养的提升。

三、核心素养培育需注意的问题

教学中尝试和实践史料实证素养培育，需要注意以下问题。

首先，要转变教学观念。结合当前素质教育的要求，认识史料实证素养培育的重要性，要从教师自身入手，不断提高教学能力和综合素质，满足当下历史教学的要求，只有教师的历史学科核心素养提升了，才能为学生的核心素养培育奠基。

其次，历史教学应坚持以教材为基础。以教材史料为基本印证，来培养学生的史料实证素养。史料的选择要立足于教材，服务于教材，遵循科学取舍的原则，不过分强调史料的堆砌，而冲淡选材的本意；不选择超越学生阅读能力的史料，这不仅起不到实证的效果，反而增加了学生的阅读负担；选择应用史料时，不可对史料进行随意删减，或断章取义，从而造成史料的空洞或研读史料的结果与史实不符。可以适当发掘补充课外史料，要挖掘探究史料背后的社会背景和特定的社会情境，补充真实的贴切的史料；教师在引导学生发现问题、研究问题、解决问题时，要以史料为依据，通过对史料的辨析，将符合史实的材料作为证据，进而形成对历史正确、客观的认识，以探究历史的真相。

最后，要让史料"有趣"起来。绝大多数学生不喜欢研究文献史料，主要原因是文献史料大多都为文字记载，与其他的视频资料和音像资料相比，过于枯燥、乏味。因此培养学生的史料实证素养，教师需要采用更为灵活的教学方式，帮助学生提高探究史料和文献的主动性和积极性，让史料"有趣"起来。选择材料本身不仅要有趣，还要结合学生的年龄特征、文化特征，激发学生思考的积极性，培养训练学生的思维能力。

　　新课标明确要求，通过核心素养的培育，落实立德树人根本任务，让学生初步学会依靠可信史料了解和认识历史。作为历史教师，搜集、甄别史料，是必须的，不可忽略编者精心选择的教材史料，深度解读和挖掘、发现更恰当的史料用以实证，最好不过。当然，这对教师的要求也很高，笔者谨与诸君共勉。

历史解释素养在思想史教学中的落实策略

——以《欧洲的思想解放运动》为例

安徽省蚌埠二中　　夏其干

《普通高中历史课程标准（2017年版2020年修订）》指出："历史解释是指以史料为依据，对历史事物进行理性分析和客观评判的态度、能力与方法。"围绕历史解释素养的相关研究成果大量涌现，成果丰硕。但是，相较于整体研究的火热，思想史教学中如何落实历史解释素养则略显薄弱。长期以来，思想史教学被视为历史教学的难点，难就难在"讲不清""不理解""不好解释"。有老师针对思想史教学的现状，曾直言不讳地指出，要么按照考试要求照本宣科，把课堂教学变成读书画点，要么讲解深入而不能浅出，把课堂教学变成"一家讲坛"，其结果，学生对思想史的学习兴趣索然，思想史变成"思想死"。①导致以上现象的原因固然不少，但在思想史教学中，历史解释素养的落实不到位，无疑是不容忽视的重要因素。基于此，笔者以高中统编教材《中外历史纲要（下）》第8课《欧洲的思想解放运动》为例，结合教学实践，谈谈自己的做法和体会，以期抛砖引玉，引起同仁对该问题的关注和讨论。

一、创设情境，提供深入点

思想史教学往往浮于表面难以深入，一个很重要的原因在于，没有为学生提供思考的真实历史情境。史学大家陈寅恪指出："所谓真了解者，必神游冥想，与立说之古人，处于同一境界。"②要打通古人与今人之间的隔阂，真正做到"同情之理解"，创设情境，引导学生深入历史就显得尤为重要。

---

① 余文伟."人"在思想史教学中的作用——以人民版《历史》必修三"明末清初的思想活跃局面"一课为例[J].中学历史教学参考,2016(6):13-16.

② 陈寅恪.金明馆丛稿二编[M].北京:生活·读书·新知三联书店,2001:279.

每天，甚至每小时，都有一大批一大批的尸体运到全市的教堂去，教堂的坟地再也容纳不下了……坟地全葬满了，只好在周围掘一些又长又阔的深坑，把后来的尸体几百个几百个葬下去。就像堆积在船舱里的货物一样。

——薄伽丘《十日谈》

教师解说：黑死病是1348年在欧洲爆发的一次大型瘟疫，夺去了2500万人的生命，使欧洲人口减少了三分之一。面对黑死病，当时的教会提出"神谴说"，认为黑死病是上帝对人类罪孽的惩罚。唯有虔诚忏悔，才能得到上帝的宽恕，但很快人们发现，每天仍有成千上万的人死去，连那些道德高尚的为上帝服务的教士和修女也不能幸免。

问题设计：如果你是当时社会的一员，面对如此灾难，你会怎么想？

因为有了情境的支撑，学生自然就比较容易产生"合理想象"。很多学生都能指出，黑死病让人们对于上帝万能产生怀疑；少数学生还能进一步认识到，既然生命无常，人生苦短，与其禁欲苦行，不如及时享乐。教材指出人文主义是文艺复兴的"精神内核"，其实质是"符合资产阶级需要的新文化"，高度凝练的表述的背后，指向的是文艺复兴的世俗化特征，如果没有依托情境的深入思考，学生很难理解这一点。

二、打通断裂，关注连接点

本课所在的第四单元导言部分，明确提出，通过本单元的学习，了解西方人文主义的发展与资产阶级革命的历史渊源。据此不难看出，14—18世纪西欧相继发生文艺复兴、宗教改革和启蒙运动，三场思想解放运动的共同落脚点都是人文主义，彼此之间虽有差异，却并非断裂，其共性部分不容忽视。否则，三场运动就成了彼此孤立的事件，也不利于学生理解欧洲思想解放运动与资产阶级革命和资本主义制度建立之间的关系。

我不想变成上帝，或者居在永恒中……属于人的那种光荣对我就够了。这是我祈求的一切，我自己是凡人，我只要凡人的幸福。

——比特拉克

我整日整夜地思索神的公义……终于有一天看到了神的公义和"义人必

因信得生"这两句话之间的关系。

——马丁·路德

人，实则一切有理性者，所以存在，是由于自身是个目的，并不是只供这个或那个意志利用的工具。

——康德

问题设计：根据材料并结合所学知识，分析三大思想解放运动的共同之处。

教师解说：文艺复兴肯定人的价值和尊严，主张用人性反抗神权，用个性解放反抗禁欲主义，将人从中世纪宗教神学的桎梏中解放出来。宗教改革则反对到处滋生腐败的教会和神职人员的中间角色，而坚持个人与上帝的直接沟通。"新教改革将个人和上帝联系起来，其后果与其说是突出了上帝，不如说是让个人主义的背影从地平线上缓缓地浮现。"[1]在文艺复兴强调人的价值的基础上，启蒙运动的思想家们以理性为导向，以人为主体，进一步肯定和张扬个人的价值和能量。

三、精选史料，寻求突破点

历史认识不是一种直接的认识，而是一种借助中介物——史料进行的间接认识。[2]史料是认识和理解历史的桥梁。应该注意的是，历史研究与历史教学并不等同，前者强调的是学理自洽，后者则要在此基础上关注学生的特性与学情。简而言之，历史研究要求"说得通"（包括史实准确、逻辑自洽等），历史教学则还要学生能够"听得懂""能理解"。在思想史教学中，不少教师为了更精准地讲解思想，往往大段地引用史家的史论（这也是史料教学中常常饱受诟病的地方），过于学术化的语言和单一的文字呈现形式，让学生听得一头雾水，不利于历史解释素养的落成。如，教师在帮助学生理解文艺复兴的核心——人文主义时，与其引用学者的论述，不如精选图片史料，从具象思维入手，引导学生来观察分析。

---

① 杨春苑,李春华.论西方人文主义[J].西安电子科技大学学报,2011(2):85-89.

② 姜义华,赵吉惠,瞿林东,等.史学导论[M].西安:陕西人民教育出版社,1989:94-95.

左侧竖排：基于核心素养的中学历史教学探索

中世纪《圣母子》　　　　　拉斐尔《西斯廷圣母》

问题设计：同样是圣母、圣子，两幅画中的人物有何不同？导致不同的原因是什么？

通过直观观察，学生不难发现，中世纪画作中的圣母表情僵硬，目光黯淡，穿着保守，圣子神情严肃，圣母和圣子之间缺乏情感交流。而文艺复兴时期的拉斐尔，同样画的是圣母和圣子，整个画面温馨端庄，圣母大方美丽、表情柔和，充满慈母的温暖，圣子有着孩童般的天真可爱。为什么会有这么大的差别？教师可以引导学生从时代背景去分析理解：中世纪的作品突出神的至高无上，反映了欧洲中世纪受神统治；文艺复兴时期的作品将神人性化，反映了这个时期对人性的召唤。据此，学生不仅对文艺复兴中的人文主义有了更直观的理解，更对如何历史地理解文艺作品有了初步体会，这对于培养学生的历史解释素养是有益的。

四、甄选视角，聚焦困惑点

关注学生、研究学生、倾听和了解学生是开展有效教学的重要前提，也是教学规律的内在要求。笔者曾就本课制作了一个简单的问卷调查表，主要想了解学生关于本课内容有哪些困惑点？收集上来的信息让我"大开眼界"，困惑之多、问题之杂，大大出乎我的意料。有一个学生就提出："老师，马丁·路德是一位神父，作为'体制内'的人，怎么会自己砸了自己的饭碗，贴出批判教会的《九十五条论纲》呢？"该学生从路德的身份与行事的矛盾处质疑，合理并具有挑战性。教学中如果仅仅突出教会的腐败并不能解开学生的困惑，笔者尝试从马丁·路德的生平和时代背景入手，提供如下史料。

1483年，马丁·路德出生于艾斯雷本。

1505 年，马丁·路德在人文主义气息浓厚的埃尔福特上大学。

1507 年，马丁·路德成为一名神父，遵守教规，自愿受苦。

1510 年 11 月，马丁·路德前往罗马朝圣，耳闻目睹教皇和教士的腐败。

1514 年，伊拉斯谟出版《新约全书》，提出"回到《圣经》中去"的口号。

1517 年，教皇以筹资修建教堂为名，在德意志兜售赎罪券，疯狂敛财。10 月 31 日，马丁·路德在教堂门口贴出《关于赎罪券效能的辩论》(《九十五条论纲》)。

——摘编自 [美] 威尔·杜兰：《世界文明史——宗教改革（上）》

问题设计：作为一位虔诚的信徒，马丁·路德为什么会站出来反抗？

教师补充：马丁·路德从小生性胆小，在父亲的安排下学习法律，希望将来谋得一份体面的差事。在一次暴风雪中，马丁·路德"靠着"祷告和"神的怜悯"，最终活了下来，于是他毅然放弃对法律的学习而是到修道院中当修士，立志做一名传教士，要将上帝的恩典播撒给每一个人，之后取得神学博士学位，来到威登堡从事圣经教导工作。但是马丁·路德的内心并不平静，长期困扰他的一个重要问题是：得救的途径是什么？为了排解心中的疑惑，1510 年他来到罗马朝圣，但罗马教会的贪婪和腐朽让他震惊，他说：一个人第一次去罗马是找骗子，第二次去罗马就会沾染上骗子的习气，第三次去罗马自己就会变成骗子。[①]马丁·路德只得转而向古人求教，回到圣经原典，让他豁然开朗。同时期的一批基督教的人文主义者也对马丁·路德产生了重要影响。加之，文艺复兴运动的"回到本源"的思想热衷于探寻事物的源头，这种世俗社会新的转变在宗教领域内就演变为主张追溯基督教的渊源，形成研究《圣经》和早期基督教著作的风气。[②]1517 年，教皇在德意志兜售赎罪券，声称"赎罪券能使人避开所有的惩罚和谴责"，此举彻底激怒了马丁·路德，《九十五条论纲》的贴出，拉开了宗教改革的大幕。

五、梳理体系，找准支撑点

本课"启蒙运动"一目共出现了七位思想家，他们思想各异、主张有别，教学内容繁杂，给教学带来了较大挑战。如果不能够找到这些思想主张的逻辑支点

[①] 耿淡如,黄瑞章.世界中世纪史原始资料选辑[M].天津:天津人民出版社,1959:159.

[②] 李韦.路德宗教改革思想的基督教人文主义渊源[J].四川师范大学学报(社会科学版),2010(1):103–111.

并形成体系，教学过程势必一盘散沙，学生习得的仅仅是一个个思想家的具体主张，也不利于学生对启蒙运动的整体把握。赵剑锋老师曾一针见血地指出："本课学习的最大障碍是对启蒙思想的内在逻辑缺乏整体把握。"并将本课的内在逻辑概括为四个关联的问题，即"人类社会的自然法则是什么？自然权利"；"谁破坏了自然权利？人性本恶"；"怎样重建自然权利？社会契约，人民主权"；"怎样保障自然权利？分权制衡、法治"。①受此启发，笔者在教学过程中，引导学生绘制思维导图。

教师讲解："理性"是启蒙运动的核心，所谓理性是指运用自己的头脑独立思考的意识和能力，运用理性就是要使"人类摆脱自己加之于自己的不成熟的状态"。启蒙思想家们在理性的指引下，认识到天赋人权和自然权利是社会政治的根基，也是判断其合法性的依据。他们以此为支点，"左右开弓"，一方面对于破坏自然权利的封建专制、教会束缚和人性本身大肆抨击，誓要将其推翻或加以约束。另一方面，启蒙思想家们根据各自的理解，提出了许多重建和保障自然权利的主张，以此来构建他们心目中的"理性王国"。伏尔泰寄希望于开明君主的改革，主张君主立宪制。孟德斯鸠出于对人性的警惕，认为"绝对权力导致绝对腐败"，力主分权制衡。卢梭在肯定主权在民的基础上，坚持直接民主，认为政府和人民之间本质上是一种契约关系，如果政府违背了契约，人民就有权推翻它。亚当·斯密认为，政府的干预是导致种种经济困境的源头，出于保障财产和追求幸福的权利，主张自由竞争。康德作为启蒙思想的集大成者，除了主张民主、自由、平等外，出于对"理性"本身的思考，敏锐地提出理性的边界问题，同样也是基于对自然权利的维护。

"如何化解思想史教学中的教条化、简单化倾向一直是一些一线教师长期思考的问题，也是一些一线教师为之努力的方向。"②历史解释素养的提出为思想史教学注入了新的活力，也带来了新的挑战。思想史教学中如何落实历史解释素养是一个有待深耕并富有挑战性的重要命题，其持续推进，不仅要求教师要转变观念和夯实专业根基，也离不开教学策略层面的关注和探讨。

① 赵剑锋.对"启蒙"的不懈追问——《启蒙运动》教学设计及思考[J].历史教学(上半月刊),2016(4):35-41.

② 冀强.化解高中思想史教学教条化和简单化倾向的策略选择——以《三民主义的形成和发展》一课为例[J].中学历史教学,2018(3):35-37.

初中历史教学中历史解释素养的培养实践

芜湖市南陵县惠民中学　戴安琪

历史学是在一定的历史观指导下叙述和阐释人类历史进程的学科，旨在使学生学会从不同角度认识历史发展中全局与局部、历史与现实、中国与世界的内在联系，培养学生从不同视角发现、分析和解决问题的能力，提高人文素养，形成正确的世界观、人生观和价值观，最终达到立德树人的目标。

历史解释作为历史学科的核心素养之一，是以史料为依据，客观地认识和评判历史的态度和方法。在义务教育阶段，要求学生初步学会有理有据地表达自己对历史的看法。然而在教学中发现，学生历史解释的意识比较薄弱，对历史事件的看法、解释都是固定化、模式化的。如果是学过的历史事件，学生往往是能够说出观点和看法，但如果是不熟悉的历史事件则相反。能回答出的也是机械地背下答案，当然这和应对升学大环境下教师整理好历史事件的时间、地点、人物、意义等是分不开的。

课标中对历史解释的要求归结起来有两点：一是如何认识历史与历史解释，二是学会历史解释。一般来说，一切历史叙述都是历史解释。我们要认识到，历史叙述都包含史实和解释两部分，对同一历史事件的叙述会有不同的解释。学会历史解释是历史学习的一个较高要求，是检验学生是否具有历史学科核心素养的综合表现。历史学科五个核心素养中关于运用的要求都可视为历史解释。在历史教学中，培养历史解释的能力，要给予学生历史解释的机会，以史料为依据，对历史事件进行理性的分析和客观评价。下面就如何在教学中落实历史解释这一核心素养谈谈笔者的做法。

一、充分利用史料，培养历史解释素养

论从史出，史料是历史解释的基础，充分利用史料，帮助学生形成解释历史事物的能力。以《洋务运动》为例，在讲述洋务运动的背景时，准备以下材料：

材料一　各国通商传教来往自如，一国生事，诸国构煽，实为数千年来未有之变局……炮弹所到，无坚不摧……又为数千年来未有之强敌。

——李鸿章《筹议海防折》

材料二　逆贼洪秀全、杨秀清称乱以来……荼毒生灵百万，蹂躏州县五千余里。

——曾国藩《讨粤匪檄》

史料教学的实质是为培养学生的历史解释素养服务的。希望学生对有价值的史料进行分析，用实证的方式，以可靠的史料作为证据，来说明自己对问题的看法。因此，通过阅读以上两则史料，学生结合所学知识能够对洋务运动的背景形成一定的理解，从而总结出内忧外患的背景。至于曾国藩对洪秀全的评价，我们要透过现象看历史本质。

在讲述洋务运动的结果与失败的原因时，笔者是这样处理的：

第一，围绕教学目标，甄选史料。

材料一　自强之道在于修道德、明政刑，非铁路火轮。火轮一开，震动龙脉，害我国体。

——摘自《中国近代史》

材料二　轮船招商开平矿，创自商人尽商股。办有成效倏忽变，官夺商权难自主。名为保商实剥商，官督商办势如虎。

——郑观应《商务叹》

材料三　洋匠与中国立合同，订明若干年造船若干号，因恐成船太速，不能久留以食薪饷……洋匠挟技居奇唯利是图。

——《福州船政局》

材料四：我办了一辈子的事，练兵也，海军也，都是纸糊的老虎……如一间破屋子，由裱糊匠东补西补，居然成一净室，虽明知为纸片糊裱，然究

竟决定不了里面是何等材料。

——李鸿章写给幕僚吴永的信《庚子西狩丛谈》

第二，学生阅读史料，围绕"洋务运动为什么走向失败"进行小组探究。

提供史料的目的是让学生形成自己的观点。学生在阅读史料的过程中，必然会用自己的理解判断史料，并基于史料形成观点。在提供上述史料之后，学生在讨论的过程中，不难看出洋务运动失败的原因，同时学生也可以发表自己的观点，包括材料之外的。

第三，教师对学生的观点进行评价，引导学生形成科学的历史认知。

洋务运动没有触及中国封建制度是其失败的根本原因，它没有使中国走上富强，但不代表洋务运动没有起过作用。通过展示文字、图表材料引导学生去评价洋务运动，一步步引导，层层深入。

材料一　招商局开其端，一人倡之，众人和之，不数年间，风气为之大开，公司因之云集。

——《申报》

材料二　上海轮船招商局创办三年内，外轮就损失1300万两。湖北官办织布局开办后，江南海关每年洋布进口减少10万匹。

——张鸣《重说中国近代史：洋务自强》

教师在学生表述观点的基础上，适当引导，通过史料实证的方式，对史实进行阅读、理解、分析，综合训练学生的历史思维与表达能力，使学生形成对历史知识客观、全面的评价。

二、基于唯物史观客观评价，培养历史解释素养

人物评价、事件评价是培养历史解释素养的重要方法之一。唯物史观是历史解释的灵魂。新发现需要新解释，缺乏新的观察角度、叙述方式和叙述立场，新材料带来的有时候只是"增量"而不是"质变"，并不能使历史"旧貌变新颜"。帮助学生理解并运用唯物史观培养历史解释素养，学会全面客观评价历史事件和历史人物，形成多角度、辩证、发展地看待和评判历史事物的能力。

以评价李鸿章为例，让学生结合所学知识谈谈自己眼中的李鸿章。学生通过

学习洋务运动和甲午中日战争对李鸿章有了一些认识，也能做出一些评价。不同的人对同一个历史事物会有不同的观点，同一个人不同时期对同一个历史事物会有不同的评价。国民眼中的李鸿章：卖国者秦桧，误国者李鸿章。慈禧太后眼中的李鸿章：再造玄黄之人。梁启超眼中的李鸿章：不学无术，不敢破格，是其所短也，不避劳苦，不畏谤言，是其所长也。吾敬李鸿章之才，吾惜李鸿章之识，吾悲李鸿章之遇。外国人眼中的李鸿章：从整体上看，李鸿章作为国务家和国内政治家的记录，明显不同于他的那些最著名的同僚（如南京和武昌的两位总督），其特别在于他对以下事实有清醒的认识：改变是不可避免的，明智的选择是及时做好准备迎接改变的到来；可用于这种准备的工具很少而不大合用。他的同时代的人通常既没有认识到改革天朝行政体制的必要性，也没有面对紧急情况的心理准备。

我们要做的不是告诉学生对李鸿章的评价究竟是什么，而是如何去评价他，如何去评价历史人物。在对李鸿章这一有争议的历史人物进行评价时，我们需要将他所处的时代背景，与其作为结合起来，客观公正地评价。19世纪下半叶的中国，面临内忧外患，为了走出困境，洋务派提出学习西方科技，谋自强求富。理解洋务运动的根本目的是维护和巩固清王朝统治，不可能在制度上有任何触动。在体制不变的前提下进行的改革肯定影响改革效果，加上内部腐败与外部各种势力的挤压，导致其一直存有失败的隐患。即使洋务运动没能改变中国的走向，但其在军事工业、民用工业、教育等方面的成就，客观上为中国近代化的发展打下了基础。因此，从这个角度来看，可评价其作为近代化的开拓者之一，这便是带有温度的正面价值导向。评价是基于史料和历史思维下的解释，推测、理解与评价都是历史解释的形式，同时也是教师在教学中落实历史解释的有效突破口。在平时的教学过程当中，要重视培养学生从不同的角度用不同的方法看问题，不断深化对历史的认识，以此来培养学生的历史解释素养。

师者要解放思想、转变观念，充分地给予学生学习、解读历史事件的时间和空间，要让学生在对历史事件的解读过程中，充分、有效地占有史料，在新旧知识、经验相互作用的过程中生成历史解释素养。培养学生历史解释这一核心素养和其他核心素养也是分不开的，同时也要明白不是读几次史料、探几次问题就能够有很大提升的，要持之以恒，要不断地培养。

"邂逅"乡土事，涵育家国情

芜湖市第二十八中学　唐彦璐

一、缘起

《中学历史教育学》中有一段话直击人心——"今日中学的历史教育，讲屈原只知《离骚》名，不知《离骚》事（当然更不知《离骚》情了），内容无力，概念空洞；说到司马迁，只有一部书，一句话的印象；谈张骞、苏武不过陪衬丝绸之路而已……"①历史教育作为人文教育的一种，不该仅仅是教授知识，更高的目标是应该让学生明白人之所以为人的价值，从而使人的发展水平和状态更高一层。如果我们的历史教育失去了情感，只是机械地传达知识，那也称不上是真正的教育，更遑论培养人了。所以当下有灵魂的历史教育教学都在召唤价值的引领和学科素养的培养。

家国情怀是历史学科的核心素养之一，社会主义核心价值观也召唤着新时代的家国情怀和君子品格。家国情怀素养的培养，无法通过刷题达到，也无法通过记忆背诵实现，而是需要用心去体悟、去感受。我们的历史不是死的，而是有血有肉的。那么如何让学生更好地体会呢？教育先行者陶行知先生曾经提出过"生活即教育"的理论，鉴于此，在历史教学中要防止所学知识离学生个体日常生活过于遥远；各种历史知识如果没有生活实际的融入，而只是作为单纯的白纸黑字暂驻在记忆库中，又怎么能激发起学生对家乡和祖国的热爱呢？

中学生最为熟悉的地方莫过于他们生长、生活过的地方，这些乡土资源是学生亲历且长期耳濡目染的，亲切、具体，与他们的生活息息相关。正因如此，如能将乡土资源与历史知识进行有效融合与恰当取舍，将更便于学生对历史的识记和理解，同时也能更好地提高他们的家国情怀素养。从这个角度看，乡土资源蕴

---

　① 赵亚夫.中学历史教育学［M］.北京:中国建材工业出版社,1997:40.

含着充足的家国情怀养分，既是培育中学生家国情怀素养的好素材，也是一种让学生会有良好体验的教学途径。

二、相关概念及现状分析

何为乡土？费孝通在他的著作《乡土中国》中写道："从基层上看去，中国社会是乡土性的……乡土社会在地方性的限制下成了生于斯，死于斯的社会。""乡土"指的是个体或其族群生长、居住于这个地方的地理和生态空间区域里形成的共同的文化传统、风俗习惯、生活方式、宗教信仰和其他特质的聚合体。乡土资源，就是指我们出生、久居的地方的地域特色、自然景观、文物古迹、地名沿革、历史变迁、社会发展以及民间艺术、民俗风情、名人轶事、语言文化等。狭义上它包括自然地理资源、人文历史资源和社会发展资源等；广义的乡土资源还包括学生所在学校的校园环境、师资状况、校风学风、学生特长以及学生的家庭环境、家庭生活等。[①]

虽说乡土资源是培养家国情怀素养的素材，也是可操作性较强的资源之一，但乡土资源在历史教学中的实际运用情况却不太理想。据对本校学生的调查，了解到以下现状：绝大部分学生缺乏乡土历史知识且乡土意识较为淡薄。很多学生表示，对于历史本身抱有浓厚的兴趣，但大多数却并不认为是通过历史学习而提高了家国情怀素养。也有很多学生表示对乡土文化有一定的兴趣，并且有一定的了解，但很少进行深入学习。究其原因主要是受应试教育的影响。当下基础教育的衡量指标依然是入学率、优秀率、及格率等一串串数据。初中历史课处于副课地位，安排的课时一般为一周2节，学完国家统一编发的教材，时间都十分紧张，更不要说额外的乡土史教学拓展了。有些地方虽配有乡土史教材，因没有足够的时间和意识，便很少按规定的时间进行教学，有些地方义务教学阶段当中并没有配发乡土史教材，甚至在教材中所安排的诸如"考查近代遗迹"这样的活动课都直接略过。加上家国情怀素养的培养是隐性的、持久的，其考评也是难以实施和量化的。学校和教师在这样的大环境下难免会忽略对乡土史的教学与钻研。

① 费孝通.乡土中国[M].北京:生活·读书·新知三联书店,1985:1-7.

三、利用乡土资源涵濡家国情怀的课内外策略

1.片段式融入，激趣课堂

当下义务教育阶段的历史教学内容主要分中国史和世界史两部分，中国史部分主要是介绍中国历史的发展概要与沿革，侧重于宏观框架，很少兼顾不同地区的历史事件和民族文化。但每每上课提到相应时期中自己家乡的人物或历史事件时，上课气氛都会异常高涨，甚至学生还会情绪激昂地讨论。如果适时把家乡史与统编教材结合起来，用学生熟悉的家乡味来引入、穿插、点睛，这样就更有利于激发学生对所学知识的探究欲，也有助于学生对课程内容的理解。因此，教师应适当用家乡史牵动中国史，以中国史印证家乡史，交相辉映、相得益彰。

笔者在上七年级上册《中国境内早期人类的代表——北京人》这一课时，曾选取家乡的文物图片《繁昌人字洞遗址》《繁昌窑遗址》，介绍这两处遗址是全国重点文物保护单位，接着播放两处遗址的考古发掘项目获国家文物局批准启动的相关新闻视频。当提到"随着安徽繁昌人字洞遗址挖掘工作的深入，有关专家推测，这里有望发掘出距今两百多万年的古人类化石，届时，中国人类起源的历史将有可能重写"的消息时，学生无一不流露出以家乡为荣的自豪感，家乡人民也是辉煌灿烂的中华文明的创造者。当然，类似这样的穿插与融入对教师提出了更高的要求，教师平时要注意积累并加以甄别，也不能不现实地占据大部分的课堂时间，而应该以小见大，片段式融入，起到画龙点睛的效果。

2.名人轶事，情染课堂

故事教学法是将故事作为教学素材融入教学过程，以引起学生对所学知识的格外关注，它往往很受学生欢迎，很大程度上弥补了传统教学模式的不足，是历史课堂上常常用到的方法。与家乡有关的人物、事件通过教师生动的讲述，变成一个个精彩的小故事，深深吸引学生，使他们在不知不觉中增长了知识、发展了智力，并从中受到感染和启迪，真正做到无痕迹式的教育。家乡的名人轶事作为一种本土资源，将其穿插教学之中，不仅符合学生的年龄特征，易于学生接受，更可以引发学生对家乡的热爱，让学生真正为生长在这片土地而自豪。

笔者在上八年级上册《革命先行者孙中山》一课时曾加入了这样一个小故事："1912年10月30日，第一缕阳光还未照耀到长江水面，只见一群国民党籍的党政军人物已早早在弋矶山江边驻守等待。他们在等待什么？有什么大事发生？他们在等一艘名叫'联鲸'号的兵舰。当兵舰在江中心鸣笛停泊时，等候在江边的人

迅速登上汽艇，向"联鲸"号驶去，他们要迎接他们心目中的领袖和英雄。那你知道这位英雄是谁？"当学生听到这一段时，顿时感觉一场大戏在家乡上演。接下来介绍"孙中山先生还依照他对芜湖的考察，对芜湖现代工业文明布局作过一些指导。如在芜湖兴建长江大桥和铁路等。在他看来，芜湖不仅是当时长江下游的米粮交易中心，日后必然还会成为工业中心。"观览如今芜湖之建设成就和发展轨迹，我们可以说："家乡感谢孙先生的引领，同时也未辜负孙先生的期望。"课堂上有了这样的趣事的点缀，学生与所学的知识更亲近了，似乎历史的脉搏就在身边跳跃。

3.参观遗存，延展课堂

把历史学科教学内容与活动结合起来，不仅能够促进学生对知识的理解，而且还可以培养学生的创新能力。这既丰富了教学内容，使学生把课本知识与实践相结合，又开拓了学生的视野。新教材提出了一些"教学活动建议"，其中就包括参观、考察历史遗存。参观遗址让学生直面历史，增加学生的直观感受，提高学生的学史能力和共情力。教师在教学过程中应做个有心人，努力寻找地方历史文化遗址和课程内容的连接点，善于发挥地方历史文化遗址在历史教学中的作用，带领或引导学生实地考察、参观，唤起学生的求知欲和探索欲。

当教师讲到相关的历史时期时，在条件许可的情况下可带学生去参观历史遗址，在现场还可以让学生介绍和讲述，以直观暂代抽象，用感性牵动理性。如学校可以在清明节前组织师生祭扫抗日名将戴安澜将军的墓地。在参观过程中了解戴安澜将军保家卫国、抗击日寇、远征缅甸、奋勇杀敌的事迹，领略到将军的气节是留给后人弥足珍贵的精神财富，"黄埔之英，民族之雄"，实至名归。参观家乡的历史遗址尤其可以滋养学生的人文素养和家国情怀。

4.口述访谈，亲近课堂

口述历史是记录历史的途径之一，它起源较早，在文字发明之前就已存在。口述访谈是对人们生活的询问和调查，由当事人或者见证者将其亲历、亲见、亲闻的事向我们娓娓道来。它是一种人本叙事，进一步丰富了历史资料，还原历史、佐证历史。它可以是宏观阐述，也可以是细节描绘。中学历史教学更侧重对身边人的关注，以体现历史学科人文关怀的特点。口述访谈身边人，静静听着他们带着切身感受对所亲历事件的描绘，让我们对历史事件的了解更具象、感触更深。

我们曾跟着记者采访过芜湖当地的企业家年广九。他是"傻子瓜子公司"的创始人，被称为"中国第一商贩"，他在当地家喻户晓。在接受采访时，这位老人说得最多的就是"我们年轻人赶上好时候了"。他创业的历程起起伏伏，折射出不同时代的经济政策。通过身边企业家的讲述，更能体会原来改革开放的好政策就在我们身边。如果乡土资源使用得当，就会使课堂教学更加有趣，更具感染力。但每位教师在选用资源时都是要费心思量，下一番工夫。特别是一定要处理好乡土教材与课程的关系，一是要秉持乡土资源是为了辅佐课程教学的初衷，用乡土资源的直观、亲近来减少学生对课程内容的陌生感、疏离感，切不可喧宾夺主、本末倒置。二是所选乡土资源要真实且具有代表性，要对学生情感的熏陶、价值观的培养有所助益。

总之，将乡土资源融入培养学生家国情怀素养既是必要的，也是可实践的。合理选取乡土资源以融入、延展课堂，不仅有利于学生对知识的理解、消化，丰富课堂，而且还有助于学生更加了解、更加热爱脚下的这片土地，从而不断地追寻我们民族的根与魂。

高中历史教学中学科核心素养的培育对策

安徽省南陵中学 朱学文

我国《普通高中历史课程标准（2017年版）》最突出、最重要的变化是提出了历史学科核心素养这一新理念。目前，中学历史教师对于在教学中落实历史学科核心素养的必要性都较为认同，但对于如何落实则感到有些迷茫。我国对于如何发展学生的核心素养还缺乏系统研究，虽然专家提出了不少发展学生核心素养的策略，但大多停留于理论表述，缺乏实践操作和实验对比，也缺乏有效的数据证明策略的有效性。如何在教学中具体落实历史学科核心素养，还有许多现实的难题需要解决。下面，笔者就具体操作层面如何落实学生历史核心素养培养，结合教学中的一些实例加以说明。

一、有效整合教学内容

教学内容是教师培养学生历史核心素养的依据。培养学生历史核心素养，需要教师打破教材的限制，加强历史学科与现实生活、学生生活经验、其他学科的联系，整合出具有生活化、实践性和综合性的教学内容。这里主要以跨学科延伸、综合性整合为主。

跨学科教学不是弱化学科本身，而是要打破学科之间的阻碍，建构密切的学科联系，驱动学生实现学科经验的迁移，帮助学生丰富知识储备、提高学习能力。历史学科的教育内容覆盖面较为广泛，与语文、政治、地理甚至理科等多学科都有着密切联系。因此，在培养学生历史核心素养时，教师要立足学科特点，以跨学科为延伸，将其他学科相关内容融入历史教学中，实现知识的综合迁移。例如，在开展《中外历史纲要（上）》第14课《清朝的鼎盛与危机》教学时，笔者联系教学内容，将夏、商、周与清朝地图组合展示，向学生提出了这样的问题："我们为什么要坚持民族平等、民族团结、各民族共同繁荣的民族政策？为什么要坚持民族区域自治制度？"这些问题涉及历史、地理、政治等内容，打破了学科限制，有利于增强学生对坚定维护国家统一、民族团结和坚持党对一切工作的领导的历史必然性的认识，让学生学会全面地分析问题，同时还可以使学生发散思维，学会从历史的角度解决现实政治问题，提高学科综合运用能力。让学生更为直观地感受中国的疆域是逐渐扩展的，中华民族的历史是各民族共同创造的，增强维护国家统一、民族团结、促进民族融合的使命感与责任感。

二、合理创设教学情境

教学情境是指教师在课堂上借助多种方式创设的服务于教学内容的教学场景。教学情境具有生动性、直观性的特征，不仅可以满足学生的学习需求，激发其学习兴趣，还可以使学生自主体验场景，探索其中蕴含的知识，并在此过程中锻炼能力，塑造品质。因此，笔者在开展历史教学时，会根据教学内容，创设多样化的教学情境。以教学"雅典民主"为例，在课堂上，笔者创设了雅典召开公民大会的情境，和学生按照具体的流程一起模拟公民大会的选举活动。在活动开展过程中，学生要将自己想象为竞选代表，结合代表的职责和权利，书写演讲稿，在大会上进行拉票。这样的教学方式，不仅将课堂的主体地位还给了学生，还便于学生发挥主观能动性，收集大量有关雅典公民大会及其选举的信息，实现视野的开阔，同时体验到雅典民主制度的狭隘性，并将之与我国的人民代表大会制度进行比较，潜移默化地形成政治认同素养和公共参与素养，为参与现实生活打下坚实基础。通过为学生创设情境，让学生在活动中进行讨论、体验，使历史教学的重心不再是了解过去发生了什么，而是让学生学习怎样去获取知识、提升历史学习能力，同时也综合了政治、语文等其他学科知识，提升了学生的综合素养。

三、精心设计教学问题

受到高考应试的影响，在日常历史教学中，让学生"死记硬背"的教学方式依然存在，虽然因此学生能对历史知识点掌握得比较扎实，但也导致学生缺乏分析问题与解决问题的能力，学生在阅读历史材料的过程中，亦缺乏与文本对话的能力，进而使其批判性思维能力欠缺。在历史教学中，如果教师忽略对学生历史学科核心素养的培养，学生在面对信息化时代的海量信息时势必会有些无所适从，

基于核心素养的中学历史教学探索

并产生不必要的焦虑与恐慌。要想培养学生的核心素养，教师就要切实解决这一问题，可以立足教学内容设计问题，驱动学生自主探究，使学生在解决问题的过程中，自然而然地获取知识，锻炼政治思维，学会科学探究。以《中外历史纲要（上）》第19课《辛亥革命》为例，笔者设计了"民国初年国旗之争"的问题。

材料一　铁血十八星旗：由红黄黑三色组成，黑轮与红底象征铁和血，黑轮内外两圈共十八颗黄星，代表关内汉族的十八个行省，其意义是18个省的汉族人民。

材料二　五色旗：五色旗是辛亥革命中江浙地区首先使用的旗帜，五色代表汉满蒙回藏五族共和。此旗既可表明革命行为系为政治改造而起，非专为种族革命；又能缓和满蒙回藏各族的心理，共同努力赞助共和。

材料三　1895年孙中山、陆皓东等人发动广州起义，起义中计划使用青天白日旗。1906年后，青天白日旗上又增加了大片的红色，以表现自由、平等、博爱的思想。从广州起义、武昌起义，到中华民国建立，革命党人先后用了青天白日旗、十八星旗、五色旗等28种旗帜。1912年中华民国建立，讨论国旗方案，最后以五色旗为国旗。

（1）武昌起义是同盟会外围组织共进会组织并发动的，理应树立青天白日旗，为何独树一帜地制作了铁血十八星旗？这说明了什么？

（2）根据以上材料试分析五色旗成为国旗，青天白日旗、十八星旗等被否决的原因。

（3）辛亥革命至民国建立，各地旗帜繁多、变化频繁反映了怎样的历史状况？这些旗帜表达了什么追求和理想？其中又经过了哪些矛盾与斗争？反映了那段历史的什么特征？

笔者在组织教学时，没有继续使用灌输知识的方式，而是根据教材中现成的内容向学生讲述基础知识，增添材料，激发了学生的学习兴趣，学生由被动接受知识转变为自主学习和思考，促进了思维能力、科学精神的发展。

四、积极开展实践活动

理论是实践的指导，实践是理论的来源。历史教学活动的实施，是为了使学生能够应用所学知识解决现实问题。实践是架构课堂和现实生活的桥梁，也是培养学生政治核心素养的主要途径。在历史教学活动过程中开展实践活动，不仅可以丰富教学活动，还可以使学生通过切身经历，自主检验所学知识，形成行为能力，实现自我发展。因此，教师可以通过开展实践活动，培养学生的历史核心素养。例如，在教学完《中外历史纲要（上）》第26课《中华人民共和国成立及向社会主义过渡》与抗美援朝的有关内容后，笔者组织学生开展了社会调查活动，瞻仰李家发烈士纪念碑，参观家发镇革命历史纪念馆，并邀请安庆师范大学学生暑期实践小组，一起采用实地走访的方式，收集本地抗美援朝老兵的材料，听老兵们讲述抗美援朝的亲身经历。最后，各个小组根据口述、参观记录撰写考察报告，这样的实践活动可以使学生真正地走近历史。

培养学生的历史核心素养，是历史教师切实面临的教学问题。在实施历史教学时，教师要整合教学内容，应用多样化策略，驱动学生体验情境、思考问题、参与实践，使学生发挥主观能动性，切实理解所学知识，潜移默化地培养历史核心素养，提升历史学习效果，为今后终身发展打下坚实基础。

基于核心素养的中学历史教学探索

家国情怀视域下历史教学培育策略的破与立

芜湖市第七中学　芮开亮

家国情怀作为核心素养的重要组成部分，是历史学科课程目标的最高层级，是历史教育的根本旨归，在五大核心素养中居于核心地位。家国情怀作为历史核心素养的价值归属，是学习和探究历史应具有的人文追求，体现了国家富强、人民幸福的情感，以及对国家的高度认同感、归属感、责任感、使命感。受传统应试教育的影响，不少学校在教育教学中对传统文化的教育不够重视，只重视知识的传授，而忽视素养和能力的培养，再加上教学方式方法比较陈旧落后，导致部分学生的家国情怀意识不强，甚至缺乏对家庭、社会的责任感。所以在教育教学中，教师加强对学生家国情怀的培养十分必要。但作为一种价值追求和精神体悟如何在课堂中落实，这也是历史课堂教学中的难点。本文以《中外历史纲要（下）》第11课《马克思主义的诞生与传播》为例，从破与立两个层面探究培育学生家国情怀的教学对策。

一、破被动灌输，立现实关怀——让家国情怀内化于心

在传统教学中，学生在学习过程中难以被真正激发学习兴趣，及感受历史人物、先进事迹的精神和魅力，难以凝聚家国情怀。学习历史的关键要关注其人文情怀和现实问题，世界史学大师布罗代尔说："在理解历史的同时，直面他们即将在其中生活的世界。"现实世界和生活经验是学生理解历史的起点，历史教学中教师要善于把历史和现实紧密联系起来，抓住学生的心理需求，激发学生的求知欲。高中历史教育承载着立德树人的使命，习近平总书记在全国教育大会的讲话中指出：学生应该如何培养？要在理想信念上下功夫，教育引导学生树立共产主义远大理想和中国特色社会主义共同理想，增强学生的中国特色社会主义道路自信、

理论自信、制度自信、文化自信，立志肩负起民族复兴的时代重任。其中，坚持理论自信，必须进一步夯实马克思主义的指导地位。培养学生的三观可以说是家国情怀素养的最终价值目标，高中阶段是学生三观养成的关键时期，学生思维意识亦明显提高，他们既有必要也有能力了解、理解马克思主义这一思想体系。根据课前的问卷调查了解到，学生对马克思主义的认识仅停留在表象上，脑子里只有些空洞的名词，他们希望了解马克思主义的内涵、产生的原因，以及共产主义的前途等。所以学生对学习本课内容有一定的内在心理需求，这也就为本课教学策略的制定提供了依据。

在主题立意时，笔者紧密联系现实，从现实角度引领学生提高对马克思主义诞生的重要意义的理解。清华大学马克思恩格斯文献研究中心主任、人文学院教授韩立新指出，在新冠肺炎疫情全球大流行和世界百年未有之大变局深刻交织、不稳定不确定因素越来越多的背景下，学术理论界通过对列宁"国家与革命"以及"社会主义观"的探讨，思考我国所面临的历史机遇和挑战，这种探讨是理论联系实际的典范。面对当前世界变局的时代热点，回到马克思主义诞生的年代，当时无论是认同还是批判、维护还是反抗，实质上都贯穿着一个主题：如何建立起一个自由与公正的社会体制。《共产党宣言》发出"每个人的自由发展是一切人自由发展的条件"的呐喊，回溯人类自走进文明时代后的每一次斗争与探索，都在昭示着一个主题——对自由、公正社会秩序的不懈追求。

家国情怀的培育是一种知识内化、心灵与情感升华的过程，任何有效的教学都是从挖掘和利用学生已有的经验出发，在创设教学情境时，要特别注意挖掘学生感兴趣的、密切联系学生现实生活、符合学生认知规律的情境性资源，学生只有实现认识情境的生活化，才能真切地理解历史的温情和真情。在构思《马克思主义的诞生与传播》这一课时，正赶上电视剧《觉醒年代》热播，其中陈延年宁死不跪，被国民党反动派乱刀砍死的镜头深入人心，笔者以这一历史镜头导入新课，进行课堂设问："那个年代，共产党人的初心是什么？"再引入本课课题——不忘初心，方能行远，按照孕育初心——马克思主义的深厚土壤、回到初心——马克思主义的基本内涵、寻道初心——马克思主义的丰富发展三个方面推进新课的学习。蒋梦麟先生说"历史之用意，在取先世之经验，解决现在之问题"，由对现实的思考引发学生追寻马克思恩格斯创立马克思主义理论的深远的历史影响，引发学生思索人类社会对自由、公正社会秩序的不懈追求，落实家国情怀的培养和渗透。

基于核心素养的中学历史教学探索

二、破一叶障目，立整体联系——让家国情怀水到渠成

家国情怀素养的培育绝不是引导学生空喊几句热爱国家和民族的口号就可以了，它应该是在学生学习历史知识过程中自然生成的一种价值信念，它与历史学科其他核心素养不是割裂开的，而是紧密共生、水到渠成的。徐蓝教授指出："核心素养五个方面是一个相互联系的整体，既要注重对某一核心素养的培养，更要注重对学生核心素养的综合培养。"在历史学科五大核心素养中，各种素养都有其特殊的地位和作用，唯物史观是各种素养得以达成的理论保证，时空观念是学科本质的体现，史料实证是诸多素养得以达成的途径，历史解释是诸多素养中对历史思维与表达能力的要求，而家国情怀则体现了各种素养的价值目标，所以家国情怀的培养需要紧密联系其他核心素养，绝不能跳出历史基本知识去单独培养家国情怀。

在本课设计中，联系教材内容，基于19世纪中期工业革命的时空背景，欧美资本主义经济迅速发展，但同时产生很多新的社会问题，导致无产阶级和资产阶级的对抗日益尖锐。无产阶级在和资产阶级的不断斗争中，一部分先进的思想家进行了改造世界的理论探索，马克思主义的诞生使无产阶级运动有了强大的思想武器。运用大量的史料分析，提高学生对马克思主义诞生的背景及内涵的理解，提升学生的史料实证和历史解释能力。本课内容在国际共产主义运动史上占有重要地位，正是在马克思主义的指导下，国际共产主义运动蓬勃发展，而国际共产主义运动的实践则进一步丰富和发展了马克思主义，给其注入了新的时代内容，有利于加深学生对马克思主义理论与中国特色社会主义道路紧密结合的认识，最终渗透家国情怀的价值立意，家国情怀培养水到渠成。

任鹏杰先生指出：历史教育的目标并非仅仅是求真求实，"人"才是历史教育追求的目标。在课堂教学中，教师是教学内容的建构者和学生思维情感的引领者；学生则是思想的领悟者和情感的体验者，两者相辅相成。所以在历史课堂教学中，教师要紧紧围绕立德树人的根本任务，统领五大核心素养，落实"培养什么样的人""怎样培养人"的目标，从而涵育学生的家国情怀。

三、破狭隘视野，立世界意识——让家国情怀丰满立体

朱汉国教授指出"家国情怀还应包括对整个人类社会前途和命运所表现出来

的深情大爱"。涵育学生家国情怀素养必须要树立世界意识，不能视野狭隘，仅从本民族立场认识问题，而是让学生既能理解和尊重世界各国的优秀文化传统，又能从人类最基本价值准则和全球宏观视野下理解与认识本民族的传统文化、基本国情，这样才能让家国情怀丰满立体，有棱有角。

在《普通高中历史课程标准（2017年版2020年修订）》中，家国情怀包括理解和尊重世界各国的文化传统（水平1、水平2），能够认识中华民族多元一体的发展趋势以及世界历史发展的多样性（水平3、水平4）。在本课教学构思时，针对工业文明衍生物的视角不同，产生了工业文明的辩护人和批判者，兴起了工人运动和社会主义运动，出现了以马克思、恩格斯为代表的对资本主义工业文明批判与超越的社会主义理论。无论是认同还是批判，维护还是反抗，实质上都贯穿着一个主题：如何建立起一个自由与公正的社会体制，这也是本课的课魂，围绕这一人类共同追求社会公平正义的价值准则和主旨涵育学生的家国情怀，使学生能够认识到马克思主义的诞生和传播也是人类追求自由公正社会体制的一种价值追求，推动了人类历史进步，进而进一步感悟到中国今天所选择的中国特色社会主义道路的正确性。通过学生课堂研读《共产党宣言》的内容，使学生认识到我们要把共产主义远大理想同中国特色社会主义共同理想统一起来，同我们正在做的事情统一起来，坚定道路自信、理论自信、制度自信、文化自信，不惧任何风险，不受任何干扰，始终坚守理想信念，提升学生家国情怀观念的水平。

教学名师郭富斌说："历史的重心应该放在人身上。这里有两层含义，第一，是历史中的人，关注历史人物的故事；第二，则是学历史的人，即学生，让历史人物走进学生的心灵，让学生在前人的思想和命运中去反思、追问，丰富思想。"让这些富有情怀的人站在历史现场，从而叩开学生的心扉，以感性的力量打动学生，涵养学生的家国情怀。在讲到巴黎公社革命失败时，引用革命亲历者欧仁·鲍狄埃创作的《国际歌》，让学生在研读中感悟革命的首创精神，让学生通过这些鲜活的革命志士的事例，感悟人类各民族在追求公平公正的社会体制和秩序时所表现出来的英勇无畏的精神，从而坚定自我的人生理想。

培养和涵育正确的历史价值观是历史课程承载的历史使命，家国情怀作为历史核心素养中的价值目标，应始终浸润于历史教学之中，作为一名历史教师，我们也应该不断学习课堂教学理论，树立立德树人教学宗旨，丰富优化自我的教学策略，努力涵育学生的家国情怀！

第三篇　策略与方式

——综合探究教学对策，创新实施教学手段

本篇着重探索基于核心素养培育的教学策略的综合运用和教学方式手段的创新使用，如主题教学、大单元教学、精准定位教学、初高中衔接教学、思维导图教学、信息技术下的微课教学、智慧课堂教学等，抓住了最新教学热点，时效性强，反映了执教老师对教学改革的积极探索，也体现了本书的实践引领价值。

核心素养视域下高中历史主题教学策略探究

——以《中古时期的欧洲》教学为例

安徽省当涂二中　夏世文

统编高中历史教材内容纷繁复杂，表达高度浓缩，单课体量庞大，如何在一节课中完成教学任务并达成教学目标，培养学生的历史学科素养，落实立德树人根本任务，是一线教师迫切希望解决的难题。崔允漷教授认为，新课程需要与之配套的新教学，其特征包括素养导向的单元设计和真实情境的深度学习。[①]就历史课程而言，历史主题教学对实现教学目标意义重大，主题教学是指"以一个主题切入教材，把相关的历史知识重新整合，构建一个新的知识专题，达到巩固知识、提高学生思维能力的目标"[②]。在主题统领之下，明确教学立意，通过创设情境、问题引领、开展史料研习等，能更好地实现培养学生历史学科核心素养的目标。笔者以参与2021年安徽省优质课评比一等奖的教学课题《中古时期的欧洲》为例，谈谈笔者是如何凝练教学主题及在主题的统领之下如何优化教学设计的。

一、博览精研，确立教学主题

1.基于对课标和教科书的研读

统编高中历史教材《中外历史纲要》按通史加专题体例编纂，根据中外历史发展历程、时序的发展和空间的联系设立单元内容，以单元的形式进行论述和概括。单元教学理念和范式，为我们有效实施高中历史课程，落实历史学科核心素养提供了重要途径。崔允漷教授认为，新课程标准要求教师必须提升教学设计的站位，即从关注单元的知识点、课时转变为关注大单元设计。只有这样才能改变

---

① 崔允漷.新时代 新课程 新教学[J].教育发展研究，2020(18):3.

② 谭方亮.历史主题教学的思考[J].中学历史教学，2016(4):36.

学科知识点的碎片化教学，才能真正实现教学设计与素养目标的有效对接。课程标准对这一单元的内容要求是："了解中古时期欧亚地区不同国家、民族、宗教和社会的变化，以及世界其他地区的社会状况，认识这一时期世界各区域文明的多元面貌。"通过对课程标准和教材的研读，笔者认识到中古世界形成了大体以地域为单位，以文化为纽带的区域文明。中古时期，世界不同文明区域既并立共存，又多向交互，多元文明交互形成的交响乐章将各文明单位不断纳入一个整体。基于对课程标准和教材的研读，笔者凝练出的单元主题是"文明的交流融合"。

本课包括三个子目，依次是"西欧封建社会""中古西欧的王权、城市与教会""拜占庭与俄罗斯"。前两个子目以封建社会的产生与变化来阐释中古西欧社会的演进，日耳曼人在西罗马帝国废墟上建立起领主庄园。随着新兴城市的出现，王权与教权的博弈，西欧主要国家形成，孕育了向现代社会嬗变的内驱力。第三个子目讲述拜占庭的兴衰与俄罗斯的崛起。东欧的中心拜占庭帝国，一面继承罗马帝国衣钵延续古典文化的传统，完成罗马法的编纂；另一面向外扩展，并依托地利，扮演了东西方文化交流的桥梁角色，泽被后世。俄罗斯帝国，深受拜占庭文明影响，不断强大，雄踞欧亚。中古时期的西欧和东欧演绎了文化同源、发展迥异的历史。文明的多样性是世界文明发展的客观规律，文明的多样性不仅仅存在于不同文明之间，同源文明也会因历史、地理等因素呈现多元发展。综上，本课的主题自然凝练而出——"发展、多元中的孕育"。

2.基于史学研究的理论支撑

历史教科书体现了史学研究的典型成果与前沿信息。教师要想深刻理解教科书文字所表达的主旨信息，确立单元或单科主题，还需要拓宽视野，广泛阅读相关学术著作。本课备课，笔者阅读了斯塔夫里阿诺斯的《全球通史：从史前史到21世纪》、朱寰主编的《世界上古中古史》下册、马克垚的《世界文明史》、钱乘旦主编的《西方那一块土》等专业著作部分内容。此外笔者还认真阅读了赵煜的《文明的多元与多样——"中古时期的欧洲"教学设计》、侯建新的《早期欧洲文明建构及影响》等学术论文。通过对学术专著、学术论文的认真阅读和深刻思考使笔者认识到，文明是多元化的，每个"部分"各具特色，东西欧文明同源殊途。中古时期的欧洲内部是多元联动的，还要用全球化视角把各部分连成一个整体。广泛阅读不仅可以为教学提供更多的素材，还开阔了笔者的历史视野，拓宽了笔者看问题的角度，为准确确立教学主题提供了理论支撑。

基于核心素养的中学历史教学探索

二、优化教学设计，聚焦核心素养培养

《普通高中历史课程标准（2017年版2020年修订）》明确指出："历史课程要将培养和提高学生的历史学科核心素养作为目标，使学生通过历史课程的学习逐步形成具有历史学科特征的正确价值观、必备品格与关键能力。"历史学科核心素养是实现立德树人总目标的重要载体，又是历史课堂教学的出发点和落脚点。如何围绕教学主题整合教学内容，优化教学设计，推动学科核心素养在历史课堂中"落地生根"呢？笔者主要从以下几个方面进行尝试。

1.创设教学情境，培养学生核心素养

历史课程标准明确提出，教师的教学要使课程内容结构化，以主题为引领，使课程内容情境化，促进学科核心素养的落实。创设教学情境是指教师在教学过程中，依托一定的资源，通过必要的教学手段、方法、途径，创设相应的生动具体的场景，引起学生的体验、感悟和思考，从而帮助学生理解教学内容，培养学生素养的教学方法。创设教学情境，使课堂鲜活起来，使教学形象化和直观化，有助于培养学生的历史学科核心素养。

历史教学创设情境的方法比较多，如依托人物和故事、利用图片和文学作品、借助影视资料等。例如为了让学生理解中世纪西欧基督教会统治下王权和教权的关系，笔者借助了《丕平献土》《卡诺莎之辱》《阿维农之囚》等故事。依托生动的历史故事创设教学情境，使学生深度品味历史的丰富与精彩，体会历史的意义。本课中笔者依托查理马特、丕平三世、查理大帝祖孙三人（附上人物图片）介绍采邑改革的基本过程，讲述采邑的概念。依托历史人物和图片创设教学情境，渲染历史氛围，能更好地对历史概念进行感知、思考和解释，有利于学生核心素养的培养。还播放了西欧庄园的影视资料让学生了解西欧庄园与农奴制相关的内容，使学生形象地感知中古西欧庄园中领主依靠农奴生产，农奴要靠领主保护。引导学生得出这样的认识：庄园和农奴制度是与持续动荡的社会环境相适应的，而动荡的社会环境恰是多元激荡的体现。[①]通过创设以历史事实为基础的教学情境，并辅以合理的历史想象，带学生重回历史现场，让枯燥遥远的历史内容变得鲜活生动。通过创设历史情境，在落实历史知识的同时也培养了学生的核心素养。

2.开展史料研习，提升学生核心素养

"没有记载，没有史料，历史学科是建立不起来的。没有史料，历史研究就无

① 胡谟旭.多元中的孕育——"中古时期的欧洲"教学设计[J].历史教学,2022(4):27-37.

法进行。"史料是历史教学的必要前提和基础，在学科素养中，史料实证是诸素养达成的必要途径。史料类型多种多样，有文字史料、实物史料、口述史料、图片史料等。史料研习，就是学生通过对史料的阅读、理解、分析，逐步形成运用史料研究问题的证据意识与态度，并掌握正确的方法。对史料的研习与运用，既是历史学习与研究的重要方法，也是解释历史和评判历史的重要能力体现。

让学生通过对史料的研习，形成"论从史出""史论结合"的认识习惯和思维方式，提升学生的核心素养。

史料是丰富多样的，应该根据教学要求和实际问题，精选适当的史料，适情、适时地运用于课堂教学中。历史地图的运用是培养学生史料实证、时空观念等核心素养的重要资源。本课中笔者借助历史地图《古代欧亚民族大迁徙》《5世纪末的日耳曼诸国》《西罗马帝国灭亡和拜占庭帝国的建立》等讲述中世纪西欧封建社会的形成，借助课本中的历史地图《6—7世纪的拜占庭帝国》《俄国在欧洲和亚洲的领土扩张（至18世纪初）》讲解东欧部分。历史地图直观地展现出中古欧洲的发展变化，帮助和引导学生在完整的历史时空下，整体认识和理解中古欧洲文明的发展演变。①历史地图将丰富的历史信息和地理信息融为一体，有着文字史料不可替代的教学价值，是培养学生时空观念的有效手段。对历史地图的解读实际上也是以唯物史观为指导的一种历史解释，有利于提升学生核心素养。

在教学中笔者充分挖掘和拓宽历史教材中"学思之窗""历史纵横""探究与拓展"等辅助栏目提供的史料，这些史料都与课文叙述有密切联系。对这些史料的研读，有利于加深学生对正文的理解，突破教学难点，培养学生史料实证等核心素养。如笔者让学生研读课本"学思之窗"提供的史料，理解中古西欧封君封臣制度的内容和特征。通过对课本中提供的材料的研读，拓展了学生的历史视界，丰富了教学内容，提升了学生的核心素养。

3.重视问题探究，发展学生核心素养

苏格拉底说："最有效的教育方法不是告诉人们答案，而是向他们提问。"在历史教学中创设关键问题，激发学生的学习兴趣，对培养学生的思维品质、思维能力和思维习惯有十分重要的价值。依据学情与学习目标，设置关键问题，以问题为导向，可以化解教材中的教学难题，有利于发展学生的学科核心素养。本课展现了中古欧洲的多元面貌，依据本课内容线索，笔者设置的关键问题有"西欧封建社会是怎样形成的？其主要特征和影响是什么？""为什么基督教会在中古西欧占有举足轻重的地位？""西欧城市兴起的原因是什么？城市的兴起与王权的强

① 赵煜.文明的多元与多样——"中古时期的欧洲"教学设计[J].历史教学(上半月刊),2020(8):21-29.

化有何关系?""拜占庭帝国屹立千年的原因是什么?""中古中后期西欧和东欧呈现出怎样的不同发展趋势? 你怎么看待这种不同的变化趋势? 中古欧洲多元文明对其逐步进入近代社会有何影响?"本课借助以上问题链,在问题的提出—分析—解决中逐步推进课程内容。同时课堂上次要问题的设置也需要围绕和服务于关键问题的解决。还需要积极营造民主的教学环境,发挥学生的主体作用,激发学生主动提出问题、思考问题,让问题探究意识自然渗透到学习过程中。

新课标指出:历史学科核心素养的五个方面是一个相互联系的整体。在教学过程中,教师既要注重对某一方面核心素养的培养,也要注重核心素养的综合培养。我们在课堂教学中落实核心素养时,不能把五大核心素养割裂开。在关键问题探究和解决的过程中,让学生的核心素养在潜移默化中得到落实。

总之,核心素养视域下高中历史主题教学,通过创设历史教学情境、开展史料研习、关键问题探究等有效教学路径,有利于激发学生的学习兴趣,提高学生的学习效率,充分发挥历史课程的育人功能,凸显历史学科的社会价值,落实学科核心素养培育。

家国情怀渗透下的历史大单元教学策略

——以《中外历史纲要》中国古代史教学为例

安徽省和县一中　方婷婷

统编高中历史教材对于一线教师提出了新的难题：课文内容较多，历史知识零碎，不能有效把握等。需要教师打破以前旧有的思维定式，重新审视教材，探索新的教学方式。而大单元教学就为教师提供了新的视角。在大单元教学中，教师将家国情怀浸透于教学环节中，提高学生对中国与世界关系的认知，由衷热爱祖国，树立民族自信心。

一、国内外有关研究综述

五大核心素养中，家国情怀是历史教育最终的落脚点和归宿，也是学生成长所需，是实现中华民族伟大复兴的必要环节。2014年《完善中华优秀传统文化教育指导纲要》指出"开展以天下兴亡、匹夫有责为重点的家国情怀教育"。《普通高中历史课程标准（2017年版）》提出五大核心素养，其中家国情怀素养"是学习和探究历史应具有的人文追求，体现了对国家富强、人民幸福的情感，以及对国家的高度认同感、归属感、责任感和使命感"。在笔者看来，核心素养理念的提出，尤其是家国情怀，相比于之前三维目标的"情感态度和价值观"更加细化了对学生的要求。学生通过历史学科的学习应更加明白，一部灿烂多彩的中国历史是中华各族人民共同努力奋斗的结果，从而增强归属感和民族认同感。

对于家国情怀，国内外许多人做了实践研究，成果颇丰。教育家苏霍姆林斯基在《培养学生的爱国主义精神》中指出了社会应对公民进行爱国主义教育。欧洲国家，如法国、西班牙等，都要求小学的每间教室必须悬挂国旗，利用各种活动对学生进行爱国主义教育。国内的研究也是成果颇丰。如齐健、赵亚夫在书中提出历史教育就是家国情怀和人文素养的结合，在中学历史教学中应该开发利用历史资源，培育学生人文素养。教育学者李德藻认为，在历史教学中，为实现更好的家国情怀素养培育，需要建立民主的师生关系，来体现家国情怀对人的关注。综上所述，学界对于家国情怀教育十分重视，课程标准也更加突出了对家国情怀素养的培养，将其融入大单元教学就是一条有效的路子。

二、大单元教学是时代所需

我国学者在1994年就提出了类似的观点，大单元教学是指以某种活动为中心，根据儿童的需要、兴趣，将学习内容组织成为有系统的相互联系的若干单元，教给学生生活的基本知识。①随着第八轮新课改的到来，一大批专家学者相继重新阐释大单元教学的理论。卢明、崔允漷认为，新的教学目标应关注学生运用知识做事、持续地做事、正确地做事，强调知识点的理解和应用，重视知识点之间的联结及运用。②大单元教学的设计，需要教师从宏观上把握教学以及整合相关历史教学内容，使之成为一个个相互关联的有机组成部分，通过课堂予以展示出来。教师应依据不同的学生和教学内容的需要有所侧重。

2020年9月起，统编高中历史教材在安徽省全面使用。如果按照固有的模式来授课难以完成教学任务，不能够全面培育学生的核心素养。在笔者看来，一线教师应当打破固有观念，重新审视新教材以及核心素养，利用大单元教学，整体上把握教材结构特点，突出教学主干，引导教学紧紧抓住核心素养，实现新时代立德树人的根本任务。

三、家国情怀渗透下的大单元教学实践

（1）恰当的导入。教师利用历史事物的细节导入新课，帮助学生理解历史背后的本质。比如《清朝前中期的鼎盛与危机》一课中，用一张马格尔尼对乾隆行单膝跪拜礼的图片为切入口，带领学生回顾历史，引导学生明白两国外交理念的冲突，引导学生理解外交事件的影响，以小见大，引起学生的情感共鸣。将当时的清朝放入世界潮流当中加以考察，使学生明白清朝看似发展到顶峰，实际上落后于世界潮流，以至于酿成民族危机。

---

① 黎文华."大单元教学"初步尝试[J].现代特殊教育,1994(1):28-29.

② 卢明,崔允漷.学科核心素养呼唤单元教学[J].课程教材教学研究(教育研究版),2020(5):58.

（2）细节史料的运用。在历史教学中，教师需要通过一个个鲜活的事件或者人物活动，或者某一片段，抓住典型的、关键的细节。这是历史教学最大的魅力所在。正如历史作家张玮说："历史不是冷冰冰的年份和数字，背后是一个个有温度的故事和一个个有血有肉的人。我们应该尽可能用辩证的眼光，结合当时的客观环境，设身处地地看待那些历史事件和历史人物。"所以，在大单元教学中，家国情怀的培养不能仅仅依靠书本上的知识点，而是要善于深挖历史细节，运用史料帮助学生全面认知历史。黄秋瑾老师执教《从隋唐盛世到五代十国》时，以唐如何继续发展"华夷一统"理念，再现了中华民族多元一体的发展趋势。

> 材料：他们不但在政治上结为一体，而且都曾与鲜卑贵族独孤氏联姻；北周大将独孤信的长女嫁给周明帝宇文毓，四女嫁给了唐太宗的祖父李昞，七女嫁给了隋文帝杨坚，从而成为关系密切的亲戚。不仅如此，唐太宗的母亲窦氏和妻子长孙氏，也都出于代北族群的贵族家庭。
>
> ——王小甫《隋唐五代史：世界帝国　开放开明》

教师设问：唐太宗为何在民族问题上强调"华夷一体"？有何影响？

学生：李唐皇室具有少数民族血统，维护国家统一。

教师讲述："大一统"思想形成之后，不仅影响着农耕族群构建"大一统"王朝的实践，也对其他族群尤其是北方的游牧族群产生了影响，推动着多民族国家的建构进程向前发展。李唐皇室具有少数民族血统，说明民族交融是中国古代的重要现象之一。李唐王朝的强盛，其重要原因之一就是华夏族与周边民族融合程度的进一步加强。

> 材料：至少从武德之末到贞观九年，东突厥及其别部的贵族无论从最初的谈判被扣，还是主动归顺，抑或战败归国与无奈投唐，也不管曾祸乱边庭，唐政府一律予以既往不咎，尤其是对阿史那氏最为优待。通常以封官授爵的形式对这些降人进行怀柔。
>
> ——朱德军《优容·征服·怀柔：唐初二帝经营东突厥战略述论》

教师设问：唐朝对待突厥采取什么措施？你还知道哪些民族政策？这些政策的实施有何影响？

学生：怀柔政策，还有羁縻政策、册封政策等。有利于加强民族交融，促进统一多民族国家的发展。

教师讲述：唐朝是中国封建社会的鼎盛时期，也是民族关系大发展时期。突厥是唐朝初年对唐朝发展影响最大的少数民族，在隋唐多次南下进攻。贞观四年，唐军打败突厥，俘获颉利可汗，东突厥一度合并于唐。唐还用联姻的方式加强同少数民族的联系，如派文成公主、金城公主入藏。唐蕃和亲为中原和吐蕃地区的经济、文化联系提供了条件。

引导学生小结：唐朝统治者总结了秦汉以来处理少数民族关系政策的得失，在发展政治、经济的同时，善待少数民族，以和为主，以抚为辅。这一时期开明的民族政策，大大加强了少数民族与汉族的各方面联系，开发了边疆，促进了民族交融，创造了统一多民族国家的盛世时代。

通过研读唐王朝如何发展大一统的史料，引导学生善于分析史料、运用史料，并透过史料解读事物的本质。通过这些努力，帮助学生形成正确的民族观和确立中华民族多元一体的理念。

（3）大单元教学要善抓主线。《普通高中课程标准（2017年版2020年修订）》提出重视以学科大概念为核心，使课程内容结构化，以主题为引领，使课程内容情境化，促进学科核心素养的落实。大单元教学应运而生。以《中外历史纲要（上）》为例，从中华文明的起源到社会主义现代化建设新时期，时间上按照古代史、近代史、现代史顺序，一共是十个单元、29个课时，但是也可以将此归为一个大的主题：中华民族多元一体格局演进史。在这一大主题下，可以按照时间分为：多元一体格局的形成、多元一体格局的发展、多元一体格局的巩固。以古代史为例，前四个单元主要是按照中华文明起源的特点以及发展脉络，再根据每一单元的具体特点选定合适的主题。这就需要打破之前的设计，摒弃之前以"课"为单位的讲解，用主线对相关的历史知识重新整合，使学生明白每个单元的内容。教师需要抓大放小，进行大单元主题式教学，方便教学目标的完成，也有助于学生学科核心素养的培育。

核心素养视域下的高三历史整体单元教学
——以"世界资本主义经济政策的调整"为例

安徽省无为严桥中学　　胡中胜

在新课标、新高考、新教材背景下，高三历史复习，以学科大概念为核心，进行整体单元教学，落实历史核心素养，显得非常重要。如何进行整体单元教学，本文结合高三教学实践，以人教版必修2第六单元"世界资本主义经济政策的调整"为例来探讨高三历史复习的整体单元教学。

一、整体单元教学，利于核心素养有效达成

课标是高考复习的航标，高考试题是高考复习的灯塔，因此，在高考历史整体单元教学实践中，需要以课标为依托，以高考试题为抓手，确定一个主题作为单元主旨，作为单元之魂，重新规划教材的文本结构，建立单元教学整体架构，对零散的知识系统整理，化零为整，解决好学生复习中知识的碎片化问题，帮助学生整体掌握知识，在较长时段中认识历史事件的因果关系、变化与延续，认识历史发展的总体趋势，同时也有利于教师革新教学理念，适应新课标、新高考、新教材对教师的教学要求。

整体单元教学以一个主题为核心，对同质化的知识进行整合，避免复习中知识点重复，能解决复习中课时的紧张与不足问题，实际上为学生增加学习探究与思考的时间，加深学生对知识间纵横关系的掌握，拓展学生的视野，提升学生的时空观念、史料实证、历史解释等核心素养，促进高考复习目标的有效达成。

二、围绕单元主旨，精准设立教学目标

《普通高中历史课程标准（2017年版2020年修订）》提出："重视以学科大概念为核心，使课程内容结构化，以主题为引领，使课程内容情境化，促进学科核心素养的落实。"所以，在整体单元教学实践中，依托课标，以主题为引领，确立单元主旨，在大时序下对单元课程内容进行整合，确定复习重点、难点，使重点、难点、不足点"三点"合一，精准设立单元复习目标，合理安排复习课时。在单元主旨与单元目标统领下，各课时应根据每课的具体教学内容，对素养目标进行具体规划，分阶层培养。

在"世界资本主义经济政策的调整"单元中，把资本主义经济政策的调整与创新作为大概念，以罗斯福新政作为核心概念，在大历史视野下，确立单元主旨为"资本主义经济政策的调整与创新"，即资本主义各国为什么要调整？采用了怎样的调整方式？调整的措施中有什么创新？调整产生了怎样的效果？又有怎样的局限？不同社会制度，不同的国家在经济政策调整中如何进行文明互鉴，促进人类文明的发展？

资本主义经济政策的调整是人类经济文明向前发展的重要组成部分，它体现了人类文明向前发展的艰难与智慧，是资本主义经济发展的必然要求，在此基础上，确定本单元教学复习目标：了解1929—1933年世界资本主义经济危机爆发的原因、特点和影响，理解罗斯福新政的历史背景；列举罗斯福新政的主要内容，认识罗斯福新政的特点，探讨其在资本主义自我调节机制形成中的作用；以第二次世界大战后美国等国家为例，分析当代资本主义的新变化对经济全球化与世界经济体系的影响；认识到不同社会制度下不同国家的经济政策调整与创新可以互学互鉴，从而促进人类文明的进步。

三、抓住主线，强化时空观念，把握历史脉络

"时空观念是在特定的时间联系和空间联系中对事物进行观察、分析的意识和思维方式。任何历史事物都是在特定的、具体的时间和空间条件下发生的，只有在特定的时空框架当中，才可能对史事有准确的理解。"本单元包括《空前严重的资本主义世界经济危机》《罗斯福新政》和《战后资本主义的新变化》三课内容。我们在复习时应抓住"罗斯福新政"这条主线，从罗斯福新政前——背景：

1929—1933年资本主义世界空前严重的经济危机；罗斯福新政——内容、特点和实质；罗斯福新政后——影响：战后资本主义的新变化等三个方面建立时空轴，把握资本主义经济政策的调整中历史事件的逻辑关系，构建起整体知识框架，通过纵向整合，梳理出资本主义经济政策发展变化的基本脉络，以及对经济全球化和世界经济体系的影响，培养学生在大历史视野中把握资本主义经济政策发展与创新的历史脉络与阶段特征。

家国情怀是学习和探究历史应具有的人文追求，因此，教师要培养学生充满人文情怀并关注现实问题，以服务于国家强盛、民族自强和人类社会的进步为使命。通过横向整合，比较资本主义的美国和社会主义的苏联、中国经济体制的改革，拓宽学生的国际视野，让学生认识人类经济体制的多元化特征。在今天经济全球化的现实世界中，不同社会制度的国家应相互学习、相互借鉴，尊重世界各国各地区的文化传统，形成开放的世界意识，关注人类命运发展。

四、整体设计，有序推进，培育核心素养

整体单元教学要统筹安排，注重单元专题内各课内容之间和不同专题内容之间的联系和沟通，实现教学内容的综合化、知识的系统化，但最终要具体落实到每一节课的教学中，所以，在设计每节课时，要根据课标、高考命题的规律、学情等因素，将每课内容放在单元背景中去考虑，确定教学的重难点，抓主干知识，对教材内容有取有舍，适当拓展教材内容，实践高考命题"古今贯通，关联中外"的要求，并通过情境教学、史料教学、设计问题链等方式，在每一课时中有侧重地落实唯物史观、时空观念、史料实证、历史解释、家国情怀等核心素养。

学科核心素养是学科育人价值的集中体现，是学生通过学科学习而逐步形成的正确价值观、必备品格和关键能力。在"世界资本主义经济政策的调整"整体单元教学中，围绕罗斯福新政这个核心概念对单元教学进行整体设计，使之在时序、内容、价值观和内在逻辑上有一个整体框架，通过具体的课时教学目标，设计关键的问题链，有序推进，逐步培育核心素养。

笔者在让学生复习本单元时安排了5个课时，单元课时、课题与教学目标等整体设计安排如下：

基于核心素养的中学历史教学探索

表1　"世界资本主义经济政策的调整"单元课时、课题与教学目标等整体设计

课时	课题	教学目标	关键问题设计	政策调整	素养侧重点
课时1	资本主义经济政策调整的原因与启示——空前严重的资本主义世界经济危机	探究经济危机爆发的原因及启示;认识胡佛反危机措施的作用	问题1:通过史料、图片等探究经济危机爆发的原因。 问题2:传统的自由放任政策在危机中为什么失灵?如何认识胡佛反危机措施的作用	自由放任政策 ↓ 有限干预政策	唯物史观 史料实证 历史解释
课时2	资本主义经济政策调整与创新——罗斯福新政	梳理罗斯福新政的措施,理解其实质及特征,开创国家干预模式,是对资本主义经济政策运行的创新;多视角认识罗斯福新政的影响	问题3:以《工业复兴法》等措施为例创设情境,探讨罗斯福新政中制度创新的变与不变。 问题4:通过史料等多视角评价罗斯福新政。 问题5:罗斯福新政为什么能使美国转"危"为"机"	全面干预	史料实证 历史解释 家国情怀
课时3	资本主义经济政策调整的影响——战后资本主义的新变化	以第二次世界大战后美国等国家为例,分析当代资本主义的新变化,对经济全球化与世界经济体系的影响	问题6:战后资本主义新变化的原因有哪些?凯恩斯主义为什么在20世纪70年代失灵而要调整? 问题7:通过材料等探讨战后资本主义的新变化,对经济全球化与世界经济体系的影响	全面干预 ↓ 新自由主义政策	时空观念 史料实证 历史解释

第三篇　策略与方式

161

课时	课题	教学目标	关键问题设计	政策调整	素养侧重点
课时4	文明互鉴——美、苏、中经济政策调整与创新的比较	比较美国、苏联、中国在20世纪对经济体制的调整与创新,认识市场和计划都是调节经济的手段;文明要互鉴,尊重世界各国各地区的文化传统,形成开放的世界意识	问题8:比较美国、苏联、中国在20世纪对经济体制的调整与创新,如何认识市场与计划? 问题9:纵观美国、苏联等国家对经济政策的调整与创新,对中国现代化建设有什么启示?	市场与计划	时空观念 唯物史观 家国情怀
课时5	高考试题评析及练习	通过高考试题评析及练习,促进知识迁移,培养学生运用和掌握知识间相互联系的能力,提升核心素养	高考试题等	—	唯物史观 时空观念 历史解释 家国情怀

　　总之,在高三历史复习中,要科学、有效地进行整体单元教学,教师必须要有全局观念,在学科大概念这一理念指导下,对教学过程作出整体性的安排,在唯物史观指导下,确立主题,进行内容组合,抓住核心概念和关键问题,将历史时序、核心概念和历史学科素养有机融合,使知识体系化、具有贯通感,让学生在进行问题探究与思考中,逐步形成正确的价值观、必备品格和关键能力。

唯物史观下高中历史精准教学策略初探

安徽工业大学附属中学　曾杰

《中外历史纲要》从唯物史观出发，解释了人类历史发展的规律，是一个从低级向高级、从分散到整体的发展过程。教材有诸多优点，比如论从史出、紧跟学术动态、图文结合、以时间为序等，但是教学内容庞杂、知识点过细、课时紧张、学生学习能力有差异等都是新课改不可忽视的问题。本文试以笔者从教和支教两所学校的访谈和问卷调查得来的第一手资料为基础，在智能数据的辅助下试对唯物史观下高中历史精准教学策略进行初探。

一、重视备课环节中唯物史观的渗透

唯物史观本身是一个比较抽象的理论，教师在备课环节首先就要考虑，让学生由浅入深、由表及里地融会贯通，在唯物史观指导下增强分析和解决历史问题的能力。为了解高中历史教学中唯物史观培养的现状，笔者利用面对面访谈以及在线问卷两种形式对历史学科教师进行了调查，收回有效问卷46份。经过整理，其中存在以下问题：

（1）部分教师自身唯物史观体系构建不完整。如果教师忽略了备课环节中自身唯物史观体系的构建，会直接影响到学生学习的有效性。

（2）部分教师对新教材中唯物史观相关内容的整合、思考不到位。如何选择并优化教材内容，将直接影响能否达成唯物史观核心素养的培养和教学效果。唯物史观作为一个庞博的理论体系，无法在一节或者几节课中掌握，需要教师长期地智慧地整合与唯物史观相关的内容。

（3）部分教师备课手段单一。遇到相关唯物史观素养问题时，教师们普遍反映缺乏有效的教学方式。教师应该把唯物史观的相关原理润物细无声地通过课前备课渗透到集体的课堂学习中。高中历史一线教师应充分重视深入研究新教材内容，通过观摩优秀课，阅读相关教学案例，搜集整理信息化资源等多样化的备课手段，构建清晰而完整的唯物史观知识体系，使唯物史观的相关内容系统化、体系化，以提高历史课堂教学的效率。

二、提高智能数据在历史唯物史观教学中的应用

智能数据在高中各学科的教学中正在被广泛地应用。广大一线教师务必要提高数据应用能力，促进大数据背景下的高中历史学科的有效融合，实现有效果、有效率、有效益的教学。

现阶段，智能数据主要应用在历史考试、课堂测验中，但倘若能使用智能数据，尝试将数据分析嵌入教学设计环节，应该可以极大地推进智能数据的课堂应用率。这里以笔者从教学校的高一学生为例，随机选取学生发放问卷200份，回收问卷197份。问卷设计主要涵盖三方面的内容：其一是唯物史观蕴含的课前准备情况，其二是唯物史观培养在课中的实施情况，其三是学生对唯物史观学习的相关期望。统计结果显示，只有12%的学生对唯物史观表示很了解，51%的学生表示了解一点，而37%的学生则表示完全不了解，这反映出学生对唯物史观掌握不清晰、不到位的共性问题。

至于学生对学习唯物史观的意义，调查结果显示，56%的学生认为学习唯物史观只是为了"考试需要"，19%的学生认为是"老师要求掌握的"，只有25%的学生认为学习唯物史观是为了"获得知识，具备分析解决问题的能力"。这可以看到多数学生对学习了解唯物史观的主观能动性不强。调查还显示，48%的学生希望老师在课堂教学中能够提供生动的材料和实例来落实唯物史观的培养。

笔者在市级公开课《辽宋夏金元的经济与社会》中，就尝试进行课前在线调查并进行数据整理，结合前期有关唯物史观的调查，对学生最感兴趣的问题——如何评价宋代，在教学设计中重点引导，让学生学会运用唯物史观的原理去客观地看待宋代。课堂导入运用地方史相关材料，从宋金采石之战及在战争中发挥巨大威力的车船入手，激发学生的兴趣。课中首先呈现两种截然相反的观点：一是历史学家范文澜评价宋代：内政最腐朽，外患最强烈，成为历史上懦弱可耻的一个朝代；另一位法国著名汉学家谢和耐在《南宋社会生活史》一书中说，13世纪的中国在近代化方面进展显著，无疑是当时最先进的国家。《亚洲史》的作者墨菲也认为，此时期的中国完全称得上是当时世界上最大、生产力最发达的国家。然

后抛出问题——学者们对这个时代的评价为何呈现两极分化现象呢？辽宋夏金元时代到底发生了怎样的变革呢？引导学生在课堂教学中认真思考，充分感受这个时代经济百业兴隆和社会的万千气象。课堂最后追问：这是一个"积贫积弱"还是"生机勃勃"的时代？引发了学生热烈的讨论，有的同学强调宋代军事的孱弱，一些同学提到了唐宋变革论即宋代是中国近代化的开始，有的同学则尝试从商业化、市场化、货币化、平民化等特征入手证明宋代之繁华，还有的同学大谈宋代的美食，提出宋代的经济变革引发了宋代一系列的社会变革……哪一个讨论都涉及对唯物史观的渗透。师生在教学实践中轻松完成了对唯物史观的构建，不失为一次较好的尝试。

当然，智能分析数据的结果是生硬、冰冷的，这就需要教师充当连接的桥梁，在关注数据结果进行精准教学的同时，更加关注学生心理的需求和变化，多倾听孩子的反馈，采取最恰当的方式行之有效地促进智能数据在唯物史观教学中的应用。

三、依托试卷评价系统精准定位学生唯物史观薄弱点

虽然唯物史观一直是历史教学中的重点问题，在考试测评中也有体现，但是唯物史观的评价缺乏依据，分析统计比较麻烦。其实教师在完成相关的试卷评阅工作后，可以依托试卷评价系统，关注那些唯物史观相关问题的答题情况，针对性地展开教学。以马鞍山市2020—2021年度高一年级期末考试为例，依托智学通和七天网络阅卷系统分析对比了笔者从教和支教两所学校一些渗透唯物史观的典型例题的平均分和难度值，发现两校学生都存在唯物史观薄弱、考查唯物史观的相关问题丢分多的情况。下面以其中一道选择题为例加以说明。

> 战国时期，各诸侯国竞相改革成为时代风潮，推动这一风潮出现的根本原因是（ ）
> A.争霸战争的频繁　　　　B.政治制度的转型
> C.诸侯国国君的推动　　　　D.生产工具的变革

笔者从教学校的学生该题得分的平均分为0.3分，笔者支教学校的学生该题得分的平均分只有0.24分，通过智能分析数据，笔者精准地挖掘到学生在唯物史观学习过程中的障碍点，并由此设计教学重难点，从而提升历史课堂教学的有效性。

从本题的考查视角来看，这道选择题蕴含着生产力决定生产关系这个最基本的唯物史观基本理论，生产关系必须要适应生产力发展水平。比如春秋战国时期，正因为此时生产工具从石器锄耕到铁犁牛耕的转变，土地属性发生了相应的变化，井田制开始被封建土地私有制取代，新兴的地主阶级企图将既得的经济利益固化并扩大，因而他们在战国时期的政治舞台上竞相改革变法，谋求更高的政治地位。因此，如果在试卷讲评课中，能够清晰定位这一概念，使学生了解生产工具—土地属性—阶级关系—政治变革这条唯物史观基本理论的主线，带领学生发散迁移到诸多经济政策中，就能准确解答这一类型的试题。

综上，重视教师备课环节中的唯物史观的涵育，提高智能数据在历史唯物史观教学中的应用，依托大数据技术，对学情进行精准监测和分析，并注重研究总结与反思，可以有效解决新教材落地后师生共同存在的唯物史观知识体系不完整的问题。

初高中历史教学衔接的几点思考
——以统编教材《辛亥革命》教学为例

安徽省蚌埠新城实验学校　黄菁

　　教学衔接是指相邻的两个学段之间在教学目标、教学内容、教学思维等方面的对比与连接。低一层级的教学要为高一层级的教学做好充分的准备，而高一层级的教学又要在低一层级教学的基础上展开。因此，教学衔接对于学生的长期发展至关重要。以下笔者以《辛亥革命》为例，谈初高中历史教学衔接的实践和思考。

一、教学目标的对比与衔接

　　教学目标是关于教学将使学生发生何种变化的明确表述，是指在教学活动中所期待得到的学生的学习结果。教学中，教学目标起着十分重要的作用，教学活动以教学目标为导向，且始终围绕实现教学目标而进行。而教学目标是课程目标在课堂教学中的具体表现，课程目标为教学目标的制定提供了方向与指引。在《义务教育历史课程标准（2022年版）》和《普通高中历史课程标准（2017年版2020年修订）》中对初高中的课程目标做了明确规定。

　　通过课程目标的对比可以发现，初中课标注重基本知识、基本方法和基本技能的掌握，使学生初步形成正确的世界观、人生观和价值观。而高中阶段的课程目标则在初中基础上提出了更高要求：通过历史课程的学习，形成历史学科核心素养，得到全面发展、个性发展和持续发展，最终实现立德树人的目标。与初中阶段的课程目标相比，既有一致性又有发展性。

　　根据对初高中课程目标的解读，在与高中《辛亥革命》这一课教学目标的对比中，笔者对初中的教学目标进行了调整：

初中：第9课《辛亥革命》	高中：第19课《辛亥革命》
（1）依据历史发展的时序了解孙中山的革命活动，并了解仁人志士的奋斗等史实，从中体会仁人志士为中华民族伟大复兴进行的努力，培养学生的家国情怀。 （2）联系所学、结合具体史料分析革命斗争对象是清政府的原因；通过具体史料初步了解革命爆发的必然性，使学生在唯物史观的指导下初步形成历史解释的能力。 （3）知道辛亥革命的结果，并从中华民族伟大复兴的角度探讨辛亥革命的功绩与影响	（1）结合二十世纪初的历史背景分析辛亥革命爆发的原因。 （2）知道辛亥革命的过程，认识《中华民国临时约法》的重大意义。 （3）掌握辛亥革命的结果和影响，理解辛亥革命及中华民国的成立对中国结束帝制、走向民主共和的意义。理解辛亥革命的历史功绩及其局限性

二、教学内容的对比与衔接

（1）具体知识的差异。初高中辛亥革命的内容都是在通史体例下按照一定时序编排的。在历史概念上，初中阶段的辛亥革命更多的是指狭义上的辛亥革命，即1911年武昌起义的爆发；高中阶段的辛亥革命是指从1894年兴中会的建立到中华民国的成立，是历史的大事件，是广义上的辛亥革命。在内容的编排上，初中教材突出人物情感和历史史实，侧重分析人物与史实的关系，重感性表达；而高中教材在初中教材的基础上着重分析辛亥革命爆发的原因以及对辛亥革命的客观评价，重理性分析。

（2）单元体系的差异。初中阶段是在"近代化探索"的视角下将辛亥革命的内容分为三课，即《革命先行者孙中山》《辛亥革命》《中华民国的创建》，从孙中山个人的人生经历与时代命运的同频共振，到革命风暴的澎湃到来，再到辛亥革命对当时中国社会的全面影响，注重短时段的时序性、具体性和时代性。高中阶段是在"政治民主化"的视角下重对辛亥革命的意义的探讨。在课时编排上，本单元包括两课，第19课《辛亥革命》和第20课《北洋军阀统治时期的政治、经济与文化》。而初中阶段的《新文化运动》是第12课，《经济和社会生活的变化》是在第25课，相比较初中的体系安排，高中的内容编排更宏观，注重长时段的连续性、整体性和动态性。

（3）课标要求的差异。根据最新版初中、高中历史课程标准的表述，初中阶段要求认识辛亥革命的意义和局限性，高中阶段要求理解辛亥革命与中华民国的建立对中国结束帝制、建立民国的意义及局限性。通过对比可以发现，初中阶段探讨辛亥革命作为一个完整的事件对社会各方面的影响，具有广而浅的特点；而高中阶段对辛亥革命意义的探讨从民主政治的角度切入，切口小，具有专而深的特点。

　　鉴于以上初高中教学内容的区别，笔者在进行初中《辛亥革命》一课的教学时，既立足当下，又放眼高中，让初中教学为高中教学打下良好的基础。按照教材的编排，《革命先行者孙中山》和《辛亥革命》两课是相互独立的，但笔者在授课时对这两课内容进行了有机整合，将孙中山的个人人生经历纳入时代背景中去教学，将《辛亥革命》这一课分为三个板块，即"革命潮流的不可阻挡""革命志士的前仆后继""革命影响的暗流涌动"，这是本课的明线；而暗线则是孙中山的人生经历以及他为革命所做的准备。做出这样的处理，正是为了和高中教材"接轨"，在对宏大事件的叙述中彰显历史细节，在对历史细节的把握中落实核心素养。

三、史料阅读的对比与衔接

　　历史是一门注重推理和论证的实证性学科。在历史学科的五大要素中，史料实证作为理解和解释历史的关键能力与方法，是学生在历史学习中逐步形成的一种思维品质。[①]无论是初中还是高中的历史教学，史料阅读都是一节课的要素，是一节课的"骨骼"。依据课标要求，初中阶段要依据史料"初步学会有理有据地表达自己对历史的看法"，而高中阶段的要求是"知道史料是通向历史认识的桥梁"，能够了解史料、运用史料、分析史料从而增强实证意识。因此"读什么""怎么读"呈现出一定的层次性。

　　在探讨辛亥革命背景时，初高中教学分别选择了不同史料。分析发现，在同样的知识点面前，初高中对史料的选择是完全不同的。初中教学对史料的选择更加形象生动，关注历史细节，最大程度激发学生学习历史的兴趣。通过史料，学生能直观地感受当时清政府的主要代表人慈禧太后态度的谄媚，能直观感知清政府官员对外国侵略者的谄媚，正如课本所述"清政府已经沦为洋人的朝廷"，已经到了不得不推翻的境地。而高中阶段史料的选择则更加注重理性与思辨，侧重于对历史必然性的分析。在问题设置上，初中阶段的设问更加通俗直白，"为什么革命的对象会指向清政府？"，从而以点串线，了解辛亥革命爆发的背景。而高中阶段则和学生探讨革命爆发的必然性以及必然性与偶然性之间的关系，问题设置具有一定的探究性和开放性。因此初高中的史料阅读同中有异，异中取同，从而达到衔接的效果。

---

① 王康茜.单元教学下"史料实证"在高中历史课堂中的培养与实践[J].中学历史教学,2021(7):49-51.

四、教学思维的对比与衔接

历史思维能力的培养，是落实历史学科核心素养的关键。尽管对于历史思维能力的分类和含义还有很多争议，但时空、证据、因果、变迁和延续等关键概念已经取得了国内外学界广泛的共识。[①]初中阶段学生的思维能力更多地停留在感性认知层面，对历史知识的学习重广度而轻深度；高中阶段的学生思维能力上了一个台阶，重理性与思辨，注意挖掘知识的深度。

从教学内容对思维层次的要求来说，初中阶段的历史教学只需做好"知其然"工作，即着力于知道"是什么"和初步的"怎么了""为什么"的教学工作。高中学段侧重点在"知其所以然"方面，着力于做实"怎么了""为什么"以及史实联系与史实特征等深度任务，并且在教学过程中始终围绕以德树人、素养涵育以及价值引领的落实。鉴于高中阶段对学生的思维要求，初中阶段的教学不能仅仅停留在"是什么"的阶段，要为学生的进一步学习做好思维上的准备与铺垫，达到"跳一跳，摘个桃"的效果。

如对于"辛亥革命的爆发是偶然还是必然"这一问题的探讨上，初中阶段不能直接做如此设问，因为太过抽象，此外，初中阶段对于"清末新政""保路运动""立宪与革命之争"等内容并无介绍，因此直接设问会造成学生知识层面的断层和思维能力的断裂。这些内容，初中课本虽然没有提及，但它客观存在，也确实是影响革命爆发必然性的重要因素。因此在教学中笔者做了如下处理：首先呈现关于武昌起义的一组数据，学生可以从这组数据中直观感知革命形势之迅猛；其次关于革命的细节通过播放视频以及讲故事的方式呈现，学生从细节中直观感知武昌起义的爆发是一系列偶然因素导致的。在学生思维产生矛盾和冲突时进一步设问"武昌起义的爆发为什么事出偶然却又如此迅猛？"接下来进一步提供材料，通过对材料的解读得出一个结论：统治者也已经不能照旧统治了！

中学教育是一个整体，初高中历史教学在教学目标、教学内容、史料阅读、历史思维等方面有很多相似之处，但也存在巨大差异。也正因为这些差异的存在才使得教学衔接有了必要性和可能性。为此，作为一名初中历史教师，必须要有教学的大局观，不仅要立足当下，更要放眼未来。以初中的教学为出发点、以高中的教学为着眼点，促进初高中教材的衔接，更好地落实立德树人的根本任务。

① 薛伟强,范红军,陈志刚.中学历史课程与教学概论[M].北京:北京师范大学出版社,2019:172-183.

核心素养下中考历史"大单元"四步复习法

安徽省蚌埠市第八中学　卢适

自 2020 年起，安徽省中考取消了"考纲"，课程标准成为中考历史复习的唯一指引。2022 年 4 月，教育部发布了《义务教育历史课程标准（2022 年版）》，与 2011 年版历史课程标准相比有非常大的变动，立足于历史学科立德树人的育人功能，紧紧围绕学生五大历史核心素养的培养，更加重视初高中的学段衔接。这对促进学生全面发展，落实立德树人的根本任务具有指导意义，也提示我们要从"长时段""大历史"的整体视角做好中考历史复习规划，科学、高效地进行中考历史"大单元"复习，以打破以往逐课复习"只见树木，不见森林"的困局。

一、中考历史"大单元"复习的理论依据

威金斯和麦克泰等人在 1998 年定义了大概念（Big Ideas）一词。将教学内容与素材变成学生可以迁移运用于生活、工作、学习中的观念或技能，这些能够迁移的观念与技能就是大概念。基于课程标准，在大概念的指引下，进行单元或主题教学设计，需要教师将具有内在联系的学科内容视为一个整体，打破教材原课时限制，围绕单元主题，重新构建符合学生认知水平及教学实际的新知识体系，引导学生从核心概念出发，通过解决学科关键性的问题，实现理论向实际的迁移。①

英国学者温·哈伦在《科学教育的原则和大概念》中指出，大单元的"大"不是指内容数量的多少，也区别于新教材中的每个"单元"。我们需要借助"大概念"的理念，在知识方面不是用一堆事实和理论，而是用趋向于核心概念的一个

---

① 格兰特·威金斯，杰伊·麦克泰. 理解为先模式:单元教学设计指南(一)[M]. 盛群力,沈祖芸,柳丰,等译. 福州:福建教育出版社,2018:23-31.

进展过程。

国内学者也指出，作为核心知识的学科大概念是具有素养特征的，最能转化为素养的知识也是最有价值的知识。大概念是课程内容框架构建的核心，也是孕育核心素养的依托，其获得过程便是学科核心素养形成的过程。学科核心素养在2022年版初中课程标准中得到充分体现，它与大概念、大单元教学的理念是双向互动的。①

中考复习阶段，学生已经掌握了教材的主干知识，历史学科的关键能力也有所提升，需要通过综合性的大单元复习，整合知识，提升核心素养。

二、中考历史非选择题命题导向分析

先看近三年中考历史第17题：2019年考近代化探索；2020年考中国近现代化发展；2021年考党的发展历程。其命题立意是：提取和解读历史信息、分析历史问题的能力；考查史料实证、家国情怀素养等。教学导向是：关注常考重点专题——中国近代化探索；厘清知识体系的构建和知识点之间的联系；关注重大周年和时政热点。再看近三年中考历史第18题：2019年考革命与改革推动社会进步；2020年考民族解放运动的发展；2021年考资本主义的发展历程。其命题立意是：考查史料实证、唯物史观素养；关注革命与改革对社会发展的促进作用。教学导向是：关注统编教材新增点；中考教学和备考中要关注中外历史的结合点；注重中外联系和对比。最后看近三年中考第19题：2019年考中国古代文明；2020年考中外文明交流；2021年考中外交往。其命题立意：主要考查时空观念、历史解释素养；提取和解读历史信息、分析历史问题、进行历史探究的能力。教学导向是注重识图、析图能力的培养，唯物史观统领下的全球视野的培养等。

安徽省中考历史非选择题立足社会现实和时事热点，将社会重大事件与史实结合起来进行考查，综合性专题广泛渗透，考查特征明显。这就要求我们历史教师引导学生学好历史的同时，以广阔的视野关注人类历史的纵向发展和横向联系，构建专题体系，注重"大单元"复习；关注历史、现实和未来的互动与结合；关注人类文明的共同成果，引导学生从历史发展角度考察国家的命运，增强中国特色社会主义道路自信、理论自信、制度自信、文化自信，体现立德树人的育人目标。

① 张翰."大概念"：一个不容忽视的课程新理念[J].思想政治课教学,2019(6)：31-33.

三、中考历史"大单元"四步复习法

1.立足大概念，设计单元主题

大概念可以理解为史学的"核心概念"，以此为中心，建构起一个学习单元，而非内容单元。首先确定核心概念，把握历史的阶段性特征，其次围绕核心概念设置情境，用具体的问题和任务驱动学生探索知识。学科核心大概念对学生关键能力的要求比单元主题更高，覆盖面广，属于素养型的概念。

比如从康有为三则小故事切入，确立大单元复习的主题：近代民主政治的发展。个人面对近代的动荡与变革如何看待国家的政治革新？在宏大的问题下，可以按时间顺序，思考列强的侵略步步深入，中国为何屡屡受挫？在救亡图存的道路上，洋务派、维新派为什么会失败？得出结论：封建制度腐朽以及没有社会大众的广泛参与。在此结论基础上，分析辛亥革命成功的一面，解释五四运动为什么是新民主主义革命的开端。如此用一个大概念和一个大问题，串联起从抵抗列强入侵到历次近代化探索，再延伸到五四运动乃至中国共产党诞生。最后对近代民主政治的发展形成整体性认识。[①]

2.创设情境，任务驱动探究

历史学若想成为科学，应如自然科学般从提出问题开始。[②]问题产生的最好土壤就是生动的情境。学科核心素养也强调需要将历史打造为"生动"的历史，营造情境化教学。叙史见人，"大单元"的核心概念反而可以从微观切入，通过解析具体的人物故事梳理历史脉络、解读历史信息。比如让学生阅读董仲舒与汉武帝的对谈，理解汉武帝尊崇儒术的原因；复盘吴王刘濞的发迹与倾覆，理解汉武帝加强中央集权的措施；用生动的历史叙事勾勒史事的内在逻辑，培养学生的史料实证和历史解释核心素养，向大一统国家制度的完善这一"大概念"回归。[③]

3.厘清逻辑，制作思维导图

布鲁纳认为：不论我们选教什么学科，务必使学生理解学科的基本结构。[④]在

---

① 刘奇飞.大单元教学中的微观视角——以康有为的民主思想教学为例[J].教学管理与教育研究,2022（5）:78-80.

② 何兆武.历史与历史学[M].武汉:湖北人民出版社,2007:121.

③ 段晓东,邝莉.概念为本的大单元教学优化策略——以《中外历史纲要（上）》第一单元为例[J].中学历史教学,2021（11）:24-26.

④ 布鲁纳:教育过程[M].邵瑞珍,译.上海:上海人民出版社,1973:5.

大单元复习中，思维导图是培养学生核心素养的重要辅助工具。①这要求我们建立以学科核心为概念的历史大概念体系，用大概念将零碎的历史知识点串联起来。强调大单元主题教学并非排斥对主干知识的梳理，也不是史事的简单相加，而是让学生把握好整体与局部的辩证关系，用联系的观点看待知识。因此，要实现学生与思维导图的良性互动，不能仅简单罗列知识和画知识结构图，而要探索知识之间的逻辑关联，以一定的逻辑顺序整合、内化知识结构。这是结构化思维的真谛所在。②

4.基于唯物史观，形成历史解释

历史解释是揭示历史发展中的因果关系，联系历史的脉络发展，并学会描述历史概念，用自己的语言来解释历史。③这需要学生提升唯物史观的核心素养，教师也应以历史唯物主义和辩证唯物主义作为建构大单元教学的理论基础。

18世纪中期至19世纪末20世纪初的内容，是中考历史的高频考点，可以以工业革命的影响为一节大单元复习课的核心内容，对该内容的解释和分析涵盖了工业革命、资本主义殖民体系的形成、马克思主义的诞生、亚非拉民族民主运动、战后资本主义世界的新变化等综合性专题，覆盖从九年级上册第七单元至下册全册的基础史事。学生应在大单元复习中，运用唯物史观和联系的观点，得出以下认识：人类历史通过工业革命和现代科技，实现了空前的纵向和横向发展，但同时也面临着两大矛盾。首先是资本主义制度的内在矛盾，即生产社会化和生产资料私人占有之间的矛盾，这个矛盾引发了资本主义内部的新变化和国际共产主义运动；其次是殖民地附属国与殖民主义宗主国之间的矛盾，这引起了殖民地民族解放运动与国际共产主义运动的广泛结合，形成了对资本主义工业世界国际秩序的巨大威胁。

四、中考历史大单元复习课活动设计

1.课前

（1）明确大单元主题和主要任务。以"大国崛起与外交"专题复习为例，我们把"国家崛起与国际关系"作为本节课的核心"大概念"。学生分组从不同视角回顾世界各国的发展和博弈，驱动学生主动参与到情境中去，发挥学生的主体

① 郭瑞茹.基于思维导图的高中历史学科核心素养探究[J].文教资料,2019(12):197-198.
② 胡贵英.结构化思维：学科素养的高阶思维[J].中学政治教学参考,2019(25):17-18.
③ 徐豪杰.从历史解释素养角度认识《中外历史纲要(上)》[J].中学历史教学参考,2020(3):75-78.

作用。

（2）创设情境，细化任务实施方案。学生观看时事新闻：2022年3月31日，安徽屯溪召开外长会议。学生了解阿富汗问题和俄乌冲突相关背景知识，作简要笔记和评价。设计意图：创设生动的情境，以发生在身边的历史激发学生参与的积极性，培养学生的家国情怀。

2.课中

（1）小组合作，制作思维导图。全班学生按国别史分为中、美、俄（苏）、亚非拉国家等不同研究团队，每组内部再分不同的专题小组，在智慧课堂资源中，绘制本专题的时间轴。各国的研究团队，将内部小组的时间轴汇总重组，制作成该国史事的思维导图。设计意图：使教科书中的历史知识具有线性的、网状的和立体的联结，培养学生的时空观念。

（2）洞见古今，分视角作历史解释。根据绘制的思维导图和时间轴，学生分工，上台对史事进行介绍和评价，台下学生负责质疑和勘误。设计意图：培养学生的时空观念、唯物史观、历史解释等核心素养；高效复习局部的知识，巩固整体的知识体系。

3.课后

利用智慧课堂和公众号，查找教材和课外图文史料，对本次屯溪大会涉及的大国的相关史事进行简要叙述，运用唯物史观对其进行历史解释和评价，促进本专题复习主题的提升，通过生成性学习使学生的核心素养得到"质"的提高。

思维导图在高中历史教学中的运用及思考

安徽省含山二中　　李德坤

新课改下，历史高考强调知识的迁移和灵活运用，注重考查学生分析、探究、解决问题的能力，注重对学生历史核心素养的考查。历史学科核心素养是一个相互联系的整体，所以教师在培养学生核心素养时势必要纵观全局，使庞杂的历史知识条理化、系统化、浓缩化，进而让学生在完善知识结构的过程中发展历史思维，领悟思想方法，提升人文素养。

思维导图是一种将思维形象化的方法，是表达发散性思维的有效图形工具，运用图文并重的技巧，把各级主题的关系用相互隶属与相关的层级图表现出来，是通过若干层级的节点来形成并完善知识体系的一种方法。它的运用，避免了传统课堂的弊端，有利于调动学生的学习积极性，体现了学生学习的主体地位。

一、思维导图可以促进理解与记忆，提高历史课的学习效率

首先，思维导图运用相互联系的关键词建构知识体系，寻找这些关键词有利于我们积极进行思考。寻找以及确定关键词的过程中，要求我们把主要精力放在关键的知识点上，有利于节省我们的学习时间，避免在无关紧要的内容上浪费宝贵的时间。完整的关键词结构图，有利于知识的融会贯通。师生在制作思维导图的过程中，会涉及快速阅读和整理信息能力的培养，在高考不断增加阅读量面前，这些能力的培养是非常重要的。

其次，关键知识点之间的连接线进一步要求我们思考关键词之间的联系。思维导图的运用还具有极大的伸缩性，有利于发展学生的创造性思维和创新能力，更有利于不同个体的创新型学习，从而对知识结构和层次有个性化的理解。在这个过程中，我们既可以做到关注整体，也可以做到关怀个体，更好地做到挖掘和

发展个体的独特性。通过每个学生的思维导图作品，还可以发现其对所学习内容的理解和认识程度，进一步做出共性问题的指导和个体的差异性指导，其实也就是做到真正意义上的因材施教。在此过程中也能够更好地体现课堂上的互动，促进师生之间的交流与沟通，充分发挥学生的学习积极性、主动性和创造性，更好地体现以学生为主体、教师为主导的新课改精神。

二、思维导图在课堂上运用可以更好地促进核心素养的养成

1.运用思维导图能直观地体现历史时序，培养学生的时空观念

历史时空观念是指历史时序观念和历史地理观念。任何历史事物都是在特定的、具体的历史时间和地理条件下发生的，只有将历史事件置于历史进程的时空框架当中，才能显示出它们存在的意义。历史学科的知识是建构在历史时空基础上的，对历史的认识必须从时序观念的角度出发。

历史时序观念在现阶段本应是学生学习历史学科应该具备的最基本素养，却在实际的学习中成为学生认知体系的短板。在历史高考复习中，教师需要引导学生在历史叙述中树立时间意识，在时间的背景下把握历史的发展，了解历史的原因和结果。所以，在具体教学中，教师可以指导学生制作和使用历史思维导图，编制专题性的历史事件大事记，再由时间发散，归纳历史发展的基本脉络和不同阶段的社会特征。比如，在进行《中国民族资本主义的产生和发展》这一课的教学时，教师就可以根据课本内容找出民族资本主义"产生、初步发展、短暂的春天、快速发展、陷入困境、陷入绝境"这六个阶段性关键词，再一一标上时间，这样中国民族资本主义产生和发展的时序就变得非常清晰了。另外像学生容易出现记忆不清的中国古代史部分也可以结合歌诀来制作年表，再从每个朝代或历史时期的重大历史事件中去寻找关键词，构建出一个完整的中国古代史思维导图，从而更好地建构自身熟悉的历史时序。

2.制作思维导图就是不断搜集和辨析史料，有利于涵育历史解释和史料实证素养

历史解释是指以史料为依据，以历史理解为基础，对历史事物进行理性分析和客观评判的态度、能力与方法。史料实证是指对获取的史料进行辨析，并运用可信的史料努力重现历史真实的态度与方法。历史是一门注重逻辑推理和严密论证的实证性的人文社会学科。对历史的探究是以求真求实为目标，以史料为依据，通过对史料的辨析，将符合史实的材料作为证据，进而形成对历史的正确、客观

的认识。对史料的研习与运用，既是历史学习与研究的重要方法，也是解释历史和评判历史的重要能力体现。

　　制作思维导图就是围绕关键词阅读课本上的主要内容，并通过自己的思考来确定使用哪些资料来保证自己确定的关键词符合要求。这个过程其实就是一次历史解释和史料实证的过程。在日常教学中，我们学习任何一个重大历史事件，都要了解这个事件的背景、主要内容、结果、评价。确定了这四个关键词后，我们就去阅读课本，搜集和辨析史料。比如课本上哪几段属于介绍背景，哪些属于政治原因，哪些属于经济原因，哪些属于思想文化原因等。如此分析下来，这个重大事件的背景解释就基本清楚了，史料也充分使用了，对历史正确、客观的认识也就有了。对于历史事件评价部分的内容，本身就是一个历史解释，得出自己的评价，特别是科学的评价，就更是一次历史解释实践。

　　3.制作思维导图并进行交流，有利于培养学生的唯物史观、家国情怀

　　唯物史观是揭示人类社会历史客观基础及发展规律的科学的历史观和方法论。家国情怀是学习和探究历史应具有的人文追求，体现了对国家富强、人民幸福的情感，以及对国家的高度认同感、归属感、责任感和使命感。师生在制作历史思维导图的过程中，必然要涉及围绕关键词进行思维发散，也就要多问几个为什么。在这个思考的过程中，会不断用到唯物史观的原理。比如生产力决定生产关系，生产力进步的因素一般都是根本原因；或者根据社会存在决定社会意识，社会意识又反作用于社会存在的原理等。

　　在制作和利用思维导图进行学习的过程中，教师还可以有意识地对学生进行家国情怀的引导和教育。比如可以从历史的角度认识中国的国情，形成对祖国的认同感；能够认识中华民族多元一体的历史发展趋势，形成对中华民族的民族自信心和自豪感；了解并认同中华优秀传统文化，认识中华文明的历史价值和现实意义；认同社会主义核心价值观，树立道路自信、理论自信、制度自信和文化自信等。

三、思维导图在高中历史课堂上使用的几点反思

　　1.思维导图教学并不适用于所有的历史课堂，要有选择地使用思维导图

　　在历史学科的课堂教学中，思维导图教学是一种比较好的方式，可以将信息技术和学科结合起来，现在有很多软件可以绘制思维导图，在思维导图的修改和增删上提供了极大的便利，教师和学生可以将绘制好的思维导图通过各种平台进

行展示和发布，这不仅提升了信息技术能力，同时也增进了对学科知识的理解和交流，促进了信息技术和学科的整合。但思维导图并不是什么"高大上"的技术手段，它只是信息技术和学科的整合。大家使用已久的黑板板书其实也可以看作一种思维导图。当然，历史课堂上的思维导图教学也并不是万能的，有些时候在某个知识点上，并不需要思维导图的参与。

2.思维导图的运用作为一种思维方式，应该是逐渐养成的

思维导图传入中国虽然已经有二三十年的时间了，但是对于学生来说仍然属于新鲜事物，它是一种需要逐渐养成的思维方式，因此不能过分地要求学生。历史教师在进行思维导图教学时也要循序渐进，初期应多向学生提指导意见，将需要学生绘制的主干内容进行划定。等学生适应一段时间以后再慢慢放手，更多地让学生自主提出方案和要求；其他事务也可以用思维导图方式来清晰表达，将这种思维方式应用到生活的各个方面。

3.思维导图在学习运用时应当是线性的，贯穿在学习的每个方面

在我们学习时，思维导图能够帮助我们更好地组织信息、理清思路、提高学习效率等。所以要形成运用思维导图的习惯，而不是只在某一时、某一事的时候使用。学生预习功课时利用思维导图可以清晰展现新旧知识之间的联系；课堂上利用思维导图可以节省时间，更有利于记忆；课后复习的时候，同样可以绘制思维导图来加强记忆，激发创新思维，做好对知识点的融会贯通。

总之，制作思维导图可以作为一种思维方式，用在学习的各个方面、各个时间段，让思维更活跃，学习更高效。

借力历史思维,夯实历史学科核心素养

安徽省南陵中学　张静

伴随着"一核四层四翼"高考评价体系的提出和实施,高考命题理念也从"知识立意""能力立意"向"价值引领、素养导向、能力为重、知识为基"转变。经历了高一、高二历史的学习,高三学生已清醒地认识到"死背书"的方法并不能学透历史知识、答对历史试题,然而在"核心价值金线""能力素养银线""情境载体串联线"为命题线索的高考面前,他们是否储蓄了足够的能力素养?传统的复习方法,如"死记硬背""题海战术""解题套路"等,造成了学生独立思考能力的欠缺和创新创造意识的不足,显然不能满足高考选才的需要。有没有一种方式能从根源上"对症下药"?在近几年的高三历史复习教学过程中,笔者尝试以历史学科思维作为突破口,让学生从知识与技能的习得转向对思维的培养和训练,以提高学生的学科素养和关键能力。

一、历史思维概述

历史思维这一概念最先由国外专家提出。2006年《历史思维基准:加拿大评价的框架》提出历史思维的六个维度:(1)确定历史意义;(2)使用原始资料佐证;(3)识别历史的连续性和变化;(4)分析历史的原因和结果;(5)从历史视角出发;(6)理解历史解释的伦理道德层面。20世纪80年代,历史思维概念进入中国历史教育专家的视野,他们各抒己见。于友西认为,历史思维是全方位考察社会历史问题的一种整体思维;王雄认为,历史思维是以唯物史观为依据,解释历史问题、发现历史规律的思维活动。那么历史思维与我们高中历史教学和高考有何关联呢?在2019年考试大纲中,明确提出考查学生在历史唯物史观指导下运用学科思维和学科方法发现问题、分析问题、解决问题的能力。在中国高考评价体系的“一核四层四翼”中明确了“关键能力”包含历史思维认知能力群。

二、学生思维现状

学生思维现状与思维能力目标是否已经匹配了呢？答案是否定的。高中生历史思维普遍存在的缺陷有：时序空间思维错乱、简单化的因果思考、史料实证意识薄弱、联系与比较意识缺乏、评价标准单一绝对等。那么造成学生思维缺陷的根源在哪？应当是学生思维的对立化，如简单化、绝对化；思维的封闭化，如模式化、僵化和固化。这样的思维其实是一种浅层化的思维，也必将导致认知的表层化。这显然与高考对考生的历史学科核心素养能力的要求有明显的差距。那么我们历史教师该培养学生怎样的历史思维？又该怎样运用历史思维去提升学生的历史核心素养呢？笔者将从时空思维、因果思维、证据思维、变迁与延续思维、神入思维五个方面进行探究。

三、思维运用对策

第一，时空思维，即在特定的时间联系和空间联系中，对事物进行观察分析的意识和思维。

（2020全国Ⅰ卷，24）据《史记》记载，春秋时期，楚国国君熊通要求提升爵位等级，遭到周桓王拒绝。熊通怒称现在周边地区都归附了楚国，“而王不加位，我自尊耳”“乃自立，为（楚）武王”。这表明当时周朝（　　）

A.礼乐制度不复存在　　　　B.王位世袭制度消亡

C.宗法制度开始解体　　　　D.分封制度受到挑战

本题以春秋时期楚国国君与周王关于爵位的争论来创设学术情境，主要考查通过对史料进行关键信息的获取与整理，从而提出历史认识的能力。在这一题的分析中我们需要注意的是时间信息——春秋时期。A选项中的“礼乐制度不复存在”、B选项中的“王位世袭制度消亡”、C选项中的“宗法制度开始解体”显然都不属于春秋时期的历史现象，均可排除。这就是运用时空思维分析历史问题。任何历史事物都是在特定的具体的时间和空间条件下发生的，只有在特定的时空框架当中，才有可能对史事有准确的理解。由此可见，时空观念是历史理解和历史解释的基础和前提。

我们应当如何去培养时空思维呢？可以从三个方面着手：一是掌握基本的纪年方法；二是掌握时空表达方式，如时间轴、历史年表、历史地图和历史概念图或者思维导图；三是把握历史阶段的时代特征。在《"百家争鸣"和儒家思想的形成》一课的教学设计中，笔者制作思维导图，与传统的知识框架相比，可以明显地看出思维导图的优势：思维的可视化、思维分层清晰、知识结构完整和整体性强。但它并不能呈现出内容之间的内在逻辑联系，也就不能运用唯物史观充分解释"百家争鸣思想"出现的原因。思维导图有其自身的缺陷。

第二，因果思维。何为因果思维？即通过对史料的收集整理和辨析，客观地理解历史事物，不仅要将其描述出来，还要揭示其表象背后的深层因果关系。

（2021全国Ⅱ卷，31）1982年12月《人民日报》报道，浙江义乌某供销社在改革后，改变了过去"上面来货多少，下面供应多少"的状况，主动深入农户了解他们对生产资料的需求情况，采购农民所需物资；许多职工还积极寻找经营门路，开拓新的市场。出现这一现象是由于（　　）

    A.计划与市场的关系得以理顺　　　　B.经济责任体制逐步实行

    C.城市经济体制改革全面展开　　　　D.现代企业制度的确立

本题主要以1983年浙江义乌某供销社改革为材料构建社会情境，设问是：出现这一现象是由于什么？首先学生要能够从史料当中提取有效信息——现象是什么？现象是供销社职工积极性提高，原因在于经济责任制改革，B选项是合理解释。其余三个选项都与1982年这个时间信息不相符合，可以排除。我们在这一解题过程中所运用的就是因果思维和时空思维。在因果关系分析中，学生容易产生的误区是"一因一果"论，事实往往是"一果多因"或者"一因多果"。因此，我们需要明晰因果关系的基本要素，如主观原因与客观原因、偶然原因与根本原因、主要原因与次要原因、直接结果与间接结果、主观结果和客观结果等。可见，因果关系具有多样性和复杂性，在进行因果关系阐释的时候，我们需要注意，历史解释是以时空观念为前提、以史料证据为支撑、以历史理解为基础的，要有意识地对过去提出理性而系统的因果关系的叙述。

第三，证据思维，即对获取的史料进行辨析，并运用可信的史料努力重视历史真实的态度和方法。

2021年广东高考第3题，以杨贵妃之死的相关史料创设学习情境，考查学生对安史之乱的了解,对唐诗、《旧唐书》、《资治通鉴》这些史料进行鉴别的能力。历史学是一门具有实证性特征的学科,对历史的探究以求真求实为目标,以史料为依据,通过对史料的辨析,将符合史实的材料作为证据,进而形成对历史的正确的客观的认识。证据意识是解释历史和评判历史的重要能力体现。

第四,变迁与延续思维,即在不同的时空框架下理解历史的变化与延续、统一与多样、局部与整体,并据此对史实作出合理的解释。

(2021山东卷,11)文艺复兴时期的人文主义者热情讴歌充满人性要求和感性魅力的生活态度,并追求现世幸福和享乐,西欧宗教改革思想家们却将这视为奢靡和不道德。然而,二者却又共同推动了西欧从中世纪向近代社会的过渡。这是因为他们都( )

　　A.重新审视人,冲破了传统的束缚

　　B.提升了新兴资产阶级的政治地位

　　C.反对神学,重构了人与神的关系

　　D.沉重打击了罗马天主教会的统治

西欧的文艺复兴运动提倡人性,反对神性,号召追求现世幸福,促进了人文主义的复苏;宗教改革运动主张用"因信称义",挑战教皇的权威,并提倡节俭,发展了人文主义。两者虽然在人文主义方面侧重不同,但是均解放了人们的思想,适应了资产阶级发展的需要,有利于西欧从中世纪向近代社会转型,故A项正确。这个题目启发我们,需要有意识地在特定的时空框架下,去辨析重大历史事件的异同所体现出来的本质问题。变迁与延续思维的培养,需要用比较分析的方法去寻找历史事物的差异性和相似性,并在相似性因素中建立通则意识——即事物变迁与延续中所呈现出来的具有稳定性的、规律性的原理和原则,从而正确认识社会发展的规律。

第五,神入思维。历史神入是主体进入客体之中去想象客体的心理活动,即当事者置身于特定的历史时空,站在历史人物的立场,尽量理解其看事情、想问题的方式,体会其感受、走入其心中。

2020年山东高考第17题,以梁启超有关国家情怀的论断,与詹天佑、邹容、周恩来的事迹来构建学术情境。本题的解答要求学生将历史人物的活动置于特定的时空框架下,提取有关人物爱国图存、责任担当、关心国家和民族命运等有效信息,并按照唯物主义史观做出正确的理解和合理的解释,从而引导学生从历史角度关心国家命运，将个人的发展与国家和民族命运结合起来，培养学生的责任担当意识和家国情怀素养。

通过以上时空思维、因果思维、证据思维、变迁与延续思维、神入思维五个方面的思维认知和训练，促进学生时空观念、历史解释、史料实证、历史理解、历史价值等重要历史学科思维的培养，引导学生像历史学家一样思考历史、思考人生和社会，逐渐增长智慧、积淀人文素养，从而为高考、为未来做好准备！

核心素养视域下初中历史课堂教学策略探究

安庆市怀宁县育儿初中　黄蓓蓓

一、核心素养视域下初中历史教学现状分析

1.教师教学模式落后

即使教育信息化已迈进2.0时代，课程标准有了新的变化，"双减"政策在稳步落实，但有一些初中历史教师仍将教学重心放在应试上，他们热衷于让学生刷题，多多地布置作业，让学生被动接受他们所灌输的历史知识。学生的主体地位被剥夺，历史核心素养目标的实现也大打折扣。事实上，这种传统的历史教学模式已逐渐与时代脱轨，学生在历史学科上的学习需求也得不到满足，还与"双减"政策相违背。

2.学生学习方法不当

依据现实的历史课堂教学实践，一些初中生仍然没有找到科学且合适的历史学习方法。再加上中考历史学科采用开卷考试，大多数学生更不上心，思想意识仍停留在只要翻书就能找到答案的想法上。平时学习不用心，复习巩固又不得法，这导致了他们的历史知识框架模糊，对历史事件和历史现象缺乏全面系统的认识和理解，也不知道如何根据材料去探索问题的本质，无法从历史的角度去解释历史。历史教师一般都是采用统一的教学设计来教学，做不到因材施教，导致不同层次的学生或多或少出现学习不得法的问题。

二、核心素养视域下初中历史课堂教学策略探究

1.创设情境，走进历史

历史是过去发生的事情，需要教师寻找历史与学生熟知的资源的契合点，创

设特定的情境，引导学生走进历史时空。

（1）创设情境，导入新课。

在新课导入环节，为快速地激起学生的兴趣，让学生关注教学，可借助学生熟悉的音乐、人物、电影等恰当资源进行精彩导入，将学生带入历史的时空。以八年级上册《中国工农红军长征》一课为例，教师就可以用学生熟悉的《十送红军》音乐导入。教师清唱《十送红军》，让学生来猜这首歌的歌名。虽然多媒体也可播放《十送红军》音乐或视频，但教师来唱，既体现了跨学科的特点，也让学生被教师的歌声所吸引，更好地将学生带入课堂。他们立马就猜出了歌名是《十送红军》。于是教师向学生们提问："为什么人们要送红军，红军要去哪里？"自主预习过的学生马上就能反应过来，因为红军第五次反"围剿"失败，红军开始长征。然后教师就可以平静地引出此节课的教学课题是《中国工农红军长征》。

（2）表演历史剧，感知历史事件。

课堂教学环节，教师若是"一言堂"，那么学生就会失去展示自己的机会，而且教学也会显得枯燥乏味。若教师组织一些学生表演历史课本剧，那么就会为历史的课堂教学增添许多趣味，让学生置身历史情境之中，更能真切地理解历史事件发生的背景和意义。如教学"遵义会议"时，教师设计《再现遵义会议》历史课本剧。在课堂教学前，教师在学生中挑选一些愿意表演的学生。然后，表演历史剧的学生根据个人的喜好结合角色的特点选中各自扮演的角色。教师可以指导学生了解历史人物的性格特征，关注历史时代背景，揣摩人物角色的心理，更好地融入角色。后续的表演练习，教师全权交由学生来完成，让其他学生能通过他们的表演身临其境地了解历史，感知历史事件发生的背景、内容和意义。为了降低课本剧表演的难度，教师要控制历史课本剧的时间，并认真斟酌人物角色的台词，从而达到预期的效果。

（3）讲解历史故事，根植历史情怀。

课堂教学中，恰到好处地讲解历史故事，会将学生带进历史故事发生的背景环境里，在培养学生核心素养的目标上达到事半功倍的效果。在设计讲解历史故事时，教师要调动学生的热情，引导和鼓励学生，让学生在历史故事的讲解中根植历史情怀。如学习红军长征时，教师为了让学生了解长征故事，感受红军战士身上的宝贵品质，而安排学生代表讲解长征中发生的经典故事。可以讲述陈树湘的故事、过草地的故事等，富有感染力。既让学生了解了长征历史，也让学生感受到红军战士是最可爱的人，更是让学生将那份爱国之情深深地埋进心里。

基于核心素养的中学历史教学探索

（4）观看视频、图片，畅谈历史价值。

在历史教学中，很多历史事件和内容是无法进行验证的，教师可将历史视频、图片等资料与文字进行结合，将历史更加鲜活、真实、生动、形象地呈现出来。如在交流"长征精神"时，教师就可以通过多媒体向学生展示关于长征的视频、图片，同时带学生一同观看《飞夺泸定桥》等影视资料。在这种特定的环境中，学生理解了长征精神，也培养了家国情怀素养。

（5）组织小导游活动，培育时空观念。

时空观念是指在特定的时间联系和空间联系中对事物进行观察、分析的观念。在现实教学中，初中学生对史实的时空观念比较薄弱，将时间、人物和事件乱匹配的现象很多。所以在初中历史教学中，教师需要注重培育学生的时空观念素养。如教学"红军长征的经过和结果"时，教师出示《中国工农红军长征路线示意图》，学生代表作为小导游，根据地图向学生们介绍长征路线，使学生对长征的经过和结果的认识更加清晰，从而使学生的历史思维能力得到培养，时空观念得到培育。

2.阅读和分析史料，解释历史

学生必须学会阅读和分析材料，能从材料中获取关键且有用的信息，养成分析、判断、反思评价等能力。如分析第五次反"围剿"失败的原因时，教师就可以给学生展示《五次反"围剿"情况对比表》，针对表中的内容和相关史料展开阅读，引导学生分析，因而得出结论：红军第五次反"围剿"失败的主要原因是博古、李德等人错误的战略战术。

因为历史概念比较抽象，教材中的材料信息有限，学生在阅读的时候如果不能将抽象的概念进行直观地理解、转化等，就会影响历史学习。因此，初中历史教师需要结合学情，在教学中选择一些简单直观的材料，如通过分析就可以找到材料的关键信息，能直接解决问题，让学生产生成就感并能主动积极地参与历史阅读，实现高效的课堂教学，真正落实史料实证的核心素养目标。

3.互动交流，分层作业，个性化学习

民主、和谐的学习环境，可以消除学生的顾虑，减轻学生的精神压力，活跃课堂教学的氛围。这样，课堂自然成为学生的课堂，课堂教学自然就成为学生核心素养培育的地方。

（1）提倡互动交流，擦出思维火花。

课堂教学的主人是学生，在教学环节中，学生学习的不仅仅是历史知识，还要在此基础上培养理解和运用能力。历史课堂教学的成功，在于历史课堂是互动课堂，是思维火花碰撞的舞台。如在《中国工农红军长征》教学总结环节，教师就可以转变观念，由原来自己归纳总结交由学生来谈对长征的认识。在思维火花碰撞中，学生对长征的认识更加全面、深刻，也明白了作为新时代青少年该如何发扬长征精神。

（2）分层设计作业，培育历史核心素养。

为了落实"双减"政策，教师在为学生设计作业的时候，应对学生予以充分的尊重，让他们都能学有所获，这时教师就需要分层设计作业。如布置《中国工农红军长征》一课的作业时，教师就可以根据学情为学生量身定制作业：A层学生绘制红军长征路线图，并准确标记红军长征经过的地点；B层学生绘制红军长征路线图，并能说出红军长征的经过和结果；C层学生绘制图文并茂的红军长征路线图，将绘制过程中发现和提炼的诸多信息进行整理、加工，并以导游解说词或测试题等形式进行呈现。分层作业，兼顾了不同历史水平的学生，不仅能够锻炼其历史思维能力，还可以使其获得一定的认知历史的科学方法，从而提升学生的历史核心素养。

基于核心素养的中学历史教学探索

浅析初中历史教学中学生时空观念素养的培养

芜湖市万春中学　黄玲

时空观念是在特定的时间联系和空间联系中对事物进行观察、分析的意识和思维方式。任何历史事物都是在特定的、具体的时间和空间条件下发生的，只有在特定的时空框架当中，才能对史事有深入而准确的理解。当学生有了正确的时空观念时，才能够对特定背景下的历史事件有更深刻的理解和把握。作为教育引导者，如何制定创新方案，从而实现高质量的教育目标，是每位教师应该不断思考的问题。

一、培养初中历史时空观念的重要性

1.体现出历史学科的价值

任何历史事件都是在特定的时间和空间内发生的，在历史教学活动中，教师不仅要注重对学生进行基础知识讲授，还要引导学生具备历史事件的时空观念，学生对特定历史事件发生的时间和空间概念有了确切把握，才有助于构建完整的知识体系，从而加强记忆效果，切实增强理解能力。同时，历史学科所涉及的领域十分宽泛，所包含的知识元素丰富多彩，在课上对学生进行时空观念培养，还能从多角度、多领域为学生开展深度探究提供支持，能够切实拉近学生与学科知识间的距离，从而更好地凸显学科教育价值。

2.建构学生历史思维模式

不同学科都有其特定属性和思维模式，在开展教学活动时，教师要从实际出发，结合教材内容，为学生构建历史思维模式，促使学生在开展问题探究时，能够在特定的历史观和方法论指导下，全面且深入地对问题进行理解与吸收，并能够从时间和空间两个维度，获得对历史事件形象直观的认知，从而对历史事件形成具有独特性质的思维方式。当学生的历史思维得以形成时，他们可以在之后的学习探究活动中更好地理解并运用知识，从而将纷繁复杂的历史知识以清晰的框架展现出来。

3.增强学生的独立思考能力

在传统历史教学活动中，为了使学生对历史事件有更全面的理解和把握，教师习惯采用"一言堂"授课模式进行教学，教师会着眼于教材，展开细致的分析讲解，学生则处于一个较为被动的地位。核心素养培育背景下，教师应提高对学生进行时空观念培养的重视度，从实际出发改变传统教学模式，为学生提供更多独立思考的机会，比如开展历史人物评价、对历史事件进行评价等，以此帮助学生提升独立思考的积极性，并对历史教学内容形成充分认知。

二、初中历史时空观念培养的现状

1.教师培养重视程度不足，教学方法有待创新

应试教育模式下，历史学科在中考中所占分值比例偏低，大部分学校在进行课程安排时，不能保证每天都有历史课，这意味着学生的学习活动很容易出现知识断层。同时，在制定教育目标和计划时，学校也习惯把重点放在提升学生文化素养上，对学生学科核心素养的培养关注度较低，从而导致教师对核心素养的培养重视程度不够。学生的课堂历史学习活动大部分时间也都围绕教材展开，学生对于时空观念的理解和认知难以得到有效提升。同时，部分教师在开展历史教学时，会习惯性地采用"填鸭式"授课法，学生参与研讨的机会较少，对问题的理解和把握难以深入，对不同历史事件的时间和空间的认知无法得到提升。

2.学生自主参与度不足，培养效率有待提升

要想使学生的时空观念素养不断提高，教师需要为学生提供更多自主参与课堂的机会，并指导学生积极展开思考探究活动。纵观现阶段初中历史教学过程，可以发现，部分学生仍采用死记硬背的方式开展历史学习，这样的学习方式不符合素质教育的理念。同时，还有部分学生习惯于依赖教师的讲解，不愿主动投入到思考交流中来，对学科知识难以达到高效理解的效果。这样的教学状况，难以使学生养成良好的思维模式，难以促进学生历史知识框架体系的形成，也无法帮助学生深入理解并把握历史事件的时空概念，从而导致时空观念素养培养效率较低。

3.课堂活动氛围较沉闷，学生思维活跃度低

初中学生面临着中考压力，在课堂学习中，大多习惯跟随教师对重难点知识进行背记，或者采用题海战术。这样很容易让课堂变得沉闷乏味，学生的思维活跃度也会逐渐降低。然而时空观念素养的培养，需要调动学生的思考积极性，并使其愿意积极开动脑筋，投入探究中来，才能对历史事件形成一个完善且深刻的认识。

三、初中历史教学中学生时空观念培养策略

1.借用思维导图，形成知识脉络

历史教材中的知识体系庞大，所涉及的内容较多，为了促进学生时空观念素养的提升，教师要注重引导学生加强对基础内容的记忆，只有历史知识足够充实，才能更清晰地整理出时空线索。新时期，教师可以为学生引入一些趣味性较强的学习工具，比如指导学生运用思维导图，将系统性的知识进行串联。思维导图具有颜色、框架、图像、分类符号等要素，当学生把复杂的知识内容填入导图框架时，能够对历史事件的人物和时间进行有机统一，并形成完整的知识脉络。

比如在学习"封建时代的亚洲国家"这一单元时，要提前了解到，本单元学习要使学生了解亚洲的主要封建国家东亚的日本、西亚的阿拉伯国家在封建时代的特点。为了使学生对学习内容有清晰的认知和把握，教师可以在课上引导学生思考如下问题，比如：西欧封建社会森严的等级制度的特点是什么？统一的阿拉伯国家是何时建立起来的？通过这样的方式，促使学生将问题与答案进行一一对应，并通过完整的知识框架展现出来。这样就可以帮助学生在脑海中形成一个完整的知识脉络，有助于学生时空观念的提升与发展。

2.利用信息设备，启发时空意识

历史教材包罗万象，其中不仅有丰富的历史知识，还涵盖政治、经济、文化、民俗、服饰、饮食等多方面内容。历史教材中所涉及的信息极为有限，无论是文字内容还是图片内容，所占篇幅相对于浩瀚的历史事件来说，都是比较小的，难以全面地反映历史人物、历史事件的全貌。对此，教师可以将信息设备引入课堂，并运用丰富的互联网资源，帮助学生开阔眼界、丰富认知。通过这样的方式，能够帮助学生构建更完善的知识体系，从而启发其时空意识。

比如学习《美国的独立》一课时，教师可借助信息设备，为学生展示《美国独立战争形势图》。接着，促使学生结合课本内容以及已有知识，对相关图示进行

讲解，描述整个战争的发展状况：（1）1777年，萨拉托加战役。（2）1781年，约克镇战役。在此基础上，还可以对学生提出系列问题，比如：促使双方矛盾激化的事件是什么？独立战争的转折点和结束的标志事件是什么？独立战争的性质是什么？以此帮助学生构建一个完善的知识体系，使学生能够理清历史事件的时间顺序，从而增强学生的历史时空意识。

3.进行深度思考，树立时空观念

克罗齐曾经说过："一切历史都是当代史。"开展历史教学活动，不仅仅是为了使学生知晓过去，还要促使学生透过历史感受事物的变迁和发展，从而看到历史与现实之间的联系，并从中吸取经验和教训。因此，历史教师在培养学生时空观念的过程中，要做到古今相互结合，促使学生学会用现在的理论去解释和理解过去的历史事件。

以《第一次工业革命》为例，通过本课的学习，除了要使学生了解教材中的基础知识外，还要引导学生通过理解殖民扩张与世界市场拓展的关系，认识人类社会发展的多样性与曲折性，进而形成开放的世界意识，以积极的态度应对民族在历史发展中的机遇与挑战。对此，教师可以借助思维导图工具，帮助学生建立完善的知识架构，促使学生跟随时间的变化和推移了解工业革命的进程。

四、结论

时空观念素养是历史核心素养的重要内容。当学生具备了时空观念素养时，他们可以更深入地了解历史事件，把握历史知识脉络，建立起完善的知识体系，从而提升历史学习效率。作为教育引导者，教师要意识到对学生进行历史核心素养培养是一个长期过程，需要教师依照新课程标准中的相关要求，同时保持创新理念，制定合理策略，对学生进行有效培育。

基于核心素养的中学历史教学探索

例谈时空观念素养的培养策略

——以高中《全球航路的开辟》一课为例

安徽省南陵中学　赵伟

　　《普通高中历史课程标准（2017年版2020年修订）》对历史"时空观念"的阐述是："时空观念是在特定的时间联系和空间联系中对事物进行观察、分析的意识和思维方式。任何历史事物都是在特定的、具体的时间和空间条件下发生的，只有在特定的时空框架当中，才可能对史事有准确的理解。"历史学科的"时空观念"不仅要求我们在特定的时空背景下认识历史，还要求我们具有洞察历史趋势的能力，把握历史前进的方向，顺应历史发展潮流。

　　在《中外历史纲要》新教材中，历史不仅仅是年份的推进，还表现为具有时间特征的某个具体时段的历史叙事，如本文将探讨的《全球航路的开辟》，既有时间上的表述，即15—16世纪，也有时间特征上的历史叙事，即世界近代史的开端。另外，以整体观把握历史，同样是历史学科"时空观念"的重要内涵。《全球航路的开辟》不仅是西欧国家主导，也是世界各地区从孤立走向联合，人类认识世界和实践活动的时空不断拓展，全球逐渐成为一个相互联系的整体，这就需要从全球史观这一整体视角来认识世界，理解全球化。在本课教学中，笔者从以下几个方面展开。

一、简单梳理教材内容

　　本课属于《中外历史纲要》下册第三单元，本单元内容简单讲就是新航路的开辟及影响。本课课标要求为：了解新航路的开辟及其引发的人口、物种和商品等的全球性流动，理解人类认识世界的视野和能力的改变以及对世界各区域文明的不同影响；理解新航路的开辟是人类历史从分散走向整体过程中的重要节点。

再具体一点，第一子目讲新航路开辟的动因和条件，第二子目讲新航路开辟的过程，第三子目讲其他航路的开辟。

二、创设情境，理解特定的时空背景

在学习"新航路开辟的动因和条件"这一子目时，要注意在特定的历史时空背景下理解史事，即学生在理解历史时能够站在其所发生的具体时空下具体问题具体分析。在这里，笔者采用了创设情境的方法，展示了新航路开辟时期水手们的艰苦生活，材料如下：

> 麦哲伦出发时有5条船，在穿越南美洲最南端的海峡时损失了两条船，横渡太平洋用了80天，这期间船上的淡水和给养都严重不足。一位船员记述了他们在航行期间的苦难："我们所吃的饼干不再能称为食物，它们只不过是些粉末和吞噬了饼干的蛆虫，而且，粉末浸透了耗子撒的尿，散发着叫人无法忍受的臭气。我们不得不喝的水是同样恶臭……实际上，我们常不得不靠吃木屑过活，就连耗子这种极叫人憎恶的食物，大家都在贪婪地寻找，一个耗子能卖得半个达卡金币。"由于食物和淡水严重不足，许多船员得了坏血病……最后仅有破损严重、水手严重减员的"维多利亚"号经印度洋和非洲于1522年9月3日返回西班牙。

——转引［美］自斯塔夫里阿诺斯《全球通史》

从这段材料中，学生们可以很直观地看到当时的航海条件是非常艰难甚至是危险的。那么在当时的时空条件下，为什么会有新航路开辟？为什么新航路开辟能够成功？通过这样的情境创设，让学生"穿越"时空，学会用历史唯物主义的观点了解历史，同时锻炼学生的时空观念素养和唯物史观素养。

创设情境的方法，同样可以运用到"其他航路的开辟"的背景学习方面。在学习了新航路开辟的背景和过程的基础上，笔者向学生提出了这样的问题：西班牙和葡萄牙通过开辟新航路，获得巨大的财富，假如你是欧洲其他国家的国王，你会采取什么措施呢？同学们自然会想到各国王室纷纷效仿西班牙、葡萄牙两国开辟新航路。这时笔者再补充西班牙、葡萄牙两国早已控制了主要航线上的交通据点，让学生们开动脑筋，想想现在怎么办？通过创设这样的情境，使学生理解当时英国、荷兰等国具体的航行背景，理解这一阶段开辟的众多新航线是世界主要航线的补充，使人类对地球的认识有了新的飞跃。

三、利用历史地图，唤起学生的时空意识

"左图右史"是中国治史的优良传统，道出了图与史的重大联系。与文字相比，地图在反映事物所处空间状态方面具有更简明、直观的特征，它以图画的方式再现，给人以直观的刺激，不用通过语言描述。在学习"新航路的开辟"和"其他航路的开辟"两个子目的时候，航路开辟过程部分，课本正文表述得很清晰，但陈述性的语句很难给学生留下深刻的印象。好在教材本身提供了两幅地图，分别是《新航路的开辟示意图》和《其他航路的开辟示意图》，我们要做的，就是引导学生使用地图，让学生学会结合地图学习历史知识。在这里教师可以更进一步，将《新航路的开辟示意图》的各条航线，使用幻灯片制作成颜色各异的动画路线，以动态演示图的形式呈现在学生眼前。这样，学生就可以很直观地感知新航路开辟的空间地理位置，更有效地掌握该部分内容，甚至教师可以在图中添加一些信息，比如图中并未标明各位航海家航行的具体时间等。

在这里，我们可以进一步培养学生阅读历史地图的能力，引导学生认识地图的类型有战争地图、分布图、疆域区划图、路线图、变迁图等，而《新航路的开辟示意图》属于典型的路线图。在阅读历史地图时，要把握好"标题、时代、图注、指向、内容"等要素。另外，在学生阅读地图、了解相关信息的基础上，教师还可以要求学生口头表述出来。这种表述应该是学生有自己的思考，重新组织，有条理地表达出来。仔细阅读该图，我们会发现其航线涉及以下几个因素：出发国家，出发时间，航行方向，航海家姓名，航海过程中的重要地点，以及最终取得的成就等。教师应该给予学生足够的时间，让学生在草稿纸上梳理清楚，并选择一两名学生的成果予以展示。例如，一名学生展示成果如下：

（1）1487年，葡萄牙航海家迪亚士向东航行，绕过非洲西南端的好望角，到达非洲东海岸。

（2）1497年至1498年，葡萄牙航海家达·伽马绕过非洲好望角驶达印度，他所开辟的绕过非洲到达印度和东方的新航路，逐渐成为欧亚贸易的主干道之一。

（3）1492年，意大利航海家哥伦布到达美洲，开辟了从欧洲到美洲的新航路。

（4）1519年至1522年，葡萄牙航海家麦哲伦完成了人类历史上的第一次环球航行。

在肯定学生成果的同时，这里应该适当指出学生的不足之处。首先，第一点

提到了航行方向是向东，接下来几点却并未点名航行方向；其次，学生指出了航海家的国籍，但课本关注的应该是支持其航行的国家。而且达·伽马到底是不是葡萄牙航海家呢？我们查阅资料后发现，确实如此。但学生从课本正文及《新航路的开辟示意图》中无法得出该结论，教师需要关注。最后，在点评学生成果的基础上，以表格形式呈现新航路开辟的过程，将地图信息转化为课堂笔记，便于学生课后巩固知识，达到事半功倍的效果。而本课第二幅地图《其他航路的开辟示意图》涉及的航线数量较多，加上不是本课重点内容，学生只需要了解其他航路开辟的基本情况即可，这里应该简化处理。在继续指导学生阅读《其他航路的开辟示意图》的同时，只需点明此时的人类探索的两个方向——北至北冰洋，南到大洋洲，并指出此时世界主要的大洋和大陆之间通过海上航线建立了直接联系即可。

四、小结

总之，时空观念的培养是落实历史核心素养的一个重要环节，不仅是本课，在平时教学中教师也要善于创设情境，利用课本地图或者相关地图册，培养时空观念，引导学生将一定历史现象和地图联系起来，发掘历史地图中显性、隐形的信息，使学生获得的知识将更加形象化，让学生在学习过程中真实地感知历史，以达到提升学科素养的目的。

初中历史教学中培育家国情怀策略探究

芜湖市南陵县春谷中学　洪艳

南陵县弋江镇中心初中　张志祥

在中国历史上，家最初是指士大夫的封地，虽与诸侯的封地国互不相属，却又紧密关联。春秋战国时期儒家的家国理论，阐释了家庭既是社会组织的基本构成单位，又是个人与国家的联结者。《礼记·大学》对二者的关系进一步明确，强调"修身、齐家、治国、平天下"，此时"家"在"国家"概念中，被赋予了重要地位，蕴含着丰富的哲学思维，体现了中国古代知识分子的家国情怀。

家国情怀是指某人对家、对国（即主体对共同体）与生俱来的一种思想情感，是学习和探究历史应具有的人文追求与社会责任。学习和探究历史应具有价值关怀，要充满人文情怀并关注现实问题，以服务于国家强盛、民族自强和人类社会的进步为使命。家国情怀是民族复兴的精神养分，是中华民族永不流失的精神钙质，是传统文化的精髓。

党的十八大提出，把立德树人作为教育的根本任务。根据学生的成长规律和社会对人才的需求，把学生德智体美全面发展的总体要求和社会主义核心价值观的有关内容具体化、细化，深入回答"培养什么人、怎样培养人"的问题，明确学生应具备的适应终身发展和社会发展需要的必备品格和关键能力，突出强调个人修养、社会关爱、家国情怀，更加注重自主发展、合作参与、创新实践。《义务教育历史课程标准（2022年版）》指出："家国情怀是学习和探究历史应具有的人文追求与社会责任。学习和探究历史应充满人文情怀并关注现实问题，热爱家乡，热爱祖国，放眼世界，以服务于国家富强、中华民族伟大复兴和人类命运共同体的构建。"义务教育阶段的历史课程在基础教育中具有的特性之一就是人文性，要以人类优秀的历史文化陶冶学生的心灵，提高学生的人文素养，使学生逐步形成正确的价值取向和积极向上的人生信条以适应社会发展的需要。

从历史到现实，中华民族历来崇尚家国大义，家国情怀作为中华民族一种深层次的文化心理密码，贯穿于中华文明发展进程，深深植根于每个中华儿女的精神世界，影响着人们的言行，是我们的宝贵精神财富。当前，少数学生漠视国情、家庭，甚至不关注社会公共事务，没有深刻理解国家、民族的概念，缺乏对民族、国家的认同感。在全球化浪潮冲击下，社会转型带来的一系列问题正消解着青少年的家国情怀。多元化的价值观充斥在社会各个角落，而青少年的三观还处于塑造期，缺乏良好的道德判断力。网络多元文化也不同程度消解着青少年学生的国家认同感。历史教学中有效加强"家国情怀"核心素养培育是全面深化课程改革，落实立德树人根本任务的需要，在激发爱国主义情感，增强民族自信心等方面具有重要价值，因此将家国情怀落实于历史教学具有重要意义。家国情怀教育和初中历史教学实践的有效结合，既是我国历史教育对新时代背景做出的主动回应，也是契合教育创新式发展的需要。

一、"表""里"如一，良性互动，培育家国情怀

"表"指的是教师要为人师表，"里"指的是要尊重教学规律。

首先，教师自身垂范，深植家国情怀。古人云："其身正不令而行，其身不正虽令不从。"著名教育家叶圣陶说："教育工作者的全部工作就是为人师表。"在日常的工作和生活中，教师要非常注意自己的一言一行，从内而外散发出一股积极向上、乐观开朗的气场，弘扬正气，宣传正能量。

其次，教师需要了解现阶段学生的实际情况，才能对初中历史教学内容进行调整规划，以更合理的方式培养学生的爱国主义情感。教师应为学生讲解初中历史阶段学习的主要相关内容，让学生对历史学科有一个初步了解。与学生建立"朋友"关系，通过课堂交流的方式了解学生对历史学科的想法及实际学习能力。再对历史教材内容作出分析，将带有家国情怀的部分重点标注，以利于在教学时合理划分该部分知识与其他部分知识的讲解时间。最后将学生的情况与教材内容有效融合，制定最佳历史教学方案。

还可以采取师生互动或生生互动的方式，增强学生的学习自主性，培育学生的家国情怀。比如教学《五四运动》一课，在针对五四精神探究时，老师可以展示相关史料，设置小组活动，让每一个大组中前后四位同学组成一个小组，小组成员针对老师提出的问题畅所欲言，对老师出示的史料进行分析探究，最后，每一位学生都能动脑、动手，进行思维的碰撞、智慧的交流、情感的升华，探究合

作解决老师提出的探究问题。

二、设疑答问，循循善诱，培育家国情怀

孔子曰："疑是思之始，学之端。"清之学者陈献章说："学贵有疑，小疑则小进，大疑则大进。疑者，觉悟之机也。一番觉悟，一番长进。"教师在历史教学中可以采取合理提问的方式让学生在问答过程中对知识点进行思考与分析，初步培养学生的家国情怀。比如在教学《香港和澳门回归祖国》一课时，在针对香港回归部分讲解时，教师可先为学生播放相关视频和文字内容，包括签订不平等条约、回归祖国等内容。学生在观看结束后，教师提出问题"中国是什么社会制度？英国是什么社会制度？英国当初为什么能够顺利占领中国香港？1997年又为何归还中国？"并给予学生一定时间对系列问题进行思考与讨论。

这种方式有利于提高学生对历史知识内容的好奇心和探索欲望，促进教师顺利引入本节课所学知识。在学习过程中，学生能够清晰了解到中国是社会主义制度，英国是君主立宪制，原先因为中国不够强大导致香港被占领，后来中国改革发展，国力富强，而香港作为中国不可分割的领土，回到了祖国的怀抱。教师通过播放香港近年来的发展情况，让学生了解到在祖国的保护下香港更加繁荣昌盛，进而激发学生的爱国意识。

三、由"事"及"人"，强化体验，培育家国情怀

史学大师钱穆说："历史是人事的记录，必是先有了人才有历史的……要研究历史，首先要懂得人……如其不懂得人，不懂得历史人物，亦即无法研究历史。"《义务教育历史课程标准（2011年版）》指出："注重初中学生的心理特征和认知水平，了解学生的生活经验和知识基础，结合具体、生动的史实，从多方面调动学生的学习积极性，激发学生学习历史的兴趣，培养学生的问题意识，引导学生主动地进行历史学习，积极参与历史教学活动。"

初中历史教材包含多个历史事件，其中产生了很多代表人物，其所做的事情都富有较强的家国情怀，教师可有效利用历史人物开展教学，培养学生的家国情怀。[①]比如在教学《沟通中外文明的丝绸之路》一课时，教师可以针对张骞进行讲解，为学生讲述张骞出使西域的相关故事；在教学《鸦片战争》一课时，教师可

---

① 何开林.初中历史教育教学与爱国主义情感培养[J].中外交流,2018(40):99.

以针对林则徐展开讲解，为学生讲述林则徐在广州虎门销毁鸦片的相关故事；在教学五四爱国运动部分内容时，教师可以针对参与该运动的不同阶层人民进行讲解，为学生讲述该运动进行期间发生的相关爱国事件。

学生通过历史人物故事能够直接体会到该人物对祖国的热爱之情，促进学生拥有较高的家国情怀体验，有利于学生不断提高自身的爱国之情，使学生充分意识到为了国家的繁荣昌盛，自身需要努力学习，规范言行。

四、明确主旨，活动引领，培育家国情怀

主题实践活动有丰富的形式和内容，其中以活动型、体验型、探究型三种最为普遍。将这些活动设计成新颖、灵活、生动、有趣的且以家国情怀为主旨，可以弥补历史课堂教学的局限性。前苏联教育家加里宁说："爱国主义教育是从认识自己的家乡开始的。"教师在历史教学过程中除了对课本进行讲解分析外，还应组织开展与历史学科相关的活动，挖掘乡土资源，共鸣家国情怀。①让学生在实际参与实践过程中体会和培育家国情怀。比如组织学生去看望革命老兵，听老兵讲述战争时代的故事；组织学生去当地的博物馆参观历史文物；组织学生瞻仰烈士墓和烈士纪念馆、聆听英雄事迹；等等。教师还可以根据教材内容举办相关爱国主题演讲活动、历史知识快问快答比赛、历史事件角色扮演活动等，这样可提高历史教学的实践性和多样性，帮助学生从多方面了解历史、认知历史，提高学生的民族自豪感和社会责任心，帮助学生逐渐形成正确的爱国主义情感。

初中历史课本所涉及的家国情怀知识内容非常多，对培养学生的家国情怀有十分重要的作用。所以需要教师能够通过合理布置历史课堂教学问题、利用历史人物引出爱国主义、组织开展历史相关活动等方式让学生真正了解历史，并从中获得相关情感体验，达到厚植家国情怀，实现学生全面发展的培养效果。

① 张小兵.如何在初中历史教学中进行爱国主义教育[J].考试周刊,2020(15):151-152.

新课标下家国情怀素养落地的方略探究

芜湖市镜湖区天民学校　杨平平

　　教师作为培养学生核心素养的实践者，如何把家国情怀素养渗透到平凡的历史教学中？本文结合笔者的一些教学实践，尝试探索培养家国情怀的途径，希望以一己之见与大家切磋互鉴。

一、培养家国情怀素养的重要性

　　古今中外的学者都强调内在的价值观对人和国家发展的重要性，并且价值观一旦形成则很难改变。而家国情怀作为一种核心价值观，具有内隐性，但却深深影响着人的行为，指导着人的行动。正确积极的价值观对人的发展和社会的进步有着极大的推动作用，错误扭曲的价值观则危害甚大。初中阶段，学生的价值观正在逐渐形成，他们涉世不深，思想不成熟，容易产生表面性和片面性，辩证思维的发展不够完善，容易受到不良思想与行为的影响，这就需要教师加以正确的引导，帮助学生形成正确的价值观和必备的品格。因此家国情怀素养的培养是教学工作的重中之重。

二、培养家国情怀素养的策略

1. 整体设计，层层深入

　　《义务教育历史课程标准（2022年版）》明确提出，教师应该从发展学生核心素养的角度制定教学目标，将核心素养的培育作为教学的出发点和落脚点。历史教师在最初教学设计环节就要确立正确的思想导向，筑牢家国情怀的基础，仔细研读课程标准，以整体的视角去解读教材，凝练出一节课或一个单元的核心价值观，渗透到每一个教学环节中，润物细无声。教师只有在设计时渗透家国情怀素养，才能在教学中入情入境，学生才能喜教师之喜，思教师之思，与教师产生共情。否则教师在教学时所谓家国情怀素养的实践就会显得刻意而做作，不但不能引起学生的共情，还会适得其反。

例如，七年级下册《宋元时期的科技与中外交通》一课中，学生通过本课学习要感受到中华民族在发展中取得的突出成就以及对世界文明发展做出的卓越贡献，能够认同自己的民族、国家的历史文化进而喜爱自己的国家。依据课标，结合教材，笔者以"创新与开放"为主题将教材内容整合为"探惊世之技""观通达之道""析领先之因"三个篇章。在导入环节笔者播放节选的纪录片《李约瑟和中国古代科技》，视频中以英国学者李约瑟的视角高度肯定了中国古代辉煌的科技成就。通过外国人的视角评价中国，激发学生油然而生的民族自尊心和自豪感。然而这种情感可能只是暂时停留在大脑皮层中，并不持久。笔者继续通过展示类型多样且可信度高的史料，进一步引导学生具体学习代表性的科技成就和中外交通盛况，从而对中华优秀传统文化和开放的视野有更深的了解。最后首尾呼应，抛出李约瑟难题的第一段：为什么在公元前1世纪到公元16世纪之间，古代中国人在科学和技术方面的发达程度远远超过同时期的欧洲？基于单元内容和学生的认知水平，笔者将李约瑟难题的内容重新进行设计和表述。这种基于理性思考形成的家国情怀更加持久，更不容易改变，观念的认同也会逐渐转化为行动自觉。

2.创设历史情境

历史是过去的事情，为了使学生了解、感受、体会历史的真实情况和当时人们面临的实际问题，需要拉近学生与历史的距离。因此在教学中，教师可以创设丰富的历史情境，带领学生在情境中展开学习活动。

在中华文明几千年的历史长河中，涌现出千千万万的英雄人物，深刻影响着历史发展的进程，这些人物为教师培养学生的家国情怀素养提供了丰富而又生动的素材。但是仅仅靠说教很显然收效甚微。在教学实践中，笔者通常会挖掘名人身上的故事，展示真实情境。例如，在讲授《抗美援朝》邱少云的故事时，笔者向学生直观展示了邱少云的处境。邱少云所在的排奉命于晚上埋伏在距离敌人阵地前沿只有不足60米的地方。邱少云身处一片小洼地，前面微微隆起的小土包还能有所遮挡，侧后有条小水沟。身上铺满干草的他必须保持不动以配合第二天的行动。直到火苗开始溅落在邱少云身体上并一点点吞噬他。此时，笔者让学生假设如果自己是当时的邱少云，面临两种选择：（1）正值青春年少，父母的心肝宝贝，未来有无限的可能。这时候，只要往不远处的水沟里一滚，哪怕就地打几个滚，就可以把火扑灭，但是这样就会被敌人发现，战斗的计划和潜伏部队的安全就有可能被敌人察觉，后果不堪设想。（2）如果不进行自救，最终的归宿只有死，而且还是被大火吞噬身上的每一寸血肉，极其痛苦而死，况且自己的牺牲也不一定能保证战斗的胜利。

这个情境选择是没有标准答案的，但是我们知道邱少云为了战斗的胜利和队友的安全，他放弃自救，严守纪律，以惊人的毅力忍受着烈火，双手深深插进土里，直到壮烈牺牲。他选择了国家利益至上，牺牲了自己的一切。笔者通过创设两难情境，激发学生的认知冲突，一方面让学生在冲突中思考、选择，教师适时点拨，从而帮助学生提高道德判断能力，形成正确的价值观念。另一方面，这种方法有利于学生在情感上产生与历史人物的共鸣，从而明白在国家民族危亡之际，历史人物的选择和价值取向充分体现了高度的爱国主义和无畏牺牲的革命英雄主义精神，进而落实家国情怀素养的培养。同时学生从这些历史人物身上发现许多优秀品质，明白中华民族历史上从来就不缺乏为民族气节、理想而献身的人，有利于学生逐步确立积极进取、艰苦奋斗的人生态度，形成健全的人格，树立为家乡、国家、世界发展贡献力量的远大理想。

3.灵活运用教学方法

正所谓"教学有法，教无定法"，良好的方法是促成教学目标达成的强劲引擎。教师在教学中要依据内容灵活选用不同的教学方法，这样才能有效培育学生的家国情怀素养。

例如，七年级下册《宋元时期的科技与中外交通》一课中，学生要理解中国古代科技成就对世界文明进步做出的重要贡献。就以活字印刷术的发明这一部分内容来说，书上展示了《毕昇像》《泥活字版》《〈梦溪笔谈〉中对毕昇发明活字版的记载》三幅图片，剩余部分都是文字介绍。活字印刷术的意义也简单表述为：活字印刷术对人类文明的发展产生了重大影响。教学中笔者呈现宋太祖刻《大藏经》的史料来说明雕版印刷的弊端，然后分析活字印刷术的优点和意义。但是在教学中学生会有很多疑问：（1）为什么花12年时间、雕版13万块印刷《大藏经》，如果花同样的时间手工抄写真的比雕版印刷术慢吗？（2）为什么活字印刷术对人类文明贡献巨大，而雕版印刷术就一无是处吗？如果这个问题不分析透彻，就很难让学生真正理解活字印刷术的优越性，也无法让学生从心底认同中华文明的独特价值。针对这一问题，笔者将手工抄写、雕版印刷术、活字印刷术——比较，采取了以下策略：

第一步引导学生认识到图书的制作特别讲究内容多样和速度快。第二步引导

学生画出 v-t 图像。问题如下：以速度 v 为纵轴，时间 t 为横轴建立坐标系，不考虑其他因素，假设一个人每天匀速手工抄写，抄写的内容可以自己选择，另外一个人采用雕版印刷，很明显雕字比抄字速度要慢，费时要多得多，但是版一旦刻制完成，印刷的速度就比手工抄写的速度快得多了，印刷内容也无法更改。根据上述条件，学生大致可以画出抛物线图像。第三步让学生观察分析图像。从图中可以很明显地看出，在一定时间范围内，手工抄写的方式在速度上要优于雕版印刷，灵活选择抄写内容又能兼顾多样性。但是图书一旦要大量制作并广泛传播时，就对印刷速度提出了很高的要求，雕版印刷的优势就显现出来，手工抄写的速度远不能及，局限性在于雕一种版只能印制一种书，无法兼顾多样性。第四步提出问题：有没有哪种方式在不降低速度的情况下又能兼顾内容多样性？经过之前的学习，学生发现活字印刷术既可以灵活搭配字模组成不同的图书内容，又能兼具雕版大规模印刷的效率，有效做到多样性和广泛性的统一，和前面两种方式相比已经很优越了。后人又不断探索，创新排字的方法，更使活字印刷术越来越完善。这样使活字印刷术对人类文明产生重大影响这一结论也更加具有说服力。在此过程中，学生也真切体会到古人不断探索、勇于创新、精益求精的精神。

4.开展丰富多彩的实践活动

家国情怀仅仅依靠课堂学习来培育是远远不够的，实践活动为教师培育学生家国情怀素养开辟了新天地。在实践中，学生通过亲身参与，一方面可以交流不同的看法，吸纳合理的意见，完善自己的认知；另一方面，可以把远大的理想转化为报效国家的具体行动，积极承担社会责任，进一步激发青年学生的责任感和使命感。教师可以根据实际情况适时地组织一些实践活动，比如带领学生进行历史方面的社会调查，参观博物馆及爱国主义教育基地，考查历史遗址和遗迹，制作文物模型，编写历史题材的板报，设计历史园地学习的网页等。随着"双减"政策的落地实施，初中学生有充足的时间和精力参与到实践活动中，更是为教师开展此项活动创造了良好的条件。

三、结语

家国情怀素养的培养是一个长期、复杂、渐进的过程，要持之以恒。以上是笔者在教学实践中培养家国情怀素养的一点对策。随着时代的进步和国家的发展，家国情怀也越来越受到重视，未来会有更多有效的措施促使家国情怀素养落地生根，实现立德树人的总目标。

家国情怀核心素养在初中历史智慧课堂中的落实

芜湖市南陵县春谷中学　曹琴

历史课程要培养的核心素养主要包括唯物史观、时空观念、史料实证、历史解释、家国情怀五大核心素养。特别是家国情怀核心素养，是学习和探究历史应具有的人文追求和社会责任。家国情怀教育从某种层面上来看不仅是爱国主义教育，更为重要的是蕴含在爱国主义下的民族自豪感、认同感、责任感以及使命感。所以教师在历史课堂上对学生渗透家国情怀核心素养教育，有利于帮助学生用历史的眼光思考人类社会的发展规律，形成正确的价值判断和认识。笔者从平时的课堂教学入手，精心设计教学环节和教学过程，逐步落实并培养学生的家国情怀核心素养。

如今初中历史教材已经过多次修订，内容逐渐趋于完善，教师要从课堂教学目标出发，善于围绕核心素养内容展开教学资源开发。以《甲午中日战争与列强瓜分中国狂潮》为例，课标对本课的要求是：了解甲午中日战争的主要战役和《马关条约》的主要内容，初步认识《马关条约》与中国民族危机加剧的关系。通过对甲午中日战争战败原因的分析，使学生认识到社会制度落后、武器技术落后是我国被动挨打、遭受屈辱的主要原因，使学生认识到民族独立是实现现代化的前提，培养学生对国家民族的历史使命感和社会责任感；培养学生树立制度创新、科技创新意识。因此，在进行教学设计的过程中，笔者始终围绕课堂教学目标、家国情怀核心素养进行教学资源的开发和教学内容的整合。

一、国之殇——甲午中日战争的相关史实

在讲述甲午中日战争的内容时，虽然战争结果是中国没有取得胜利，但是在战争过程中涌现出很多英雄人物和事迹。历史课程中的英雄人物，往往是在历史

长河中对人类的生存与发展产生过重要影响，闪耀着人性光辉的优秀人物，学习这些人物，有助于在学生心灵深处厚植英雄情怀，由此培养以家国情怀为核心的历史学科核心素养。

在让学生介绍他们知道的甲午中日战争中涌现的英雄事迹的基础上，通过智慧课堂展示这些英雄人物的英勇事迹，向学生传播正能量，使学生切身感受邓世昌等爱国官兵所体现出来的英勇无畏、不怕牺牲的精神和中国人民不屈不挠的意志品质，激发学生学习英雄人物为了国家勇于献身的爱国情怀。

教师在讲解时，通过智慧课堂展示教材相关内容：

> 致远舰管带邓世昌，在战舰受损严重且弹药不足情况下冲向日舰吉野号，准备与敌人同归于尽，后不幸中弹，与舰同沉，壮烈殉国。光绪帝挽联写道："此日漫挥天下泪，有公足壮海军威。"

> 经远舰管带林永升，命炮舰发炮先后击中"吉野""高千穗"等日舰。战至下午3时30分，经远舰已中弹甚多，被划出阵外，遭到四艘日舰围攻，林永升指挥经远舰"奋勇摧敌"。尽管敌我力量悬殊，但"经远"全舰将士"发炮以攻敌，激水以救火，依然井井有条"。"经远"以一敌四，毫无畏惧，"拒战良久"。激战中，林永升不幸"突中炮弹，脑裂死亡"，时年41岁。舰上大副、二副亦先后牺牲，经远舰终在烈焰中沉没，全舰231人阵亡。

> 黄海海战中丁汝昌受伤后，刘步蟾代为督战指挥，鏖战三时许，多次击中敌舰。次年，刘步蟾在威海卫海战中英勇抗敌，以身殉国。

> 左宝贵，民族英雄，"甲午三英"之一。甲午海战中，身受重伤仍坚持督战、炮击日军，后中炮牺牲，牺牲后连尸体都没有找到，令人敬佩。

二、殇之因——战败的原因

在讲述甲午中日战争战败的原因时，通过智慧课堂展示以下材料：

材料1：军备、军制、军事谋略等的较量

战争爆发后，清朝政策并不曾切实统筹全局，南洋、福建、广东三支南方舰队之于北洋战事如隔岸观火，拒不增援。陆军各营队则各有来路，各事其主……失陷前，清军凡30余营，"六统领不相系属""诸将互观望，莫利前击敌""不拒险，不互援，致以北洋屏障拱手让人"，在日军攻势面前不堪一

基于核心素养的中学历史教学探索

击，纵有湘军老帅刘坤一前往压阵，也是回天乏术了。难怪黄遵宪击节悲歌：
"噫吁哉！海陆军！人力合，我力分。如蠖屈，不得申；如斗鸡，不能群。"

——郭世佑《甲午中国战败琐议》

材料2：近代化改革之比较

中国文武制度，事事远出于西人之上，独火器万不能及。中国欲自强，则莫如学习外国利器；欲学习外国利器，则莫如觅制造之器。

——李鸿章

政治上：废除旧制度，建立新体制；经济上：殖产兴业，发展资本主义经济；文化上：倡导"文明开化"；军事上：建立新军队；……

——日本明治维新的内容

材料3：思想观念之比较

国不知有民，民不知有国。人民只有宗族意识，没有国家和民族意识。当近代列强并起，中国需要以民族国家的整体力量应对列强的侵略时，这种国民意识的薄弱，就成了一个严重短板。……战争从来就不是老百姓的事，甚至不是军人的事。

甲午战争时期，日本的近代国民意识已基本形成。日本多数民众在"伸张国权"思想鼓动下，被导向支持战争、参与战争，实现了"整个国家之力"。

——《甲午殇思》

学生通过阅读以上材料，分析并说明自己对失败原因的看法，然后教师做出总结，得出结论：甲午中日战争战败的根本原因在于腐朽没落的封建主义无法战胜新兴发展的资本主义。

接下来笔者让学生进行分组讨论、合作探究：请结合甲午中日战争的经过和失败原因，谈谈你的感想。在学生回答的基础上，笔者总结："甲午中日战争中，中国的战败也宣告了洋务运动的破产，这场学习西方的运动只学习了西方的科技，没有完善自身的政治制度。因此当代中国的改革开放不能照搬照抄西方的文明成果，必须从中国国情出发，走中国特色的社会主义建设道路，要始终坚持以经济建设为中心，提高综合国力，因为弱国无外交，落后就要挨打。"通过这样的讨论分析，开拓学生的视野，培养学生的历史使命感和社会责任感。

三、殇之思——战败的影响及反思

设计一：智慧课堂展示丘逢甲塑像及其诗作《春愁》："春愁难遣强看山，往事惊心泪欲潸。四百万人同一哭，去年今日割台湾。"通过这首诗，引出《马关条约》的签订，同时让学生回忆中国古代史中关于台湾的知识点，让学生认识到台湾自古以来就是中国领土不可分割的一部分，坚决维护国家统一，为早日实现祖国统一努力。

设计二：学生分组合作探究，绘制表格对比《南京条约》和《马关条约》的不同点。通过对比分析，使学生认识到《马关条约》是《南京条约》以来中国签订的危害最严重的卖国条约：

（1）清政府割辽东半岛、台湾全岛及所有附属各岛屿、澎湖列岛给日本，不仅使大片领土沦为日本的殖民地，而且严重削弱了中国的国防，便利了日本对中国的进一步侵略。

（2）巨额赔款，不但加重了中国人民的负担，而且加剧了清政府的财政经济危机。为偿付赔款，清政府不得不大借外债，帝国主义国家则通过附有苛刻条件的贷款，进一步控制清政府，使清政府更加依附于帝国主义。同时，这笔赔款，也增强了日本的侵略力量。

材料4：中国赔偿2亿两白银，再加上3000万两的赎辽费，按当时日元计算，加上利息，共计3.6亿日元。这笔巨额赔款相当于当时日本4年的国家预算额。这些钱是怎么用的呢？是按照军事费用84.7%，皇室费用5.5%，教育基金2.8%及其他部分来分配的。日本为了实现军国日本、天皇制社会、教育立国的目的，最大限度地利用了这笔赔偿金。日本军事实力迅速增长，教育以及工业得到发展，迅速成为帝国主义强国，成为日后侵略我国的最主要国家。

通过对这段材料的讲解，让学生认识到发展教育和发展国防的重要性。

（3）四个通商口岸的开辟，等于把中国最富庶的长江流域和江浙两省，向日本同时也向其他帝国主义开放，便利了列强向中国倾销商品，掠夺原料。

这里设计与新时代中国对外开放作比较，不同历史时期的开放，一个被动一个主动。让学生深刻认识到民族解放、国家独立是民族振兴、发展的前提，先烈们没有实现的强国梦，今天实现了，以此激励学生，沿着中国梦的道路，为振兴中华奋勇向前。

（4）允许日本在中国开设工厂，直接阻碍了民族工业的发展。同时，这条内容也反映了帝国主义对中国输出资本的要求。而资本输出必然导致在中国划分"势力范围"和强租租借地。引出列强瓜分中国的狂潮，中国陷入空前的危机之中，面临着亡国的困境。同时展示《时局图》，使学生身临其境地感受到个人命运与国家命运息息相关，帮助学生树立振兴中华的历史责任感。

总的来说，在初中的历史教学中，培养学生的家国情怀核心素养是一个长期而复杂的过程，但也是历史课堂教学必须达成的目标之一。教师需要不断提高自身的教学素质，创新教学方式，完善教学模式，以更加有效地培养学生的历史学科核心素养，促进学生更好地成长和全面发展。

家国情怀素养落地的策略思考

安徽省芜湖县第一中学　强文俊

通过研读《普通高中历史课程标准（2017年版2020年修订）》，结合长期以来的教学实践，笔者认为只有把家国情怀素养具体化和目标化，才有助于教师在课堂上落实。从认知层面和思维发展来看，培养和提高学生的家国情怀素养需要从四个方面廓清家国情怀素养的内涵，从而确定培养家国情怀素养的路径与策略。

一、坚持以唯物史观为引领的政治情怀

历史学是在一定历史观指导下叙述和阐释人类历史发展进程及其规律的学科。党的十九大明确提出："要全面贯彻党的教育方针，落实立德树人根本任务，发展素质教育，推进教育公平，培养德智体美全面发展的社会主义建设者和接班人。"培养学生的家国情怀，必须在正确史观的指导下，坚持正确的政治方向。只有方向正确，才能执行到位，只要方向正确，就不怕路途遥远。

20世纪90年代以来，随着改革开放大潮的汹涌澎湃，历史虚无主义思潮趁机沉渣泛起，卷土重来。这种貌似学术争论的思潮，打着"反思历史""还原历史"等旗号，歪曲和否定中华民族五千年的文明史，歪曲和否定中国人民近代以来的革命史，歪曲和否定中国共产党的奋斗史，歪曲和否定中华人民共和国的发展史。[①]

唯物史观是揭示人类社会历史客观基础及发展规律的科学的历史观和方法论。只有运用唯物史观的立场、观点和方法，才能对历史有全面、客观的认识。历史虚无主义否定历史发展规律，任意解构历史，以支流否定主流，以个别否定一般，以细节否定整体，这种史观指导下养成的所谓"情怀"必定是狭隘的、偏执的、

---

① 田居俭.同错误思潮斗争是马克思主义发展的规律[N].中国社会科学报,2015-01-16(A04).

自私的，这是我们教学中必须唾弃的。"家国情怀"是一种基于"家国同构"基础上的家国一体情感，没有大"国"的繁荣富强，就不会有小"家"的安宁富裕，这是世界历史发展进程，特别是中国近代历史给我们的有力启示。

二、建构时空观念基础上的历史价值情怀

普通高中的培养目标之一就是进一步提升学生的综合素质，着力发展学生的核心素养，使学生具有理想信念和社会责任感，历史学科因为其学科特质而具有这方面独特的优势。历史学科知识是建构在历史时空基础上的，对历史的认识必须从时空观念的基础之上出发。没有具体时空观念的家国情怀，犹如无源之水、无本之木。缺乏时空的支撑，家国情怀就无法在学生心灵深处落地生根。这就需要我们开发课程资源，引领学生深入历史，建立历史与主体的有效联系，激发学生学习的热情。

如学习《戊戌变法》，很多学生对谭嗣同的死不理解。如果老师能通过情境或问题设置让学生触碰到19世纪末的中国脉动，深入谭嗣同生活的时空中去，让学生切身感受潮流挟裹下的谭嗣同的孤独与彷徨、无助与无奈、绝望与期盼，学生就会对谭嗣同的死多出一份理解与尊重。张汉林在《以理解为中心的历史教育》一文中针对"如何理解"提出：理解的基本原则是，在时间中思考；设身处地地思考，置于脉络中理解。[①]历史不能苛求，历史理解需要设身处地，需要心灵换位，还需要温情与善意。若只知一味以现代标准去衡量古人，则所得结果必然"去古人之真相愈远"，家国情怀少了尊重与敬意，也必然无法产生共鸣。只有准确理解历史的时空定位，才能深入理解那个时代的需求与特点。有了时代烙印的家国情怀才是有源之水，找到了落脚点的家国情怀才深刻、具体、真诚、感人、持久。

三、探索以史料实证为路径的求真格物情怀

历史过程是不可逆的，认识历史只能通过现存的史料，史料是通向历史认识的桥梁。要形成对历史正确的、客观的认识，必须重视对史料的搜集、整理和辨析，去伪存真，去粗取精，这是历史学的重要方法。格物情怀就是一种对历史追本溯源、打破砂锅问到底，力求还原历史现场的求真探索的精神。历史研究要凭

---

① 张汉林.以理解为中心的历史教育[J].中学历史教学参考,2016(9):15.

证据说话，历史教育也需要培养学生用证据说话的意识和能力。如果史料不真，其教育效果亦必然大打折扣，甚至适得其反。人教版高中历史教材必修3第18页"历史纵横"栏中有这样一则史料：

据说，有一次王阳明和他的朋友在郊外观赏风景时，朋友问：山岩中的花树自生自长，与人心感觉与否无关，你认为呢？王阳明说：你来看花树，它才存在；你不去看，山中的花树就不存在。这个故事反映了王阳明的心学思想。王夫之则认为世界万物都是客观存在的。他说：浙江有座山，我没有去过那座山，就说那山不存在吗？提出了与王阳明针锋相对的观点。

学生对王阳明的这段话很不解。在前一课中学生已经了解了王阳明的生平，知道他不仅是杰出的思想家，也是政治家、军事家和教育家。这段话实在不像出自这么一位伟大人物之口。那么问题究竟出在哪里呢？原因是教材选用这则史料在翻译成白话文时出现了问题。原文出自《传习录》：先生游南镇，一友指岩中花树问曰："天下无心外之物。如此花树，在深山中自开自落，于我心亦何相关？"先生曰："你未看此花时，此花与汝心同归于寂。你来看此花时，则此花颜色一时明白起来。便知此花不在你的心外。"原文的意思是：你没有看此花时，这朵花和你的心都处于寂静的状态；你来看此花时，你的心同此花一起明亮起来。这与教材的译文不是一个意思。花与心发生联系，花的颜色在人心中。这个故事说明王阳明是主观唯心主义。而教材说，你不去看花，花就不存在，岂不是否定客观存在吗？①

真实是历史教学的底线，通过真实的史料，可以增加历史的真实感和学生的历史感，使学生能更贴近历史去感受历史事件和历史人物。立足于在真实基础上的分析，才有意义。历史教师应严谨而科学地对待史料，准确引用，规范呈现，才能更加高效地运用史料，更好地贯彻"尊重历史，追求真实"的课标理念。

四、培育以历史反思为动力的服务现实情怀

历史是智慧之学，但这里的智慧应该不仅仅是现成的结论，更多的应该是对历史的反思能力，能从历史中汲取经验教训，更全面、客观地认识历史和现实社

---

① 范德新，张艳飞，曹大梅．历史教学选用史料应慎重——由人教版教材一则史料说开去[J].历史教学(中学版)，2011(5)：41-43.

会问题。学习历史就是要通过对历史表象背后的深层因果关系的揭示，不断接近历史真实，从而反思当下，为现实服务。服务现实的情怀就是通过历史学习，培养学生的借鉴意识、批判意识和创新意识，最终运用所学所得为国家、民族、社会服务。例如，关于第二次世界大战起点的各种观点，应该说都有自己的理由。但身为中国人，我们应该明白"九一八事变"对二战的影响，即"九一八事变"成为中国人民抗日战争的起点，揭开了世界反法西斯战争的序幕，中国成为世界上最早反抗法西斯、抗击法西斯时间最长的国家。

　　总之，家国情怀素养是我们历史教学的"魂"。失去了"魂"，历史教学也就迷失了方向。历史教学的家国情怀有多种，但任何一种家国情怀必须以唯物史观为引领，这是家国情怀落地的方向；对历史的温情与尊重，必须以具体时空观念为基点，这是家国情怀建构的基础；史料实证是历史学习的特质，也是家国情怀养育的路径，只有不断地格物求真，家国情怀才会根深叶茂；历史反思是学习历史的原动力，服务现实才是家国情怀的归宿。

巧用微课资源培育初中生时空观念素养的路径探究①

安徽省含山三中　　刘静

微课资源对于教学意义重大，但是多数教师仅在参与相关信息技术比赛时才会构思如何设计微课。平时，鲜见微课资源被运用于教学中。微课，它具有"短小精悍"的特征，时间通常为10分钟以内，往往围绕某一个主题展开，依托信息技术进行设计，有利于系统涵育学生的历史学科核心素养。作为信息时代的教学资源，微课资源以信息技术为依托，无论在内容的呈现上，还是在信息的传播上，均有着传统资源无可比拟的优势，可以有效丰富高中历史课程资源，助力学生核心素养的培养。②当然，它也能够促进初中生历史学科核心素养的发展。以下是笔者运用微课资源培育初中生时空观念素养的相关实践与反思。

一、创设历史情境，贴近时空现场

历史远离学生的生活，他们很难基于特定的时空视角去认识与评判。《义务教育历史课程标准（2022年版）》明确提出："能够将事件、人物、现象等置于历史发展的特定或总体进程及具体的地理空间加以考察，并从历史发展的角度认识其地位和作用。"初中阶段学生需要达到水平相应的要求，所以我们可尝试引领学生走进历史现场，培养学生形成"历史理解之同情"的态度。借助微课创设历史情境，可达成此目的。

例如，笔者在执教统编历史教材七年级上册时，发现学生对分封制实行的背景难以理解。对此，笔者制作一个微课，利用地图介绍商朝和西周初年的政治形

---

① 本文系2020年度安徽省教育信息技术研究课题"基于微课资源涵育初中学生时空观念素养的实践研究"（编号：AH2020137）的阶段性成果。

② 张志伟.微课在提升历史核心素养中的有效性浅析[J].新课程导学，2022（5）：83-84.

势。商朝地处中原地区，它实行内外服制度，方国的离心力很强。周部族起源于西部地区，商朝灭亡后，它占有了东方大片领土。然后，笔者创设如下情境：此时西周疆域如此辽阔，当时的生产力却不发达，又该如何统治这广阔的地区呢？原有的内外服制度还能推行下去吗？基于这样的思考，学生方才理解分封制的实行是当时历史的必然。

又如，笔者发现学生在学习统编历史教材八年级上册《人民解放战争的胜利》一课时不能指出刘邓大军跃进大别山的重要意义。同样，笔者将人民解放战争的进程制成微课，具体给学生呈现出我军在防御阶段的战争态势图，再呈现出刘邓大军跃进大别山的示意图，并将二者进行比较。然后展示材料：时任晋冀鲁豫野战军第二纵队司令员的陈再道回忆道：前几个月在冀鲁豫地区拉锯式的战斗，打过来，打过去，有些地方，老百姓的耕牛、猪、羊、鸡、鸭几乎都打光了。地里种不上粮食，部队没饭吃，怎么能打仗？当时晋冀鲁豫边区政府的财政收入，绝大部分都用于军费开支。……野战军、地方军加起来四十多万人，长期下去实在养不起。我们早一点打出去，就可以早一点减轻解放区人民的负担。战争，是军事、政治、经济的总体战。再强的军队，没饭吃是打不了仗的。[1]通过历史情境的创设和不断发问，学生便能够从当事人所处的时代背景去分析问题，最后他们认识到中国共产党在当时做出战略反攻这一抉择和刘邓大军跃进大别山的紧迫性、必要性和关键性。

二、用好历史地图，激活时空思维

历史地图承载了一段时期的历史，它能够激活学生的时空思维，让学生在历史变迁中形成历史解释。例如，在执教统编历史教材七年级上册《汉武帝巩固大一统王朝》一课时，为了使学生理解汉武帝采取"推恩令"政策的做法与意义，笔者曾在微课中展示了以下地图：

① 金冲及.二十世纪中国史纲:第二卷[M].北京:社会科学文献出版社,2019:610.

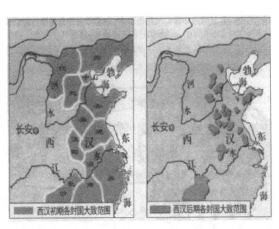

很显然，在对比中学生感受到了西汉初期诸侯国势力的强大，而在西汉后期诸侯国势力受到了极大的削弱。随后，笔者在微课中引导学生去思考造成这一现象的原因何在？与此相关的举措是什么？在图片展示、情境创设和任务驱动的过程中，学生的时空思维被激起，最后，再调动所学知识予以分析问题、解决问题。同样，在学习元朝的行省制时，笔者在微课中呈现出以下两幅地图：

第一幅图是北宋时期地图，第二幅图是元朝地图，那么二者在地方行政制度上有何差异？这种变化反映了元朝行省制的什么特征？其背后反映的实质问题又是什么？在叙述中，学生才逐渐察觉到宋朝的地方行政区划较多，它依据山川而设。元朝的行省则是犬牙相错，地形特征在当时被忽略，它不便于地方势力割据一方。如此，学生对行省制的建立、意义等才有了更深刻的认识。

三、贯通历史脉络，强化时空意识

历史事件不是孤立存在的，彼此之间常有关联。法国年鉴学派代表人物布罗代尔曾指出，历史可分为短时段、中时段和长时段。常规的单课教学，学生只是孤立了解某一事件，未能从宏观上认识长时段的历史。所以，我们要不断引导学生构建知识网络，贯通历史脉络，进而强化时空意识。教师可借助微课，围绕同一主题，从横向、纵向两方面深挖内容，实现深度教学。

例如，在学习家庭联产承包责任制时，笔者让学生分别列举出中国共产党在土地革命时期、抗战时期、人民解放战争时期、新中国成立初期等不同阶段所实行的土地政策。在此基础上，让学生说明其中的变化及引起变化的因素。以上内容跨度大，让学生在时代穿梭中意识到中国共产党始终坚持"以民为本"，以民族与国家利益为根本，能够依据国情不断调整政策。又如，在学习"一五"计划时，教师可提供洋务运动时期的军事工业与民用工业，以及近代民族资本主义经济的发展状况，并进行对比。对比中，学生对"只有中国共产党才能救中国""只有中国共产党才能发展中国"有更深刻的认识。

在打通纵向联系的同时，还要打通横向联系，中外关联即是如此。例如，在学习第二次工业革命时，为了让学生更加准确地理解它的影响，笔者在微课中先是补充甲午中日战争后列强掀起瓜分中国的狂潮和《马关条约》的内容。随后，在微课中展现20世纪初的世界地图与资本主义国家的工业产值，西方国家经济、政治发展的不平衡最后导致了第一次世界大战的爆发。如此设计，在横向关联中，学生的时空意识得到了强化。

总之，微课资源对于涵育初中学生时空观念素养有着重要作用，教师需从多个维度运用多种方法进行设计。当然，随着《义务教育历史课程标准（2022年版）》的出台，教师还需研读新课标中有关历史学科核心素养与学业要求的内容。另外，微课是一种信息技术资源，教师要基于课程内容将其优势充分发挥出来。

运用信息技术手段，提升历史学科核心素养

——以部编版七年级下册《宋代经济的发展》为例

芜湖荟萃中学　袁广雪

"核心素养"直接指向个体的价值观、必备品格和关键能力，这不仅是对"三维目标"的发展和深化，更直接指向教育的育人功能。这种转变，要求教师进一步改进教学方式，促进学生自主学习、合作探究学习。因此，在教学设计中，教师需要充分挖掘教学内容，优化教学方式，设计学生活动，在教学过程中紧紧围绕提升学生的历史核心素养这一主题，而信息技术手段的运用，无疑将会帮助教师快捷实现这一目标。

本文以部编版七年级下册《宋代经济的发展》一课为例，谈谈在初中历史教学中，应当如何与时俱进，运用先进的信息技术手段来服务于历史教学工作，从而达到提升学生历史学科核心素养的目的。

一、依据课标：教学设计主旨化

突出学生的主体地位，是提升学生历史核心素养的首要因素。《义务教育历史课程标准（2011年版）》指出，历史课程改革要树立以学生为主体的教学观念，倡导学生积极主动地参与教学过程，同时鼓励教师创造性地探索新的教学途径，改进教学方法和教学手段，激发学生学习历史的兴趣。所以，在教学设计时，教师就应当着重思考如何在信息技术的支撑之下，设计丰富多样的学生活动，突出学生的主体地位。笔者将本课的教学目标设计如下：

表1 《宋代经济的发展》教学设计

三维目标	实现方法	信息技术手段	学科核心素养
知识与能力	依据课标	希沃白板、思维导图、蒙层、克隆、绘制、书写功能	史料实证
过程与方法	学生主体	抖音、剪映视频制作、配音软件、希沃白板	史料实证 时空观念
情感态度和价值观	教师引导	魔力相册软件	家国情怀

通过对三维目标的设计，我们发现，教师可以借助多种多样的信息技术手段，来实现教学目标和提升学生的历史学科核心素养。当然，在设计过程中，不仅要有清晰的知识脉络，完备的知识储备，还要合理创设情境，架设知识框架。

二、创设情境：教学内容结构化

《普通高中历史课程标准（2017年版2020年修订）》指出：教师在教学设计时，需要整体梳理教学内容，把握每一学习专题所涉及的范围、重要史事和核心问题，并将这些核心问题的解决与学生历史学科核心素养的发展联系起来。从这一理念出发，在认真梳理本课资源的基础上，笔者通过深入挖掘，重新整合，将教学内容分为以下四个环节：

环节一，农业篇：绿野千里 协调各方。

主要介绍宋代农业经济的发展。在此环节，通过展示文字材料、图片信息（宋代《耕获图》）等，带领学生从古画中获取宋代农业的相关信息。

环节二，手工业篇：匠心独具 创新乃强。

此部分主要展现宋代手工业经济的繁荣。教材主要选取纺织业、制瓷业和造船业为典型，教学思路与上一环节类似。

环节三，商业篇：名扬四海 开放至上。

宋代的商业经济是本节课的重点，知识点纷繁复杂，涉及市镇的发展、纸币的出现和海外贸易的繁荣等诸多方面；同时，每个部分又有不同的发展表现，考点较多。

环节四，格局篇：北雁南飞 盛世共享。

宋代南方农业经济发展的原因在本课第一环节就已经有所提及，但为了教材整合的需要，笔者把这个问题归类到经济重心南移的原因里面加以解决。在学生充分掌握史料史实的基础上，带领学生一同探讨经济重心南移的过程，分析经济重心南移的原因。最后，论及当代中国的发展应当遵循的五大发展理念，增强学生的历史使命感。

以上四个环节，逻辑线索清晰，主题清晰明确，有利于学生建构一个完整的知识体系。如何创设历史情境导入新课呢？高中历史课标提出以主题为引领，使课程内容情境化，促进学科核心素养的落实。既然好的情境有利于达成教学目标，笔者力求创新，利用抖音和剪映软件制作了本班黄同学穿越到宋代的一段视频素材（视频略）来导入新课。

这里创设黄同学无意间穿越到了宋朝，只有同学们完成角色生存挑战，才能帮助黄同学回到21世纪。学生在看到这个导入视频时，立即眼前一亮。这不仅成功激起了学生的学习兴趣，更减轻了学生的学习压力，缓解了他们的紧张感。紧接着，笔者创设出三个角色生存挑战情境，由学生自主选择角色，进一步活跃课堂氛围，同时提升他们获取历史信息的能力。

在设计角色的时候，笔者特意选择了沈括、黄道婆和外国商人阿里巴巴三个人物，分别引出农业、手工业和商业三个模块的学习。因这三个名字对于学生而言相对熟悉，且或多或少与本土史料有着千丝万缕的联系，容易引导学生对于该部分问题的探究。同时，针对每个人物，笔者都编写了一段相关的独白，用配音师等软件予以播放，给学生耳目一新的感觉。以此方式导入可谓水到渠成，事半功倍。

最后本节课以播放黄同学回到21世纪的视频作为结尾。显示通过大家的共同努力，我们的挑战任务已经完成，成功实现首尾呼应。以新颖的方式导入，以史料实证的方法解读，将三个"小部分"串联成为一个"大部分"，以连贯的逻辑、线索，结构化地推进各个模块的解读——这就是本课教学的特色所在。

三、应用技术：核心素养延伸化

1.精选课本史料，提升史料实证素养

史料的类型多种多样，其中，图画以其直观、生动的外部状态，鲜明、具体的时空特性，占有重要地位。笔者在介绍宋代农业经济这一部分时，就通过信息技术手段，三次解读宋代杨威创作的绢本设色画《耕获图》，帮助学生从图画中获取有价值的历史信息，并渗透史料实证、家国情怀核心素养。

一看《耕获图》，笔者请学生在仔细观看这幅风俗画之后进行提问：图中反映

了哪些农业生产场景？请同学们将农业生产标志拖拽到相应的农业生产区域。"看图识农事"活动的设计，需要借助希沃白板的拖拽功能，让学生上台自主操作，将农事生产标志拖拽到图画中的相应农业生产区域，从而全面深刻地了解《耕获图》中的农业生产信息。

二看《耕获图》，笔者提问：为什么既有收割又有插秧，两种农业活动同时进行，这说明了什么？结合地理知识，使学生得出水稻一年两熟以及复种技术的结论。笔者趁热打铁，引导学生猜测田中种植的水稻品种，从而过渡到宋朝从越南引进占城稻这一细节知识。

三看《耕获图》，笔者通过希沃白板的书写功能，圈出远处的山坡，提醒学生关注山地可能种植的经济作物，从而引出宋代两种重要的经济作物——茶叶和棉花，并以之提及海上丝绸之路的相关知识，结合时事谈及"一带一路"战略，不断拉近历史与现实之间的距离。

在希沃白板等信息技术的支持下，笔者不断挖掘《耕获图》中的细节，帮助学生获取更多的历史信息。通过对图画的解读，我们不仅能够体会到时人的田园乐趣、浓郁的生活气息，更可以直接得出宋代农业发展的两点表现。在这一过程中，笔者努力去培养学生的自主学习能力，让学生依据史料提出自己的看法，从而达到提升学生史料实证核心素养的目的。

2.结合地图图片，强化时空观念素养

任何历史事物都是在特定的、具体的时间和空间条件下发生的，只有在特定的时空框架当中，才可能对史事有准确的理解。与图画类似，历史地图也具有直观、全面的特点；并且，解读历史地图，对于学生的历史学科核心素养提出了不一样的要求。笔者通过展示材料与复习所学知识，说明盛唐时期海上丝绸之路最远已到达印度半岛南端和斯里兰卡。宋朝的海外贸易超过前代，是当时世界上从事海外贸易的重要国家。

这里，笔者设计了学生活动，在希沃白板上展示《宋代海外贸易图》，依托希沃白板的书写功能，请学生上台画出宋代海外贸易路线，并圈出宋代海外贸易的主要港口、最远到达地，并标记出市舶司的位置。在绘制海外贸易路线的过程中，学生的空间观念树立了起来。这种让学生实际动手操作的方式，提高了学生的课堂参与度，突出了学生的主体地位，其效率远超单纯地观看。

为了使学生更好地理解本课的重难点——经济重心南移，笔者也进行了精心的设计。首先，展示《经济重心南移》地图，利用希沃白板的书写功能，在地图中标注出宋代的粮食中心、制瓷中心、港口中心、纺织业中心、商业中心等位置，让学生在实际动手过程中顺理成章地得出经济繁荣地区在南方的结论；其次，依据中国古代经济重心南移的三个阶段，笔者设计了一条时间轴：魏晋南北朝时期，江南地区经济得到开发，经济重心在北方→唐朝中期至五代十国时期，北方战乱，经济重心开始南移→南宋时期，经济重心南移完成。在希沃白板上利用地图和时间轴进行教学，可以有效地帮助学生建立起时间和空间的框架，培养学生的时空观念。

3.纵论古今发展，涵养家国情怀核心素养

家国情怀是培养学生价值追求的最高目标，也是历史课程最基本和最重要的教育理念。如何在运用信息技术手段的同时，涵养学生的家国情怀，是笔者在教学中始终要思考的问题。

例如，在介绍宋朝制瓷业时，教学目标要求学生掌握五大名窑，并体会宋代高超的制瓷技术。在处理这个知识点时，笔者没有采用传统的图片展示法，而是利用魔力相册软件将五大名窑的瓷器图片合成视频，再配上优美的背景音乐，一场精美、高端、大气的宋代瓷器展就动态地呈现在了学生眼前。在品味的过程中，学生的民族自信心、文化自豪感油然而生，这在无形中增强了学生的文化自信。在整个过程中，信息技术让家国情怀以更加自然、更符合学生年龄特点的方式渗透进学生心中，起到润物细无声的效果，最终实现学生核心素养的提升。

笔者拟定的"绿野千里 协调各方""匠心独具 创新乃强""名扬四海 开放至上""北雁南飞 盛世共享"四环节标题，隐含着创新、协调、绿色、开放、共享五大新发展理念，并以之贯穿本节课所有环节，最后在本课结尾处得以强调，从而跨越千年，将历史与现实相结合，既升华了情感，更涵养了学生的家国情怀。

随着新课改的推进，学界对于历史学科核心素养的研究也日渐深入。笔者认为，在新的教学环境下，借助信息技术手段，使之贯穿于教学始终，创设有趣情境，增加师生互动，促进学生总结反思，让学生在回溯过往中受到启迪，从而全面提升他们的历史学科核心素养。

现代信息技术与唯物史观的融合初探

——智慧课堂教育环境下培养学生唯物史观的探究

芜湖市南陵县漳溪初中　刘蕾

一、智慧课堂的应用提升了历史课堂教学效率

由于现代科学技术的不断发展，传统教学课堂已经逐渐不能满足现代化教学的需求。根据国家对传统教学的改革（颁布了《教育信息化2.0》）要求，新形势下，应对各类智慧课堂软件输出的更全面的信息技术、教学活动、教学方法、课堂活动形式、教学和数据管理等，需要教师提升对现代化教学工具的运用能力，让技术为教育教学服务，将信息技术与教育教学相融合。

1.智慧课堂引发了历史课堂教学模式的变革

智慧课堂的推广是时势所趋，是时代进步在教育教学上的表现。对于"素质教育"高要求，传统课堂已经无法满足学生获取丰富知识的要求。传统课堂教学存在模式单一、学生听课状态依赖于教师主导判断、课堂活动参与度不高等现象。教师们缺乏有效直观的手段来检测学生的学习状况，智慧课堂则可以运用现代教学媒体，创新教学方式，引起教学模式变革，实现教学最优化，寓教于乐，提高教学效率及质量。

2.智慧课堂为历史课堂教学提供了技术支撑

在日常的授课过程中，笔者主要利用希沃白板作为授课的载体，并初步掌握了它在备课、授课、作业布置、数据收集等方面的功能。在备课环节，资源库中的历史备课资源有课件、视频、习题等，提高了备课效率。在授课过程中，生动有趣的分类、竞赛、填选、互评等课堂活动有利于激发学生的学习动机和促进学生保持注意，为学生提供丰富的感性材料，把抽象的概念具体化，使学生能从中提取学习的本质属性，从而促进智力发展。作业可在课堂中直接布置并收集学生

作答数据，根据结果反馈自动形成评价，有效地解决了传统历史教学课堂中的问题。

比如，针对历史教学中无法用生动语言解决的时空问题、干枯乏味的唯物史观问题，都可以利用智慧课堂生成反转课堂，利用视频教学、课堂练习的教学模式，发挥学生的主观能动性，化繁为简、化难为易，解决枯燥无味与复杂的历史问题，培养学生的历史学科核心素养。

二、利用智慧课堂培养学生的唯物史观核心素养

1.唯物史观与历史核心素养

历史观是人们对社会历史的根本见解。在历史唯物主义诞生以前，人们总是从神的意志、卓越人物的思想或某种隐秘的理性，即从某种精神因素出发去解释历史事件，说明历史的发展。唯物史观作为历史学科五大核心素养之一，是揭示人类社会历史客观基础及发展规律的科学历史观和方法，包含：社会存在决定社会意识、生产力决定生产关系、经济基础决定上层建筑、人民群众是历史的创造者、人生的真正价值在于对社会的贡献等。学会用辩证的唯物史观去分析历史问题，是客观分析历史的重要基础，也可以提升学生分析、解决问题的能力。培养学生的唯物史观也有利于学生历史学科核心素养的培养和发展，有利于学生形成正确的价值取向和积极向上的人生态度。

历史唯物主义强调人类社会历史是不以研究者的主观意识为转移的客观发展过程，具有一定的规律性，人们研究历史，探索社会规律，必须要从客观存在的历史事实出发，详细地占有材料，分析它的各种发展形态，揭示其内在联系，得出相应的结果。因此培养学生的唯物史观有助于学生了解历史发展的规律，发展学生的历史学科核心素养。

2.智慧课堂在教学实践中的现状

智慧校园建设与智慧教学理念，将为教育行业树立成功典范，是教育信息化发展到一定阶段的缩影。通过传播新的理念，扩展学生的思维空间，为构建发展新平台树立标志。引入智慧教育模式，既丰富了社会对高质量教育的需求，又为学校带来腾飞的机遇。但是在目前的教育环境下，智慧课堂的发展仍然存在一些问题。从教育资源分配来看，支撑智慧课堂实施的教学载体，并没有实现全面配置，教师和学生只有在学校授课的过程中才会建立联系。因此智慧课堂软件中为课后教学服务的功能实际并没有得到广泛应用，其中，农村学生的家庭因素是重

要原因之一，因此教师也无法利用信息技术的数据来分析检测学生的课后学习状况。另外，智慧课堂设备未能普及每个班级，课堂上也存在部分学生操作不熟练，甚至存在对机器本身的新鲜感超过对学科学习的兴趣的现象。

从信息技术掌握的角度来看，真正参与培训的教师较少，并未建立起有效的学习桥梁，大多数情况下教师要自己在使用过程中摸索各类功能的使用方式。因此，部分教师在课件制作过程中很难创新，如何将师生互动功能与课件制作更和谐地融合是很多年纪稍大教师面临的困难，以至于部分教师在正常授课过程中，只使用智慧课堂一些单一的功能，并未实现真正意义上的高效课堂。从教学内容看，唯物史观的培养如何有效地利用智慧课堂呈现出来，也需要教师在长期的教学实践中不断去摸索创新。

3.如何实现信息技术与唯物史观的有机结合

唯物史观的内容十分广泛。以生产力决定生产关系为例，在教学过程中，处理这对关系，笔者会运用史料、图表的形式进行阐述。以八年级下册第6课《艰辛探索与建设成就》为例，其中关于大跃进和人民公社化运动的经验教训就是为了说明生产关系改革要符合生产力的发展要求。为了更高效地使学生掌握这一唯物史观，笔者从备课、授课、作业布置等方面进行分析。在备课环节利用希沃白板插入相关影视视频，使学生在课堂中初步了解这段历史，加深学生的直观认知。视频观看完毕，利用希沃白板的课堂活动功能设置简单的填空题：大跃进与人民公社化运动实施的时间、依据、意义。检测学生自主学习与预习的成果。

接着通过图片史料和文字史料生动直观地展示当时的社会发展状况，授课中实时分发、分享教学资源及学习资料，说明大跃进与人民公社化运动的区别与特点。关于这一时期的图片材料丰富形象，比如《一个萝卜千斤重，两头毛驴拉不动》《肥猪赛大象，只是鼻子短，全社杀一口，足够吃半年》等漫画，极易引起学生兴趣。通过数据收集后的学生互评、投票功能，教师可动态预览全班学习进程，并进行分屏对比、点赞、投票互动，让学生体会主动参与课堂的愉悦，活跃课堂气氛，并向学生解释这些漫画源于当时的社会现实，体现了唯物史观中的社会存在决定社会意识。随后利用软件的问题设置功能，设置选择题和观点探究题，检测学生对基础知识点的了解状况，利用智慧课堂的信息技术将唯物史观的教学内容紧密结合，以易用的备课授课系统、丰富的教学资源和灵活的教学工具，为师生提供优质的数字化课堂教学服务，让教学生动有趣、课堂组织高效有序、教学效果反馈及时、教育评价有据可依。

在升华唯物史观的过程中，使用希沃白板中的学科功能，利用折线图结合前面的图片和文字史料，展示当时中国社会的经济发展状况，特定的历史节点设置为填空题，学生自主填写并上交。通过中国在全面建设社会主义的艰辛探索历史中，请同学们利用折线图总结这段经济建设中获取的经验教训。利用希沃白板发送主观题，请学生对这段历史的原因、结果进行总结，并利用数据分析学生上传的结果。根据结果展示，提取主要观点，加以概括：生产关系要符合生产力发展状况。由于学生很难理解生产关系与生产力这类专有名词的含义，在对其含义进行解释后，并用动画演示将生产关系与生产力比喻成鞋与脚，通过"鞋合不合脚"的问题设置，得出结论：此时对生产关系的局部调整超越了生产力的发展状况，不符合历史发展规律。将复杂乏味的问题通过智慧课堂软件的各项功能转化为简单有趣的知识，实现信息技术与唯物史观的有机结合。

　　智慧课堂与历史唯物史观的培养是一个长期的过程，需要教师对信息技术和教学内容进行合理有机地融合，因此对教师的个人素养提出了更高的要求。作为教师也要立足于实践，不断创新，贯穿终身学习的教学理念，才能与学生共成长，同进步。

借力历史智慧课堂，培育史料实证素养

——以《抗美援朝》一课教学为例

芜湖市南陵县许镇镇华林初中　陶敏

《义务教育历史课程标准（2022年版）》明确指出：在历史学科五大核心素养中，史料实证素养是历史学习的必备技能，是其他素养得以达成的必要途径。在义务教育阶段，要求学生初步学会依靠可信史料了解和认识历史。对于学生来说，史料实证素养的提高也有助于他们进一步掌握学习历史的方法。因此在素养立意时代的初中历史教学中，史料实证素养也是培育学生核心素养的一个重点。"智慧课堂"是指利用大数据、云计算、物联网等新一代信息技术打造的智能、高效的课堂。它是基于动态学习数据分析和"云端"的运用，实现评价反馈即时化、交流互动立体化、资源推送智能化，全面变革课堂教学的形式和内容，构建大数据时代的信息化课堂教学模式。借助信息技术及各种智能终端，让课前、课中、课后融为一体。作为一线教师，我们应该如何把"智慧课堂"与历史学科史料实证素养的培育有机结合起来呢？

本文结合笔者教学实际，以统编版八年级下册第2课《抗美援朝》为例，利用希沃白板、希沃易课堂和班级优化大师等软件，从课前、课中和课后三个环节谈谈如何借力历史智慧课堂，培育学生史料实证素养。

一、课前环节：下达预习任务单，引导学生自主收集史料，调动学生的学习主动性

在《抗美援朝》一课中，课前笔者通过"班级优化大师"平台的"发送通知"，向学生推送预习任务单：（1）网上查阅"三八线""联合国军"的概念；（2）观看视频《上甘岭》《英雄儿女》，了解抗美援朝的重要战役和英雄人物；

（3）收集有关抗美援朝中的英雄人物及事迹；（4）研读与本课相关的报告文学：《谁是最可爱的人》。

教师根据教学任务和教学目标，向学生下达预习任务单。任务单可以是某个历史概念、视频、史料阅读或者是书籍研读……形式灵活多样，目的是引导学生自主收集史料，调动学生学习的主动性。

二、课中环节：精心设计智慧课堂教学活动，落实史料实证素养

1.合理运用史料进行情境创设，渲染气氛，激发兴趣

如《抗美援朝》一课的导入，笔者利用希沃白板插入《中国人民志愿军跨过鸭绿江》的图片，配以播放《中国人民志愿军战歌》，导入新课。这样做可以拉近学生与历史的距离，有效激发他们学历史的兴趣。将历史"复原"，使那些久远的、陌生的历史"重现"在学生面前，以鲜明的导向烘托气氛，营造情境，寓教于"情"于"境"，使学生身临其境、心感其情。

2.以"问题+史料"模式，组织学生探究史料，提升历史理解能力

如何解读史料？关键在于问题的设置。问题引领史料解读，设计有效问题是培养史料实证素养的关键环节，能够激发学生的思考和知识迁移联想能力，辅助构建学生的历史知识脉络。可以结合甄选的史料，把问题设在学生的"最近发展区"内，让学生能够带着问题解读史料。

在《抗美援朝》一课中，关于"抗美援朝的原因"，笔者先是创设问题：展示中美双方的实力对比表，面对中美实力悬殊，中国应不应该出兵？接着，利用"希沃易课堂"的"课件推送或截屏推送"功能，推送史料"毛泽东《中国人民志愿军应当和必须入朝参战》"和图片一《美军把战火烧到鸭绿江边》，图片二《美军轰炸我国东北边境地区》，图片三《美国第七舰队入侵台湾海峡》，引导学生围绕问题和史料、图片展开探讨，归纳出抗美援朝的原因。

教师以"问题+史料"模式，利用"希沃易课堂"的"课件推送或截屏推送"功能，组织学生研习史料、图片，激发学生积极思考，帮助学生对抗美援朝的原因有比较全面的认识，在一定程度上培养学生的史料实证能力。

3.设计探究活动，开展小组合作学习，培养学生论从史出的实证意识

笔者认为，历史学习要改变以往重结论轻论据、学生被动学习的现状，因此教师在学生自主探究的过程中应担当"引导者"的角色，学生在老师的引导下，自主搜集史料，继而对史料进行筛选、解读、探究，建立起对历史的自主认识，

这样才能真正实现培养学生史料实证素养的目标。在《抗美援朝》一课中，关于"抗美援朝胜利的历史意义"，笔者充分运用史料教学法，出示以下三则材料，组织学生围绕史料，从国际、国内两个方面开展小组探究活动。

材料一：它雄辩地证明：西方侵略者几百年来只要在东方的一个海岸上架起几尊大炮就可以霸占一个国家的时代一去不复返了，……在第二次世界大战后，特别是中国革命胜利后起了深刻变化的亚洲历史的前进车轮，是侵略势力所绝对不能扭转的。……这对于保障远东的和平，是一个重大的贡献。

——彭德怀《关于中国人民志愿军抗美援朝工作的报告》

材料二：中国从他们的胜利中一跃而为一个不能再被人轻视的世界大国。

——英国学者奥内尔《清长之战》

材料三：虽然从实际情况来讲中国为了朝鲜战争付出了巨大的代价，并且在一定程度上影响了国家的经济建设；但是中国获取的战略利益是最大的。一是成功地遏制了美国势力在中国周边的扩张，给国家争取了一个相对安全的发展环境。

——凤凰卫视《世纪大讲堂》专题评述

学生借助"希沃易课堂"的"答题"功能，进行互动讨论。学生在完成小组合作学习后，推选出小组代表进行成果展示。关于"抗美援朝胜利的历史意义"，学生利用不同类型的史料，对所探究的问题进行互证，这不仅培养了学生史料实证的素养和论从史出的实证意识，也培养了学生的历史解释素养。

4.及时反馈评价，关注学生的学习过程，体现以生为本的理念

（1）拍照上传，实现同屏讲解。在《抗美援朝》一课中，关于"抗美援朝精神的内涵"，笔者利用"希沃易课堂"的"拍照上传""发表观点"功能，组织学生结合以下史料动笔作答，然后拍照上传答案，同屏讲解。

材料一：上甘岭战役中，战士们用血肉之躯抵挡住了敌人的钢铁洪流。这靠的就是一不怕苦二不怕死的革命精神。

——志愿军老兵孟昭身

材料二："打仗最终还是靠人，靠人那股子精神"。一群有信仰、知道自己为什么而战的人，为了一个新世界，从容奔赴战场，向死而生。

——志愿军老兵孙孝忠

教师通过查看学生答题情况，选取一些典型的习作进行现场同屏讲解。最后，教师针对抗美援朝精神进行归纳总结。通过"拍照上传"分享课外收集来的抗美援朝中的英雄事迹，如李家发烈士的事迹等，不仅培养了学生收集史料、辨别史料的能力，也培养了学生的家国情怀素养。

（2）实时检测，课堂反馈及时有效。教师利用"希沃易课堂"的"答题"功能，向每位学生推送题目（以选择题为主），进行当堂测评。学生完成后马上提交，"希沃易课堂"系统即时生成数据。

教师实时监控学生做题情况，学生参与度高，检测学生的知识漏洞，课堂反馈及时有效。同时，教师利用数据及时表扬和激励学生，形成良好的学习氛围。

三、课后环节：知识胶囊辅导，延伸史料实证素养

教师依据学生的学习情况，利用希沃白板录制知识胶囊，可以用于突破教学的重难点、查缺补漏，课前预习或课后巩固复习，可以满足有不同需要的学生。教师通过"教师空间"，把知识胶囊推送给学生，进行个性化辅导。

这种教学模式较为新颖，能引起学生的兴趣。学生如有不明白的地方，课后自主点击，在线观看知识胶囊。也可以在平台上发布感想与疑问，与教师、同伴在线讨论交流，实现自主学习，提高历史学科核心素养。

（1）借力"智慧课堂"，激发了学生的学习兴趣。教师通过"智慧课堂"推送史料或创设活动，学生的学习热情更为高涨。只要教师有正确的引导，学生上课的注意力会更集中，参与课堂活动的积极性会更高。

（2）借力"智慧课堂"，提高了学生的学习能力和核心素养。"智慧课堂"让教师不受时空限制，给学生提供了大量的史料资源。一旦学生长期处于这样的环境下，长期在教师的引导下主动学习，他们也慢慢地学会了如何区分史料、如何收集史料、如何提取史料信息和如何运用史料论证历史史实。

总之，在初中历史课堂教学中渗透史料实证素养，与新课改要求相适应，体现了历史学科求真求实的特征。借助"智慧课堂"进行史料教学，在问题驱动下，学生通过合作探究，在历史课堂中体验并学会了论证的方法，培养了论从史出的证据意识和史料实证素养。

智慧课堂下落实史料实证素养的几点体会

芜湖市南陵县蒲桥初中　徐宏亮

2022年3月，教育部印发了义务教育课程方案和历史等16个学科的课程标准。各课程标准基于义务教育培养目标，将党的教育方针具体化为各课程应着力培养的学生核心素养，体现正确价值观、必备品格和关键能力的培养要求。引导学生明确人生发展方向，成长为德智体美劳全面发展的社会主义建设者和接班人。对学生核心素养的培养贯穿整个课程设计和教学过程。因此，教师在课堂教学中践行和落实学科核心素养就成了必然要求。

义务教育课程方案和课程标准的修订是社会发展的产物，学科核心素养的落实是以信息技术的进步为前提的。在课堂教学中，学科核心素养的培养必然会引用教材之外的各类教学资源，需要从整体上了解学习目标的达成和核心素养的落实，在没有信息化技术辅助的传统课堂中，是不可能实现的。改革开放以来，我国的课堂教学经历了"传统课堂—信息化课堂—智慧课堂"的历程，智慧课堂的广泛应用让学科核心素养的落实成为可能。在此，笔者就在智慧课堂教学中落实史料实证素养需注意的问题谈一下自己的看法。

一、注意把握智慧课堂的核心特征

智慧课堂，是指以建构主义学习理论为依据，利用大数据、云计算、物联网和互联网等新一代信息技术打造的，实现课前、课中、课后全过程应用的智能、高效的课堂。通过智慧课堂，教师在教学过程中可以进行有目的的资源推送、立体化的交流互动和及时的学习评价反馈等，从而真正做到让学科核心素养的培养落地。智慧课堂是信息技术与学科教学深度融合的课堂新形态，但目前课堂互动多是抢答、点赞、上传作业等浅层次认知投入的互动，缺少辩论、游戏、反思、合作解决问题等能够促进学生对知识进行深度加工的互动，表面"积极""活跃"的互动并不能促进学生思考力和创造力等高阶思维能力的发展。[1]智慧课堂的核心特征不是强调信息技术的使用，而是强调学生在获得知识的同时，体验和参与学习的过程，以到达较高的认知目标层级。也就是说信息技术在教学过程中只是起着学习环境创设工具、自主学习探究工具、知识建构协同工具、情感体验激励工具等认知工具的作用，学生才是学习的主体，学生的学习体验与认知才是智慧课堂的核心特征。

智慧课堂环境下的教学，提高了教师获取教学资源的便利性，但如果教师不对获取的教学资源进行过滤、筛选、整合，大量无效资源在教学中应用，不仅会增加学生学习的负担，还会占用大量教学时间，降低课堂教学效率，智慧课堂在教学中只起到了展板的作用，这样的课堂只能说是信息技术展示下的传统课堂，无法实现学生学习的主体地位，不能实现学生自主学习和合作探究。因此，教师在课堂教学中要发挥智慧课堂的优势，围绕教学目标并结合学生的学习状况、认知水平，有选择地使用教学资源，从学生学习的角度设计教学，开展有效的活动与探究，关注学生的学习体验和知识生成，不让智慧课堂教学流于形式，真正体现以生为本的理念。

二、注意史料实证素养与历史解释素养的区别

从本质上来说，所有历史叙述都是对历史的解释，这就要求我们在教学过程中做好史料实证素养与历史解释素养的区分。如下面两个例题：

例1.（2021安徽中考）老子认为"圣人无常心，以百姓心为心"，孔子提出"节用而爱人，使民以时"。二者都主张（　）

A.无为而治　　B.重农抑商　　C.儒道一家　　D.以民为本

例2.（2021安徽中考）日本官员承认，进入核俱乐部使中国"获得亚洲第一大国的称号"。中国第一颗氢弹爆炸成功后，英国媒体评论说，如果"四大国"继续假装中国弱，这是在发疯，赶紧让中国进安理会。据此可知（　）

A.核试验的成功提高了我国的国际地位

B.安理会担负着维护世界和平的责任

C.新中国恢复了在联合国的合法席位

D.新中国得到了西方各国的普遍承认

---

[1]余胜泉.智慧课堂核心是促进深度学习[N].中国教育报,2021-06-16(04).

史料实证是指对获取的史料进行辨析，并运用可信史料努力重现历史真实的态度与方法，多以史料分类、史料辨析、史料运用、观点论证的形式进行呈现。史料实证体现了历史学科的基本特点，也反映了史学的品格。培养学生的史料实证这一核心素养，就是要培养学生史料实证的基本方法和求真、求实的史学品格。[1]

历史解释是指以史料为依据，客观地认识和评判历史的态度和方法。历史解释不仅局限于获得历史真实，即不能满足于事实判断，而应以"史料实证"为基础，即在事实判断的前提下，结合相关史实，遵循一定的史观、原理和方法，对历史现象、历史事件的原因、意义与影响等进行深入探讨，实现对历史现象、历史事件的价值判断。[2]简言之，历史解释是基于史料实证基础上的价值判断，通过对史料的搜集、整理和辨析，辩证、客观地描述历史，探讨历史表象背后深层的因果关系、影响说明、地位评价等。由此可知，例1是考查史料实证素养，例2是考查历史解释素养。

三、注意智慧课堂下历史课程资源的开发利用

历史课程资源是指有利于历史课程目标实现、服务于历史课程的一切可资利用的物质和非物质资源的总和。也就是说文档、图像、音频、视频、历史遗址遗迹、博物馆、纪念馆、展览馆、档案馆等都可以作为历史教学的课程资源，教材是课程资源的核心组成部分，但不是唯一的课程资源。教师在历史教学中一定要树立科学、开放的课程资源观，围绕教学目标创造性地使用课程资源，包括南陵地方史、学生的生活实际等，如地方史中有南陵古铜矿遗址、国家一级文物青铜龙耳尊和吴王光剑、曾任春谷长的周瑜和黄盖、李白的《南陵别儿童入京》、杜牧的《南陵道中》等，由于课堂时间有限，对于学生感兴趣的内容，鼓励学生课后去搜集、整理，虽然这些内容的引用有时候只是教学中的一个"插曲"，却极大地激发了学生学习的兴趣，有利于学生对学习内容的感知和体验，也进一步落实了史料实证素养的培养。

如在学习国共第二次合作红军改编内容时，笔者向学生推送了以下材料：

1938年10月，新四军三支队副司令员谭震林率部进驻南芜宣地区，司令

①朱汉国.历史学科核心素养释义[J].历史教学(上半月刊),2018(3):3-9.
②何成刚,沈为慧."史料实证"与"历史解释"关系初探[J].历史教学(上半月刊),2017(9):48-52.

部驻本县蒲桥。

——摘自《南陵县志》

在讲授八年级下册《社会生活的变迁》一课时，向学生展示改革开放前后的三组对比照片。第一组是学校的照片：一张是翻拍的老照片，一张是笔者拍摄的；第二组是在网上收集的南陵中学的照片；第三组是在学校附近拍摄的，其中第二张是班级中一位学生家的住宅。请学生根据图片并结合自己的生活实际谈变化。

学生在阅读上述材料时，惊讶与兴奋、自豪与自信之情溢于言表，通过地方史料、网络资源和学生生活实际等教学资源的引用，有效提升了学生的学习兴趣，活跃了课堂学习氛围，加深了学生对学习内容的感知，增强了学生对学习过程的体验，让学生认识到历史并不遥远，就在我们身边。

如今我国已全面建成小康社会，正在大步向第二个百年奋斗目标迈进，社会在发展，教育也随之变革。在核心素养培养和"双减"政策的双重背景下，教师也要做到"自我革命"，主动学习先进的教学技术，积极转变教育理念，以适应时代的需求，努力培养有理想、有本领、有担当的时代新人，为实现中华民族伟大复兴做出自己应有的贡献。

基
于
核
心
素
养
的
中
学
历
史
教
学
探
索

234

第四篇　评价与作业

——积极研究学业评价，努力设计"双减"作业

　　本篇着力于对学业评价的准确把握，和对"双减"背景下学生作业的设计探究，如高考、中考试题分析，高三历史一轮、二轮复习策略，中考复习教学对策，指向素养培育的作业设计等，紧抓新课程背景下教育教学改革发展的难点，涉及学科核心素养的综合培养，具有一定的前瞻性。尤其对高考、中考长效热点如史实、概念的掌握，时空观念、唯物史观等素养的培育，以及学生创新能力的综合培养等，进行了积极探索，有较强的现实指导意义。

重基础，创情境，整合教材，提升能力

——核心素养理念下高考历史二轮复习策略

安徽省无为第三中学　杨林春

随着高考的临近，很多同学埋头题海，苦做模拟试卷，满足于对答案，知其然而不知其所以然，知识盲区大量存在。这是二轮复习的一个误区。应该在夯实基础之上，整合教材，创设情境，培养能力，提升素养。

一、强学科，夯主干

历史学科考查对基本历史知识的掌握程度；考查学科素养和学习潜力；注重考查运用学科思维和学科方法分析问题、解决问题的能力。"考查对基本历史知识的掌握程度"是知识层面的考核内容，即考查学生对历史主干知识掌握的深度和广度。纵观近几年的高考，充分体现了这一命题要求。如2019年新课标全国卷Ⅰ第24题对王位世袭制的考查；新课标全国卷Ⅱ第32题对西方人文主义起源的考查；江苏卷第2题对郡国并行制的考查等。值得注意的是，高考试卷中对主干知识的考查都占有较大比重，命题形式多样。

那么怎样才能在有限的时间内帮助学生高效掌握历史主干知识？笔者认为，当前可行的办法是采取单元下编排若干历史小专题的形式，这种复习方式，可以帮助学生在夯实基础之上，把握单元结构、明晰阶段特征，形成单元历史知识体系。如复习中国古代史将"中央集权制度的形成与发展"作为主干知识；复习中国近现代史将"中国的近代化历程"作为主干知识；复习世界近现代史将"世界的近代化和全球化"作为主干内容。系统地交代某一历史问题的来龙去脉，这样更有利于学生对主干知识的理解和掌握。

二、创情境，渗理念

高考命题重视对"新材料、新情境"的创设与运用，注重考查运用学科思维和学科方法分析问题、解决问题的能力。这个思想在近几年的高考中得到了充分的体现。此类试题，一改传统试题中题目单一、设问直白的弊端，采用全新的材料，大量利用文献材料、图片材料、漫画材料、表格材料等，并以核心素养或现实生活中的例子入题，考查学生灵活运用知识解决问题的能力。"题在书外，理在书中"已成为历史高考的常态。

新情境试题体现了新课程标准下新的高考理念，但并不是说新情境试题就一定是难题，知识考查方式和命题角度让学生难以一下适应。另外，无论何种新材料、新情境，它都有一定的解答规律可循，学生在平时的学习或训练中要善于总结、归纳规律，把握其中的方法或技巧，这样就一定能提高解题的效率。课堂上，教师不妨穿插一些有一定开放性的问题，让学生多开展一些研究型学习，拓展学生的思维空间，增强学生的历史洞察力，提升学生的认知能力。纵观近几年高考历史试题，以试题的多元化、开放性和探究性为其突出特点，从命题立意、选材、试题设问、答案评阅等方面，都尽显"开放"特色。如全国卷 I 第42题论述题，在答题时需要提出观点、史论结合、论述观点。这些渗透开放理念的试题，引领课改方向，具有导向性，值得关注。

三、挖教材，释概念

在历史课的教学过程中，仅仅使学生获得一些历史知识、历史概念，使他们对人类历史的认识仅仅停留在感性认识上是很不够的。我们必须引导学生把感性认识上升到理性认识，注重对历史发展规律的探究，归纳出基本的历史结论。高三历史复习课，尤其要注重充分挖掘教材，串联归纳，拾遗补漏，知识点尽量一次性讲解到位。

在学习基础知识的过程中，学生常常容易混淆一些历史概念。如将新民主主义革命和社会主义革命混为一谈；难以区分新中国外交政策中的"另起炉灶"和"打扫干净屋子再请客"方针；容易将"世界银行"和"国际货币基金组织"两大金融机构的职能张冠李戴；把孙中山的新三民主义与"联俄、联共、扶助农工"三大政策相混淆；等等。因此教师在讲课时，要透过现象抓本质，把概念的主要

基于核心素养的中学历史教学探索

特征讲清楚、讲透彻。

例如，"资本主义世界市场的形成和发展"这个知识点，就应该以唯物史观为指导，对教材内容进行整体上的整合复习。新航路的开辟，世界各地孤立发展的状况被打破，联系日益密切，欧洲的商人开始同世界各地建立商业联系，以西欧为中心的世界市场的雏形开始出现。西欧殖民者的海外扩张和殖民掠夺，使世界市场进一步得到拓展。随着第一次工业革命的完成，资产阶级竭力在全世界拓展市场，抢占原料产地，使世界贸易的范围和规模迅速扩大，一个以欧美资本主义国家为主导的世界市场基本形成，越来越多的国家和地区被卷入资本主义世界市场。第二次工业革命完成后，以欧美资本主义列强为主导的世界市场最终建立。二战后，特别是20世纪90年代以来信息技术的迅猛发展，把世界各地更加紧密地联系在一起，加速了原材料、资本和劳动力的国际流动，跨国公司、各种国际组织是经济全球化的强有力推动者，资本主义世界市场在全球范围内广泛发展。但是，资本主义发展的最后归属必定是社会主义，列宁所揭示的帝国主义是腐朽的垂死的资本主义这一论断的正确性毋庸置疑。我们要坚定社会主义必胜的信心。

四、超教材，散思维

高考命题弱化了纯知识、纯记忆的内容，重视考查学生的思维能力。无论是选择题还是材料题，其中很大一部分都很难从课本上找到现成的答案，高考题不再是过去那种对课本的简单记忆。这就要求在平时的复习中，应有针对性地对一些历史问题、历史事件设问，并作出回答。特别对那些立意很好的问题，教师可以进行再设计，并从不同角度提出问题，让学生自己去重新组织、归纳、整理，要有意识地引导学生突破定式，从点到线，从线到面，从面到体，多层面、多角度地把握历史现象的纵向与横向联系，充分调动学生的发散性思维，同时教师应给予适当的指导。

例如，在复习必修三第4课《明清之际活跃的儒家思想》时，引导学生探究明清之际的反封建民主启蒙思想为什么没能像西方文艺复兴、启蒙运动那样推动社会变革，成为改造封建社会的思想武器。让学生从政治、经济、思想文化、外交四个角度联想到此时中国的封建专制空前强化、自然经济占据主导、儒家思想根深蒂固、闭关锁国阻断中外交流等，而同一时期欧洲新航路开辟、殖民扩张与世界市场拓展、近代自然科学发展、资本主义经济发展较快等，这样就可以让学生理解这一时期欧洲向近代资本主义迅速迈进，而中国却逐步落后于世界发展潮流的原因。再如，在讲到美国罗斯福新政时，可联想到1921年苏俄的新经济政策和中国特色社会主义市场经济，得出结论：资本主义可以有计划经济，社会主义也可以有市场经济，计划和市场只是发展经济的手段。

五、含热点，贴生活

从学生历史学习的基础出发，适度地将"现实与历史对接"，以丰富学生的历史观，提高学生的历史认识，"知古通今""以史为鉴"是历史学科的本质特点。在复习教学中，要引导学生关注社会现实和热点问题，让学生运用所学知识去解决实际问题，使学生在巩固学科知识的过程中，增强实战能力。放眼热点问题类的高考试题，大多是针对周年性事件、隆重纪念活动、社会热点话题，选取新材料、创设新情境进行考查。一是时政热点，如2020年具有重大意义的标志性周年纪念事件：第一次鸦片战争爆发180周年、第二次鸦片战争爆发160周年、八国联军侵华战争爆发120周年、"东方红一号"人造地球卫星发射50周年、深圳等经济特区设立40周年、浦东开发与开放30周年等。二是社会热点：如一带一路、人类命运共同体、中华民族伟大复兴的中国梦、文化强国与科教兴国战略、全面深化改革、关注民生与社会建设、新型大国关系、生态文明与美丽中国等。如对2020年中德关系的考查，引导学生正确看待中外关系，隐含了当前中美关系的热点，对学生进行正确价值观的教育，家国情怀素养蕴含其中。还有很多试题从社会现实问题出发，把历史与现实有机结合，强调史鉴功能，体现历史学科的教育价值。

在有关社会热点问题的设计过程中，要注意命题研究，切入口宜小不宜大，力求新颖、不落俗套，不要停留在简单的原因、必要性、意义等角度，多考虑以背景分析、对策研究、趋势展望等设问切入。通过对这些现实问题的解答，我们要让学生从中找到规律，形成思路，切实提高综合应用能力。

六、整模块，提能力

由于高中现行教材编写采用了专题式的体例，分成政治、经济、文化三个相对独立的专题。割裂了历史的内在联系，学生难以构建全方位立体式的知识结构。因此，整合知识、重组知识对二轮复习显得特别重要。在不违背新课标基本精神的前提下，可对教材专题内容按照一定顺序整合，使知识结构更加紧凑、完整，又可避免不必要的重复。在复习过程中，根据时序性、联系性和整体性的原则，梳理历史知识，揭示历史现象的内在联系，如政治、经济、思想文化之间以及中外历史之间的联系等，形成简约而清晰的历史思维导图。此外，还应注意协调好必修与选修的关系，立足必修，兼顾选修。

如在复习必修一第六单元"现代中国的政治建设与祖国统一"专题知识时，就可以串联古今中外知识构建一个整体框架。有关政治建设可回顾我国古代的专制主义中央集权制度的演变过程，古代希腊、罗马的民主法治制度，近代中国民主政治的艰难探索，近代西方国家代议制下的统一性与多样性，再联系到新中国的民主政治建设等形成一个从古至今、中外结合的思维导图。有关祖国统一可回顾封建国家的统一与分裂，把握历史发展的规律，明确民族融合与国家统一是中国历史的进步潮流与主调。然后拓展到美国的内战、朝鲜问题、德国的两次统一。从而展示了人类政治文明发展的统一性与多样性。

总之，无论采用什么样的方式，我们都是为了提高学生的学习效率，让他们的复习更加有效，知识掌握得更加牢固，能力得到更大提升，使历史学科核心素养真正落实到位。

在高三历史复习中渗透学科核心素养

——以《古代商业的发展》一课为例

安徽省无为襄安中学　苏陈云

一、教师备课中有意渗透历史核心素养

1.设置教学目标

根据普通高中历史课程标准要求，将核心素养融入教学目标的设置中，指导课堂教学。所以笔者将本课的教学目标设置为：第一，掌握重农抑商政策下古代商业发展的阶段特征、表现及原因。第二，从时间、空间、政府监管等角度，理解市的变迁；结合社会经济的发展，理解市镇功能的变化和城市的兴起。第三，识记中国古代对外贸易繁荣发展的突出表现，并联系"一带一路"，提升学生对政策的认识。将重难点设置为：中国古代商业发展的表现、特点；中国古代商业发展的影响。

2.分析考情

笔者在复习课的准备中每次都提前整理近五年的全国卷高考题，并分析考情及试题考查的相关核心素养。

表1　2016—2020年全国卷考题统计

考点	考题统计	命题角度	核心素养
古代商业发展	2020·全国卷Ⅲ·24	商至汉的货币演变	时空观念、历史解释
	2019·全国卷Ⅰ·27	明朝地区经济的差异	时空观念、历史解释
	2019·全国卷Ⅱ·27	清代商业规模的扩大	史料实证
	2018·全国卷Ⅰ·27	明朝的朝贡贸易	史料实证、家国情怀
	2017·全国卷Ⅰ·27	明朝商品经济的影响	时空观念、历史解释
	2017·全国卷Ⅱ·24	春秋战国商业的发展	时空观念

基于对以上全国卷高考题的研究，对考题趋势进行分析。第一，从考查内容看：古代商业是高频考点，主要有农产品商品化程度、商业区域专业化以及不同时期商业发展的原因、表现和影响等；另外，从文明演进的角度理解明清时期东西方社会经济发展的差异。第二，从考查形式看：多是选择题，以"新材料、新情境"形式呈现，材料形式多样，有历史文献，也有历史图片。第三，从考查方向看：明清时期商业发展与同时期西方发展特征之比较依然是重点；可能还会结合社会主义市场经济体制这一长效热点，考查古代商业发展对今天的现实意义。

二、在课堂动态教学中潜移默化地渗透历史核心素养

1.时空观念——夯实基础

任何历史事物都是在特定的、具体的时间和空间条件下发生的，只有在特定的时空框架当中，才可能对史事有准确的理解。历史本身就是以时空发展为主要特点的学科，所以笔者根据本校学情在高三复习课中非常重视学生对基础知识的掌握，只有夯实基础才能拓展提升。笔者以时空为轴线梳理教材基础知识。本课教学活动设计如下：

首先，在导入中，课件展示两幅人物图片：马云、马化腾，说明现在中国商业的快速发展和我国经济的迅速增长，形成古今联系。一方面引起学生兴趣，另一方面也引导学生借助日常生活中的经济现象去理解本课的一些难点。其次，用表格法，按时间顺序梳理本课基础知识，让基础知识一目了然。

表2　重农抑商政策下的古代商业

朝代	先秦	秦汉	隋唐	宋元	明清
阶段特征	兴起	艰难发展	进一步发展	空前繁荣	继续繁荣
具体表现	商周:商人善于经商,后世将从事商业活动的人称为"商人";商业由官府控制,"工商食官"。春秋战国:官府控制商业的局面被打破,商人的社会地位提高,出现许多市场和大商人	商人经商受到时间和地点的限制,商业总体水平不高,但"法律贱商人,商人已富贵矣",商业还是得到了发展	①邸店在各大商业城市不断兴办,都市商业繁荣;②农村集市贸易发展起来;③出现柜坊和飞钱	宋:①商品种类迅速增加;②出现世界上最早的纸币"交子";③商税收入成为政府的重要财源。元:大都成为国际性的商业大都会	①城镇商业呈现繁荣景象;②棉花、茶叶、甘蔗、染料等农副产品大量进入市场成为商品;③区域间长途贩运贸易发展较快;④货币的作用越来越大;⑤出现地域性商人群体,叫"商帮"

朝代	先秦	秦汉	隋唐	宋元	明清
原因	—	统治者推行重农抑商政策	农业、手工业的发展；大运河的开通	两宋商业环境相对宽松；元朝交通发达	—

2.历史解释——加强理解

历史解释是指以史料为依据，对历史事物进行理性分析和客观评判的态度、能力与方法。所有历史叙述在本质上都是对历史的解释。人们通过多种不同的方式描述和解释过去，通过对史料的搜集、整理和辨析，辩证、客观地理解历史事物，不仅要将其描述出来，还要揭示其表象背后的深层因果关系。通过对历史的解释，不断接近历史真实。本课教学设计如下：

在用表1梳理完后，对表中的相关概念如"工商食官""柜坊和飞钱""交子""商帮"等相关概念进行解释；请同学们总结影响某个时期商业发展的要素（政治、政策、经济、交通、货币），并学以致用：请学生用这五个要素来分析宋元时期商业空前繁荣的原因？在通过对以上基础知识的学习后进行拓展延伸——宋朝的"商业革命"，运用之前复习的基础知识归纳总结宋朝"商业革命"的表现，横向联系中西"商业革命"之比较，以及宋朝的"商业革命"为什么未能对中国社会产生"爆炸性的影响"。学生们进行合作探究和解释，这种训练可以提高学生运用基础知识分析解释历史问题的能力，提高历史解释这一核心素养，对做全国卷中的第42题也有很大帮助。

表3　宋朝"商业革命"的表现

市的变迁	市突破了空间和时间的限制,交易活动不再受官府的直接监管
城市的发展	新兴城市的兴起和繁荣,城市的经济功能逐渐加强
国内贸易	商品种类迅速增加,商税收入成为政府的重要财源
海外贸易	海外贸易繁荣,海外贸易税收成为南宋国库的重要财源
货币	出现世界上最早的纸币"交子"
社会观念	商业环境相对宽松,社会观念有所转变,商人的社会地位提高

中西"商业革命"之比较：

西欧的"商业革命"：是新航路开辟后西欧商业经济领域产生的一次重大变革。表现：贸易规模不断扩大，商品种类日益增多；商业经营方式发生变化，股份公司、证券交易所纷纷出现；贸易中心由地中海沿岸转移到大西洋沿岸。

结果不同：宋，没有改变原有生产方式。西欧，有利于封建生产方式向资本主义生产方式转变，促进了资本主义的发展。

宋朝的"商业革命"为什么未能对中国社会产生"爆炸性的影响"？

原因：①经济：自给自足的自然经济阻碍新的生产关系的萌发；

②政治：重农抑商的传统政策阻碍商业的发展；

③思想文化：理学的保守性使社会陷于僵化，不利于新观念的萌发；

④直接原因：游牧民族的入侵打断了商业革命的进程。

3.史料实证——提升能力

史料实证是指对获取的史料进行辨析，并运用可信的史料努力重现历史真实的态度与方法。要形成对历史的正确、客观的认识，必须重视史料的搜集、整理和辨析，去伪存真。对知识的理解有时候需要"身临其境"，最好的办法就是通过各种方式拓展史料来源、展示史料。笔者在教学中非常注重对多媒体等现代教学技术的运用，打造生动活泼的课堂，让学生能"身临其境"地感受历史。本课教学活动设计如下：

在梳理"古代货币的演变"时用课件展示货币图片；在讲解"市的变迁"时用课件展示唐长安城和北宋东京城的地图和史料；在讲"丝绸之路"时用多媒体播放纪录片《海上丝绸之路》第一集：穿越海陆（节选），让学生感受古代丝绸之路的重要性和中国古代对外贸易的繁盛。

4.唯物史观——综合运用

唯物史观是历史学科五大核心素养的灵魂，要求学生能够了解和掌握唯物史观的基本观点和方法，理解唯物史观是科学的历史观；能够将唯物史观运用于历史学习、探究中，并将其作为认识和解决现实问题的指导思想。笔者认为唯物史观贯穿另外四大核心素养始终，也是学习历史的落脚点和归宿，是对历史学科能力的综合和运用。笔者在高三复习的后半段都会重视学生唯物史观核心素养的培养，提高学生综合运用知识的能力。例如本课教学活动设计：根据以上所学，请学生们归纳总结中国古代商业发展的特点？分析中国古代商业发展产生的影响？然后，进行必修链接，注意知识的横向联系，加深理解经济基础决定上层建筑，渗透唯物史观。

5.家国情怀——升华情感

学习和探究历史应具有价值关怀，要充满人文情怀并关注现实问题，以服务于国家强盛、民族自强和人类社会的进步为使命。家国情怀的培养不能强硬地塞给学生，而是要引导学生去思考和认知。本课笔者的设计：讲到"官府控制下的对外贸易"：明清时期的海禁和"闭关锁国"政策时，首先请同学们说说"海禁"与"闭关锁国"政策的影响。然后再解说我国古代对外贸易在明清时期由盛转衰，引发学生思考：对我们现在有什么启示。同学们能很快得出结论：要坚持改革开放。继续设问：我国是如何深化对外开放的，举例说明。同学们自然地想到"一带一路"政策，师生互动，加深学生对"一带一路"政策的认识，进而提高学生对国家重大战略政策的认识和认同，升华情感。

总之，培养学生的历史学科核心素养不是一蹴而就的，也不是空谈口号，它需要渗透到每一节课堂教学实践活动中。只有以学生为主体，让学生潜移默化地接收和提高，才能达到培养学科核心素养的目标。

基于核心素养的中学历史教学探索

立足学科素养，做好微专题复习

安徽省南陵县家发中学　朱国椿

高中新课改以来，高考历史试题侧重考查学生的学习潜能和学科素养，完成了由知识立意向能力立意、素养立意的转型，实现了由考查学习结果到考查学习过程的演变，有利于打造历史学科考试评价的软实力，有利于引导历史学科核心素养的培育。那么，在高三的复习教学中，如何有效引导学生复习呢？

一、立足素养，把握考向

近年来，高考试题稳定地彰显了历史学科核心素养的地位。学科核心素养是学科育人价值的集中体现，是学生通过学科学习而逐步形成的正确价值观、必备品格和关键能力。历史学科核心素养包括唯物史观、时空观念、史料实证、历史解释和家国情怀五个方面。在复习中，我们不仅要向学生介绍这五大核心素养，更要向学生阐释这五大核心素养，要让学生在复习和解题时，始终能以这五大核心素养统领思维，分析并解答历史具体问题。那么，这五大核心素养的具体内涵是什么呢？《普通高中历史课程标准（2017年版2020年修订）》阐释为：

（1）唯物史观：是揭示人类社会历史客观基础及发展规律的科学的历史观和方法论。人类对历史的认识是由表及里、逐渐深化的，要透过历史的纷杂表象认识历史的本质，科学的历史观和方法论是非常重要的。唯物史观使历史学成为一门科学，只有运用唯物史观的立场、观点和方法，才能对历史有全面、客观的认识。

（2）时空观念：是在特定的时间联系和空间联系中对事物进行观察、分析的意识和思维方式。任何历史事物都是在特定的、具体的时间和空间条件下发生的，只有在特定的时空框架当中，才可能对史事有准确的理解。

（3）史料史证：是指对获取的史料进行辨析，并运用可信的史料努力重现历史真实的态度与方法。历史过程是不可逆的，认识历史只能通过现存的史料。要形成对历史的正确、客观的认识，必须重视史料的搜集、整理和辨析，去伪存真。

（4）历史解释：是指以史料为依据，对历史事物进行理性分析和客观评判的态度、能力与方法。所有历史叙述在本质上都是对历史的解释，即便是对基本事实的陈述也包含了陈述者的主观认识。人们通过多种不同的方式描述和解释过去，通过对史料的搜集、整理和辨析，辩证、客观地理解历史事物，不仅要将其描述出来，还要揭示其表象背后的深层因果关系。通过对历史的解释，不断接近历史真实。

（5）家国情怀：是学习和探究历史应具有的人文追求，体现了对国家富强、人民幸福的情感，以及对国家的高度认同感、归属感、责任感和使命感。学习和探究历史应具有价值关怀，要充满人文情怀并关注现实问题，以服务于国家强盛、民族自强和人类社会的进步为使命。

只有明确了五大核心素养，才能构建好历史的宏观和微观知识体系，才能在复习和解题时培养起历史意识，树立正确的历史价值观，也才能更好地服务于"立德树人，服务选拔，导向教学"为核心的高考评价体系。

二、立足素养，复习备考中做好微专题整理

在理解了历史学科核心素养，把握了高考方向之后，接下来在复习备考中，就要注意复习的方法和策略了。笔者就自己在复习备考中微专题整理这一具体做法做一简单交流。

首先，微专题的来源，主要是学生在复习和训练中存在的问题，包括知识的盲点、存在的疑点、理解的难点和能力的薄弱点等。它具有小微性、适切性和有效性等特征。其次，微专题在内容选取上，可以是对知识的简单梳理，也可以是对知识点的重新解构和拓展延伸，还可以是就当下的一些热点问题做切入式的知识点梳理等。

1.立足唯物史观、历史解释，对一些重要概念做完整阐释

（2014年全国卷Ⅱ，27）明初废丞相、设顾问性质的内阁大学士，严防权臣乱政。明中后期严嵩、张居正等内阁首辅操纵朝政，权倾一时。这表明（　　）

A.皇权逐渐衰弱　　　　　　B.君主集权加强

C.内阁取代六部　　　　　　D.首辅权力失控

明清时期，我国专制主义中央集权制度进一步强化，明朝废丞相、设内阁是重要的表现。内阁只是皇帝的内侍机构，不是法定的行政机构，阁臣权力的大小取决于皇帝的宠信与否。故选B项。

（类似模拟题）明初朱元璋严禁宦官读书识字，但中后期宦官读书识字逐渐制度化，士大夫甚至有针对性地编纂适合宦官学习的读本。由此可以推知，明代中后期（　）

A.中枢决策过程发生异变　　B.皇帝权利日趋衰落

C.内阁议政功能已经丧失　　D.宦官掌握决策权力

材料说明宦官在中枢决策过程中越来越发挥较大的作用，因此才有对于宦官在读书学习方面看法的改变，故答案为A项。

（2020年全国卷Ⅲ，27）明万历年间，神宗下令工部铸钱供内府用，内阁首辅张居正"以利不胜费止之"。神宗向户部索求十万金，张居正面谏力争，"得停发太仓银十万两"。这反映出当时（　）

A.内阁权势强大　　　　　　B.皇权受到严重制约

C.社会经济凋敝　　　　　　D.君权相权关系紧张

根据材料可知，张居正主持内阁期间驳回了明神宗的旨意，说明当时内阁权势强大，对皇权形成一定的制约，故选A项。张居正主持内阁期间，内阁在一定程度上限制了皇权，但本质上是强化皇权的辅助机构，是皇帝的秘书咨询机构，并不能严重制约皇权，故排除B项。仅根据张居正驳回明神宗的旨意，不能得出当时社会经济凋敝的结论，故排除C项。明初朱元璋已废除丞相，相权已经不存在，故排除D项。

以上三题考查的是核心概念"内阁制"，但如果对内阁制掌握不牢，在做选择时往往会出错，即使能选出正确答案，也会因心里没底气而改错。那么这就需要我们在复习时加强对概念的解释，为此笔者将内阁制这个核心概念分解为内阁制的由来、内阁的职能特点、内阁制的影响等关键概念。与此同时，在这个概念的梳理过程中，又可以让学生感知古代中枢机构的演变。类似于此，我们还可以对古代的军机处、资本主义萌芽和闭关锁国等一些核心概念做微专题处理。

2.立足家国情怀，做好历史解释，把握高考话语表述方式

（2016年全国卷Ⅰ，24）孔子是儒家学派的创始人，汉代崇尚儒学，尊《尚书》等五部书为经典，记录孔子言论的《论语》却不在"五经"之中，对此合理的解释是（　　）

A."五经"为阐发孔子儒家思想而作

B.汉代儒学背离了孔子的儒家思想

C.儒家思想植根于久远的历史传统

D.儒学传统由于秦始皇焚书而断绝

本题考查汉代儒学成为正统思想，既考查了史料实证和历史解释素养，还涵养了学生的家国情怀。"五经"内容大多形成于儒家思想产生前，不是为阐发孔子儒家思想而作，A项错误；汉代儒学继承和发展了孔子的儒家思想，B项错误；"五经"是古老的文献，将其尊为儒家经典，以此来论证儒家思想植根于久远的历史传统，C项正确；秦始皇焚书并没有使儒学传统断绝，西汉初年儒家思想得到复苏，D项错误。

（2017年全国卷Ⅰ，32）在公元前9世纪至公元前8世纪广为流传的希腊神话中，诸神的形象和性情与人相似，不仅具有人的七情六欲，而且还争权夺利，没有一个是全知全能和完美无缺的。这反映了在古代雅典（　　）

A.宗教信仰意识淡薄　　　　　B.人文思想根植于传统文化

C.理性占据主导地位　　　　　D.神话的影响随民主进程而削弱

本题以希腊神话为切入点，考查考生对古希腊人文思想的认识和理解。不仅考查了学生的时空观念、史料实证和历史解释素养，还涵养了家国情怀。根据"诸神的形象和性情与人相似，不仅具有人的七情六欲，而且还争权夺利，没有一个是全知全能和完美无缺的"可知，神话文化中凸显的是诸神的人性而非神性，具有早期的人文思想，故B项正确。

这两题有一个共性，都依托具体的历史事实或历史现象来考查对历史的解释，同时还涵养了家国情怀，即学习和探究历史应具有价值关怀和人文追求。与此同

基于核心素养的中学历史教学探索

时，我们还可以认识到家国情怀的涵养，既可以是中国的传统优秀文化，也可以是世界的优秀文化，要在这些优秀文化中去汲取营养，树立正确的价值观。在理解了考查的立意之后，我们就可以再引导学生做好与此相关知识层面的复习整理，这样，一个个以核心概念为主的小专题就形成了。

3.立足时空观念，对重要历史阶段中相关问题及概念做表格式整理

1921—1949年，中国社会矛盾复杂，问题众多。学生在复习和做题过程中对一些重要名称及概念的记忆往往模糊混乱，做题时经常出错，缺少了历史的敏感度。基于此，我们有必要在复习时把一些历史名词及概念整合出来，以帮助学生更直观明白地理解记忆。例：

表1　1921—1949年重要历史名词及概念

时间	1924—1927年	1927—1937年	1937—1945年	1945—1949年
阶段	国民大革命时期	土地革命时期	抗日战争时期	解放战争时期
中共领导的军队	—	中国工农革命军或中国工农红军	八路军和新四军	中国人民解放军
中共控制的区域	—	农村革命根据地	抗日根据地	解放区
统一战线	革命统一战线	—	抗日民族统一战线	人民民主统一战线

如果有了这样的表格总结，那么学生在做题时就能够从题干及选项中准确找到时空定位和概念定位，再辅以历史的理解，定能轻松选出最佳答案。

以上是笔者在高三历史复习中的一些实践。诚然，历史内容纷繁复杂，历史的复习也是千头万绪，但我们只要掌握了科学的方法，立足学科素养，化繁为简，化整为零，在复习过程中，利用好微专题方法，就一定能起到事半功倍的效果。

如何利用高考二轮复习培养学生的学科核心素养

——以"从经济全球化看人类命运共同体"为例

安徽省南陵中学　周玮琴

　　核心素养的提出体现了国家课程改革的新趋势，适应信息时代和知识社会对人的发展的新要求，是对立德树人、社会主义核心价值观和党的教育方针的贯彻，有利于向育人为本、学生素养发展本位模式的转变。因此，培养历史学科核心素养是时代教育教学的要求。

　　历史学科核心素养是人文素养的重要组成部分，是学生在接受历史教育过程中逐步形成的基本知识、关键能力和方法、情感态度和价值观的综合表现，是学生通过历史学习能够体现出来的带有历史学科特性的品质。二轮复习是对一轮复习的提高，是考前的最后冲刺，我们更应该有的放矢。本文试以"从经济全球化看人类命运共同体"这个专题为例，谈一谈如何利用高考历史二轮复习培养学生的历史学科核心素养。

一、唯物史观的培养

　　历史唯物主义认为，社会历史的发展有其自身固有的客观规律：物质生活的生产方式决定社会生活、政治生活和精神生活的一般过程；社会存在决定社会意识，社会意识又反作用于社会存在；生产力和生产关系之间的矛盾、经济基础与上层建筑之间的矛盾，是推动一切社会发展的基本动力；在阶级社会中，社会基本矛盾表现为阶级斗争，阶级斗争是阶级社会发展的直接动力；阶级斗争的最高形式是进行社会革命，夺取国家政权；社会发展的历史是人民群众的实践活动的历史，人民群众是历史的创造者，但人民群众创造历史的活动和作用总是受到一定历史阶段的经济、政治和思想文化条件的制约。在经济全球化的背景问题上，可以从其根源——生产力的发展和其他因素——技术、政治、文化、社会、自然等方面进行分析。

典型考题　1958年，美苏签订《文化、技术和教育领域的交流协议》。两国展开了一系列文化往来，赴美的苏联学者90%为科学家、工程师，而赴苏联的美国学者90%是人文社会科学领域的专家。这表明（　　）

A.美国旨在缓和与苏联的紧张关系

B.经济全球化的进程进一步加快

C.冷战格局下美苏交流与对抗并存

D.苏联旨在对美国输出先进科技

材料主要提及的是美苏两国的文化技术交流，无法体现经济全球化的进程进一步加快，且20世纪50年代美苏两极格局形成，美苏两国处于对峙抗衡的状态，阻碍了经济全球化的发展，经济全球化的进程进一步加快应该是在两极格局瓦解后，所以排除B项。这道题的B项考查了政治格局对经济全球化的影响，体现了政治对经济有反作用的唯物史观。

典型考题　传统观点认为，英国成为工业革命发源地，是因为英国最早具备了技术、市场等经济条件；后来有研究者认为，其主要原因是英国建立了君主立宪制度；又有学者提出，煤铁资源丰富、易于开采等自然条件是其重要因素。据此可知，关于工业革命首先在英国发生的认识（　　）

A.只能有一种正确合理的观点

B.随着研究视角的拓展而趋于全面

C.缺少对欧洲其他国家的观察

D.后期学者研究比传统观点可信

工业革命的开展是推动经济全球化发展的重要原因。考题从工业革命发生的经济条件、制度条件、自然条件方面进行研究，实际上，也就间接考查了经济全球化的背景。通过这道考题帮助学生运用唯物史观的立场、观点和方法，对历史进行全面、客观的认识，使学生正确认识到经济全球化是人类历史发展的总趋势。

二、历史解释素养的培育

历史解释是指以史料为依据，对历史事物进行理性分析和客观评判的态度、能力与方法。历史解释要求学生能够对历史事物进行阐释和评判，客观论述历史问题，有理有据地表达自己对历史的看法；学会从历史现象中发现问题，解决问题；面对现实与生活中的问题，能够以全面、客观、辩证、发展的眼光加以看待和评判。

"从经济全球化看人类命运共同体"可以围绕经济全球化的影响考查学生的史料实证和历史解释素养。考查角度如从各种领域：商业交流、日常生活、物种交流、生态环境、人口问题、疾病传播、政治、文化等；从各个区域范围：欧洲、亚非美、世界；从正反两个方面：积极、消极。

针对以上各个考查角度，近几年都有高考试题进行考查。典型考题如2021年全国卷Ⅱ第32题：16世纪英国成立特许公司；2015年全国卷Ⅱ第33题：英、美、法、德工业生产总和在世界工业生产中所占比例；2018年全国卷Ⅱ第33题：奴隶贸易；2019年全国卷Ⅰ第33题：拉美国家并没有像近邻美国那样独立后进入现代化的快车道的原因；2020年全国卷Ⅰ第35题：墨西哥制定一系列负面清单；等等。围绕经济全球化的影响问题，从正反两个方面进行考查：无论是对欧洲，对亚非拉，还是对世界，经济全球化都产生了积极和消极的双面影响。通过做大量的高考题和解读论文材料，考查学生提取信息、辨析史料、理性分析和客观评判的能力，从而培养学生的史料实证和历史解释素养。

三、家国情怀素养的培育

家国情怀素养是学习和探究历史应具有的社会责任与人文追求。要充满人文关怀并关注现实问题，以服务于国家强盛、民族自强和人类社会的进步为使命。历史事件和历史现象不是孤立存在的，它们总是与别的历史事件和历史现象之间有着这样或那样的联系。在二轮复习中用联系的方法，有利于构建完整的知识体系、开拓学生的视野、提高复习效率。

历史联系的角度很多，其中中西联系值得多关注，特别是中西文明的比较。近几年，全国卷连续出现中西文明比较的主观题：2021年全国卷Ⅱ第41题希罗多德与司马迁作为伟大历史学家的共同之处；2020年全国卷Ⅲ第41题西周时期的都城和古希腊城邦的特点；2019年全国卷Ⅲ第40题罗马帝国与汉朝国家治理方面的比较；2018年全国卷Ⅲ第41题曼彻斯特与上海城市发展的比较等。中西比较的试题蕴含了对"家国情怀"的考查，这种命题思路延续的可能性很大。

"从经济全球化看人类命运共同体"专题应注意以下几个方面的联系：区域集团化与经济全球化，逆全球化与全球化，中国与经济全球化，国际格局与经济全球化，政治、思想与经济全球化等。此外，高考题的命题在立意上，往往体现了课程理念即课程的指导思想或课程的价值取向。现行的历史课程理念，包括：使学生通过历史学习，增强对祖国和人类的责任感、历史使命感，形成现代公民应具有的历史素养和国家历史认同，使学生具有正确的国家意识、民族意识、社会意识、公民意识、世界意识和国际视野。2019年全国卷Ⅱ第42题，说明了领悟历史高考题的立意对解决问题的重要性。

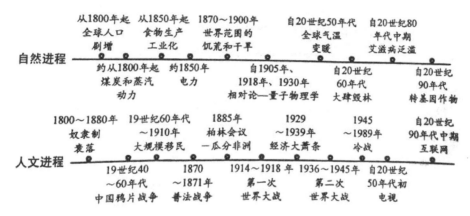

上述材料反映了一位学者对19世纪和20世纪世界历史的认识，对此提出你自己的见解（赞成、质疑、修改皆可），并说明理由。（要求：见解明确，持论有据，表述清晰。）

这道题最难的是提出见解，如果我们站在立意的高度，那么问题将迎刃而解。该题把研究的视角延伸到影响人类命运和国际格局的人口变迁、科技发展、经济起伏、能源与环境、战争与交流等多个领域，展现了历史发展大势，是对构建和谐世界、共筑人类命运共同体的时代主题的回应，可谓立意高远。根据该题的立意，我们很容易提炼出以下观点："同意从自然进程或者人文进程的角度认识人类历史的发展""在自然进程中构建人类命运共同体""在经济全球化和科技发展的进程中谋求促进各国共同发展"等。

以上是对高考历史二轮复习中培养学生历史学科核心素养的一点理解和实践，请各位同仁批评指正！

"借题发挥"察缺点　掌握史实明概念

——唯物史观统领高考复习中历史史实和概念的掌握

安徽师范大学附属中学　李三军

有一次高三月考，选择题难度不大却发现学生得分率并不高，尤其是第3题、第10题和第15题三道题错误率最高。借助于大数据分析，笔者发现，基本史实和概念掌握不牢是问题之所在。将问题和解析呈现于此，以期对高三师生复习备考有所借鉴和帮助。

一、做题：正确率要提升，史实概念先厘清

不妨让我们也来做一下第3题：

在宋代，我国城市人口中大多数是贵族、官员、军兵及其家眷、仆从，他们都是"市民"，但却不是工商业者；而同一时期西方的许多城市则是工商业者的聚集地。这反映出宋代（　）

A.大城市商业化水平较低　　　B.抑商传统限制了工商业发展

C.城市的政治功能加强　　　　D.新生产关系的萌芽受到阻碍

从阅卷系统的数据分析图我们不难发现，全班44位同学有35人选择错误，只有9人答对了，得分率只有约百分之二十。其中，错选B和D选项的同学最多。这是为何？公元11世纪前后，中国的宋代和西方都是城市崛起、商品经济迅速发展的时期，题干中对"城市人"的构成作了对比：宋朝市民由贵族、官兵等组成，而西方市民则由工商业者组成。可见，宋代大城市商业化水平较西方要低，故选A项。在这里，学生可能不明白"商业化"这个基本概念——商业化即市场化，

以营利为第一要义的行为。B选项中"抑商传统限制了工商业发展"，题干材料中既没有体现，也不符合基本史实。宋代由于抑商政策的松动，工商业获得了前所未有的发展。D选项"新生产关系的萌芽受到阻碍"，本身表述也是不符合史实的，学生对"新生产关系"基本概念不清楚导致错选。根据马克思主义基本原理的定义，生产关系是指人们在物质资料的生产过程中形成的社会关系，是生产方式的社会形式，包括生产资料所有制的形式、人们在生产中的地位和相互关系、产品分配的形式等。人类历史从总体上讲，从低级到高级依次经历了原始的、奴隶制的、封建制的、资本主义的和共产主义的五种生产关系。很显然，在宋代还是封建性质的生产关系，并没有新的生产关系萌芽，教材中和学术界普遍认为新的资本主义生产关系到明朝中期才开始萌芽。所以，学生错选D项是对基本史实和概念不清楚。

接下来的第10题大多数学生错选A项，更让人扼腕叹息。

> 汉阳铁厂不仅是中国近代第一家大型钢厂，也是远东第一家规模最大的钢铁联合企业，在其建成投产的第一年（1890年），生产钢铁制品即达8860吨，其中该厂自身用去3870吨，湖北枪炮厂用去300余吨，外售1000余吨。这反映了（ ）
>
> A.民族资本主义的初步发展　　　　B.近代企业掌握国家经济命脉
>
> C.洋务企业成功抵制了外资　　　　D.中国出现了现代工业的曙光

此题答案为D项。错选A项的同学明显是基本史实和概念不清楚。汉阳铁厂是洋务运动时期由晚清名臣张之洞创办的最早也是最大的官办钢铁企业。它的创办让中国钢铁工业蹒跚起步，被西方视为中国觉醒的标志。很显然，汉阳铁厂是清政府官办的洋务企业，是封建性质的（虽然它有近代化的特点），不属于民族资本主义企业。民族资本主义，通俗地说是由中国私人创办的近代化企业。学生错选A项是因为不知道汉阳铁厂是洋务企业，更分辨不清民族资本主义和洋务企业的区别，甚至D项中的"现代工业"在此处等同于"近代工业"也不清楚。

第15题做对的只有4人：

> 1939年，蒋介石在全国教育会议上提出："今天我们再不能附和过去误解了许久的教育独立的口号了……中国国民党对于全国有志于救国的贤智人士，始终是殷切期待加入本党的，共同奋斗的。"蒋介石发表这些言论意在（ ）

A.扩大抗日民族统一战线　　　B.缓解与其他党派的矛盾

C.强化国民党的专制统治　　　D.争夺抗日战争的领导权

学生不选C项"强化国民党的专制统治"是对史实的不了解。蒋介石政府一直都奉行国民党一党专制的独裁统治，即便是在抗战时期。题干中的两层意思——蒋介石反对教育独立和希望贤智人士加入国民党——其真实目的是"都要服从国民党的统治"。顺便说一句，"教育独立论"最早是由蔡元培提出来的。1922年，蔡元培在《新教育》杂志上发表《教育独立议》提出"教育事业当完全交与教育家，保有独立的资格，毫不受各派政党或各派教会的影响"。至于错选最多的A项"扩大抗日民族统一战线"在材料中既无体现，也不符合史实。别忘了，蒋介石勉强接受中共提出的抗日民族统一战线主张还是被逼的（西安事变）。而D项争夺抗日战争的领导权，材料中亦无体现。

从以上三例中我们不难发现，对基本史实和概念一知半解是导致犯错的主要原因。这既有教材本身存在缺陷的客观原因，也有师生教与学不足的主观原因。如果在教学过程中，教师不能及时补充、学生不能主动学习相关史实和概念，基础知识将是不牢靠的。所以，老师要讲清史实、辨明概念，注意用唯物史观为统领，加大对学生时空观念、历史解释素养的培育，学生要注重理解基础上的运用。

二、老师：理清脉络讲史实，深入浅出明概念

鉴于教材本身的不足，高考复习中教师需要补充基本史实，理清历史脉络，辨明历史概念等。一轮复习要补充基本史实，二轮复习要帮助学生理清历史线索，打破模块专题壁垒，才能有利于学生构建知识体系，培养时空观念。比如，把选修中的"清末新政"糅入必修"辛亥革命"中去讲授，把"土地制度的演变"（必修二第4课）糅入第1课"发达的古代农业"中去讲授。把洋务运动和维新变法补充进"中国人民反侵略求民主"的专题中去讲，学生们更能清晰了解中国的地主阶级、农民阶级、资产阶级维新派、革命派及激进派，还有无产阶级等都在寻求救亡自强之路。线索明晰又完整。

教师教学中需要辨明历史概念。高中生受心智年龄和生活经验所限，对一些概念和专业术语的理解不全面，需要教师明辨告知。比如，学生在做数据表格题时往往出错，多半是因为学生对数字背后的含义不理解。他们搞不清产业结构、生产资料、生活资料、商品经济、民族资本主义、恩格尔系数、工业资产阶级、

垄断等政治经济概念，就需要老师在讲课过程中补充解释。教师在讲授史实和辨明概念时要讲求方式方法。讲授史实要讲清历史背景、内容、特点、影响等。明辨概念要多采用类比的方式，化抽象为具体，用通俗的语言，理论联系实际，历史结合现实，深入浅出地娓娓道来。例如，笔者在讲授小农经济解体的表现——即"两个分离"和农产品商品化时，就进行了情境假设：

原来你们一家三口过着典型的男耕女织、自给自足的小农生活，鸦片战争后外国商品涌入。先是洋纱涌入，因为质优价廉，很快你的妈妈就放弃纺纱，直接买洋纱织布，这导致了第一个分离——"纺"与"织"分离；再后来，洋布涌入，你妈妈变得更"懒"了，直接买洋布做衣服，这就是第二个分离——"织"与"耕"分离（因为你的爸爸还在田里耕地，而你的妈妈已经不再纺织了），这样最典型的男耕女织状态被打破了。这时你的爸爸看到种粮食不赚钱，也开始动脑筋：我为何不种茶叶卖给收购商呢，这样挣得更多！于是，爸爸种粮食不再是为了自给自足，而是面向市场，啥赚钱种啥，这就是农产品商品化。

合理整合教材，设置教学情境，通俗易懂、身临其境的故事会让学生更容易理解什么是小农经济，什么是农产品商品化，自然经济是如何解体的等。

三、学生：脚踏实地夯基础，博闻强识重理解

掌握基本史实和概念，除了认真听老师讲授外，还要发挥学生自己的主观能动性。一轮复习是地毯式扫描知识点，是夯实基础的最佳阶段。切忌心浮气躁，认为以前都学过了，从而产生无所谓心理，上课不认真听讲，课下不主动学习。殊不知，当真正做题时才意识到"书到用时方恨少"，对基本史实和概念一知半解，后悔莫及！

夯实基础就是要记忆和理解。理解和记忆是相辅相成的关系，记忆是理解的基础，理解是记忆的归宿，也是记忆的有效方式。掌握基本史实和概念，最直接有效的方式就是复述课文。所谓复述，指个体通过言语重复以前识记过的材料，以巩固记忆的心理操作过程。经过复述，学习材料才得以保持在短时记忆中，并向长时记忆中转移。在复述的基础上，如果能从"为什么""是什么"和"怎么样"三个角度进行阐述，则算理解掌握了该史实。

高考题，源于课本又高于课本。学生在复习过程中遇到课本中或老师讲解中不明确的史实和概念，应该主动去追根究底。可以向老师请教，可以翻看课本，也可以自己主动查找相关资料。对于不懂的政治经济学概念，如自由主义、城市

中心论、货币学派和供给学派等，除了勤学好问外，还可以采用类比的方法进行理解记忆。比如，货币学派和供给学派都是反凯恩斯主义的学派，他们反对政府对经济的过多干预。货币学派认为，影响经济的要素是货币的发行量而不是需求，主张控制货币的发行量，反对用扩大政府开支、增加预算赤字的手段来应对经济衰退和扩大就业。供给学派强调以供给创造需求，认为只要供给充足，需求就会跟上，整个经济便会随之出现稳定增长，主张减税和减少政府对经济的管制，认为减税能刺激人们投资和生产的积极性。从比较中，我们能更好地理解抽象的经济学概念。

　　以上是笔者"借题发挥"——从几道错题出发，管中窥豹，意识到学生掌握基础史实和明辨概念的重要性，结合教学实践提出了几点复习建议。

浅谈"唯物史观"指导下的高三历史复习教学

安徽省南陵中学　鲁志翔

《三国演义》塑造了众多的人物形象，其中主要人物个个性格鲜明。对此鲁迅先生评论道："欲显刘备之长厚而似伪，状诸葛之智而多妖。"该评论体现了鲁迅的（　）

A.英雄史观　　　B.唯物史观　　　C.正统史观　　　D.阶级史观

这是近年江南十校文综试卷中的一道历史试题，从命题的情境设置到设问本身都已是普通得不能再普通了，但学生的答题错误率竟达到了百分之五十。这不得不引发我们对日常高三历史复习教学的反思：作为历史学科核心素养之一的"唯物史观"，我们理解得透彻吗？高三历史复习教学又该如何坚持"唯物史观"的指导呢？

近些年来，随着课改的深入，以近代化史观、全球史观、文明史观等为代表的多种史观被引入中学历史课堂，的确拓宽了广大一线教师的视野，丰富了日常课堂教学实践，但同时也冲淡了一些我们对"唯物史观"的理解，甚至把这些史观对立起来。造成这种局面的原因，说到底还是我们对"唯物史观"关注不够，对"唯物史观"的内涵理解不够，自然也会影响高三历史复习教学中"唯物史观"的坚持。随着新版《普通高中历史课程标准》的制定，为我们全面深刻理解"唯物史观"指明了方向。

新版《普通高中历史课程标准》指出，历史学科核心素养是指学生在学习历史过程中所养成的相对稳定的、必备的、具有历史学科特征的思维品质和关键能力，是历史知识、能力、方法以及情感价值观的有机构成与综合反映。唯物史观是学习和探究历史的核心理论和指导思想。首都师范大学徐蓝教授指出："唯物史观是揭示人类社会历史客观基础及发展规律的科学历史观和方法论。人类对历史的认识是由表及里、逐渐深化的，要透过历史的纷杂表象认识历史的本质，科学的历史观和方法论是非常重要的。只有运用唯物史观的立场、观点和方法，才能对历史有全面、客观的认识。"

众所周知，唯物史观是马克思主义哲学的一部分，其不但主张物质决定意识，从实际出发看待问题，而且还主张积极用联系、发展的观点看世界，采用科学的方法论研究世界的问题。对于历史学习而言，唯物主义历史观就是要求学生正确认识上层建筑与经济基础以及生产力之间的相互关系，理清历史发展的轨迹和脉络，这样才能对古今中外的发展形成正确的认识和理解。理解了"唯物史观"的基本内涵，并不意味着我们就能很好地完成"唯物史观"指导下的高三历史教学。只有充分认识新时代"唯物史观"的史学价值，充分贯彻新时代"唯物史观"的客观要求，才能确切地说我们在高三历史教学中坚持了"唯物史观"。

一、坚持"大唯物史观"的概念

新时代"唯物史观"的史学价值在于把自然史纳入历史观视野之内。在以往的史学理论中，自然界只是作为影响人类文明某个阶段的因素被偶然提及，至于自然史则踪影难觅。据此，安启念教授提出了"大唯物史观"的概念。在大唯物史观中，自然史、社会史和人的历史只是一部统一的历史的三个不同方面，每一方面都影响其他两个方面，它自身也只有在三者的相互作用中方能得到解释，历史必须包含自然史。马克思的历史观是大唯物史观，它把历史理解为在人的劳动实践基础上自然界、人类社会和人自身相互作用并协同进化，理解为"人的自我改变"，也即人的形成史和解放史。

基于此，我们才能真正理解新课标中对唯物史观的应用，是要求教师在教学中运用正确的方法论指导学生，帮助学生建立有效的历史知识体系，并且能够有效解决实际问题。通过这样的要求来研究历史问题，有利于提高学生对历史课程的兴趣，帮助学生构建历史脉络。同时，在运用唯物史观的过程中，还要帮助学生从物质决定意识的角度出发，树立正确的价值观、人生观和世界观，从而为学生今后的发展奠定良好的基础。

二、高三教学实践中的唯物史观要求

具体到高三历史教学实践，坚持唯物史观要求我们处理好以下两个环节。

1.合理构建知识结构

明确了方向、目标和设计意图后，我们将对历史学科核心素养的理解应用于历史课堂教学中。在具体学习过程中，主要从两个维度引领学生学习历史：从微观到宏观条分缕析地学习基础知识；从宏观到微观高屋建瓴地构建知识结构。比如，在复习中国近现代史时，我们可以这样引导学生学习：

首先，我们系统讲解每一节课的知识细节。通过分析时代背景、解读历史事件过程、提供历史史料，引导学生分析史料、提取信息、归纳概括和描述历史，借此培养学生的时空观念，锻炼学生的史料实证和历史解释能力。同时引导学生关注政治制度、经济发展和文化演变之间的联系和互相影响，培养学生的唯物史观。在这个过程中，还要注意采用多样化的教学方式讲出历史的味道和过程的曲折，增强课堂的趣味性。

其次，在讲清楚每一节课内容的基础上，我们引导学生对一个专题的知识进行梳理。学生按照自己的理解，对本专题的知识进行重新归类整理，构建自己本专题的知识框架，可以按照时序性，也可以按照空间性。对一个专题的知识进行整理的过程，也是学生对知识进行再加工的过程，培养了学生搭建知识体系的能力。

最后，在学习完中国近现代史的所有专题后，我们要求学生按照政治、经济和文化三个主题概括中国近现代史的阶段特征。这个步骤要求学生特别熟悉不同历史阶段的知识，熟练搭建起相对完善的知识框架，并能提炼出每个专题的核心概念，对学生的历史能力和素养提出了更高的要求。

经过这样从微观到宏观地学习知识，再由宏观到微观地搭建知识结构，并将时空观念和史料实证贯穿其中，学生既能掌握知识点，又将知识体系了然于胸，既见树木，又见森林。

2.理解比死记硬背更重要

历史学科核心素养要求学生能够利用历史知识解决实际问题，为了达到这个要求，我们非常关注学生对历史知识的理解。厘清历史事件的来龙去脉，理解核心概念的基本内涵，建立历史事件之间的关联，这有利于加强学生对历史发展规律的整体认知，培养学生的时空观念和家国情怀。结合高三历史教学的特殊性，引入"理解教学"模式时我们应明确以下两点。

理解视野下的教师：教育过程是理解的形成过程，是去除遮蔽，敞开意义的过程。教育只有真正走进学生的内在精神世界，对学生的心灵有所触动，并在其人生中留下有意义的痕迹，才能实现教育的意义，才是真正的教育。在理解者与文本的对话中，我们不断地进入他人的思想世界，文本总是对向它询问的人给出新的答案，并向回答问题的人提出新的问题，理解一个文本就是使自己在某种对话中理解自己。

理解视野下的学生：学生是历史人、现实人、未来人的融合体。因此，我们既要看到学生当前存在的不足，又要看到学生未来发展的可能性，用动态的发展的眼光看待学生，摒弃分数定高低的唯一标准。学生也是理解的主体，这就要求我们在日常的教学活动中，把学生作为教学设计的重要一环，更要重视学生对理解对象的揣摩体会，以培养学生自主生成新意义的能力。该能力既有利于学生同生活及历史成见建立意义联系，又有利于加深学生的自我理解，从而使学生在理解中发展为不断建构自身生命意义的人。

指向唯物史观素养的高三二轮复习对策

安徽师范大学附属中学　吴泽浓

《普通高中历史课程标准（2017年）》明确提出了历史学科核心素养，顺应了新时代培养合格人才必备的历史人文素养的发展趋势，也为历史教学带来了新的导向。唯物史观是揭示人类社会历史客观基础及发展规律的科学历史观和方法论，对于学生掌握历史知识，获取历史理解和解释的能力，形成正确的历史价值观，从而完成"立德树人"这一根本任务尤为重要。因此，唯物史观是我国中学历史教学的核心与灵魂，在中学历史教学中的地位不言而喻。本文旨在探讨如何在高三二轮复习中落实唯物史观素养的培育。

一、唯物史观素养解读

教育部制定的高中历史课程标准对唯物史观提了以下要求：了解唯物史观的基本观点和方法，理解唯物史观是科学的历史观；能够正确认识人类历史发展的总趋势；能够将唯物史观运用于历史的学习与探究中，并将唯物史观作为认识和解决现实问题的指导思想。对于学生来说，应了解唯物史观以下基本理论和观点：社会存在决定社会意识；生产力决定生产关系；经济基础决定上层建筑；正确运用阶级分析法；社会发展的历史是人民群众的实践活动的历史，人民群众是历史的创造者。

二、高考试题分析

唯物史观作为中学历史教学的核心与灵魂，有着无可比拟的重要作用，在多年来的高考中一直占据着重要地位，渗透在高考命题之中。例如：2020年全国卷

Ⅰ第28题。

1876年，英国传教士在上海创办的《格致汇编》设有"互相问答"栏目，其中大多问题是从读者的兴趣、关注点出发的。各类问题所占比例如表1所示：

表1　《格致汇编》"互相问答"栏目各类问题所占比例

应用科学、各种技术	自然常识	基础科学	奇异和其他问题
42.5%	22.8%	17.5%	17.2%

据此可知，当时（　　）

A.中体西用思想的传播受到了抑制

B.中外交汇促进维新思想深入发展

C.西学传播适应了兴办实业的需求

D.崇尚科学成为社会的主流思潮

解析：本题考查洋务运动时期的西学东渐。首先从1876年可以判断时代背景是洋务运动时期，从表格中可以看出《格致汇编》"互相问答"栏目各类问题所占比例最高的是"应用科学、各种技术"，其次是"自然常识"，再次是"基础科学"。可以看出西方的科学技术在当时的中国受到读者欢迎，再根据唯物史观一定时期思想文化是该时期的政治经济的反映，可以推导出洋务运动引进西方的科学技术，创办近代企业，反映在思想文化上就是对西方自然科技的关注，因此可以得出答案为C项。

再如2020年全国卷Ⅰ第34题。

有人描写19世纪六七十年代的巴黎：人们在巴黎内部建立了两座截然不同、彼此敌对的城市，一座是"奢靡之城"，另一座是"悲惨之城"，前者被后者包围。当时"悲惨之城"的形成，主要是因为（　　）

A.波旁王朝的苛政　　　　　B.资产阶级的贪婪

C.贸易中心的转移　　　　　D.教会统治的腐朽

解析：本题考查法国工业革命的影响。根据材料中"19世纪六七十年代的巴黎"可推知当时法国正在进行工业化，资本主义经济快速发展。再由材料中"奢靡之城"和"悲惨之城"可以看出法国当时贫富悬殊和阶级对立。该题需要分析造成贫富差距的原因，根据唯物史观阶级分析法的原理不难得出：由于工业革命的进行，生产力快速增长，资本家通过剥削工人攫取了大量财富，而广大工人的生活依旧困苦，造成贫富悬殊和阶级对立，故选 B 项。

三、复习策略

1.突破教材框架，建立历史逻辑体系

通过对上述两题的分析，我们可以看出高考试题十分重视对唯物史观核心素养的考查。基于此，二轮复习更需要用唯物史观梳理历史的纷杂表象从而认识历史的本质，把一轮复习中看似支离破碎的知识加以贯穿，从而帮助学生建立历史逻辑体系，同时也加深学生对模块知识的总体把握，提高复习效率。笔者在组织班级一轮复习中发现一个有趣的现象：有相当一部分同学对某一本教材或者某一课时相当熟悉，但当被问及两本教材相关知识点的关系时却面面相觑。因此笔者再次运用唯物史观原理指导学生对专题进行系统的梳理。唯物史观认为，经济基础决定上层建筑，分封制作为西周统治地方的重要的政治制度，其核心内容是"授土授民"，紧接着提出问题：为何周天子分封需要把人口分给诸侯国呢？当时处于"石器锄耕"时期，生产力落后，为贵族提供生活来源的公田需要大量劳动力，因此井田制是分封制的经济基础。春秋战国时期，铁犁牛耕带动了生产力的进步，大量私田被开垦出来，公田因为劳动力越来越少逐渐荒芜，井田制遭到破坏，以此为基础的分封制、宗法制走向崩溃瓦解。传统的奴隶制社会逐渐向封建社会转型。唯物史观认为一定时期的文化是该时期政治经济的反映，这种政治经济上的大变革表现在思想文化上就是百家争鸣局面的出现。

2.适当补充史实，丰富教材主体内容

历史不同于其他学科，我们研究的对象是浩如烟海的史料，基于不同史料的史学观点更是层出不穷，但高中历史教学并不是无的放矢，而是有一定的边界和主体。这就需要我们高中历史教师在唯物史观的指导下把握高中历史教材，呈现教材主体知识。但是如果高中历史教学仅仅是呈现教材知识，那么历史学习无疑是枯燥和割裂的。尤其进入二轮复习以后，学生需要的不仅仅是一个个抽象的知识点，更需要从整体上理解教材主体知识。因此高三历史二轮复习不仅要突破教材框架，建立历史逻辑体系，更要在唯物史观的指导下适当补充史实，从而丰富教材主体内容。

如教材中关于世界资本主义经济政策的调整的相关史实见于必修二第六单元，教材中主体内容为在资本主义经济大危机后资本主义国家普遍实行国家垄断资本主义，加强对经济的干预，凯恩斯主义失灵，经济出现滞涨现象，资本主义国家纷纷减少干预。在一轮复习的时候，很多学生表示困惑：资本主义经济政策调整属于生产关系调整，在资本主义不同生产阶段其经济政策究竟是什么样的呢？

针对这种状况，笔者对教材相关知识做了部分整合，查询相关资料对这一部分内容做了相应补充如下：

资本主义发展阶段	时间	资本主义经济政策	经济理论
简单协作阶段	14世纪—15世纪末	重商主义政策	重商主义
工场手工业阶段	15世纪末—1765年		
自由资本主义阶段	1765—1870年	自由放任政策	自由主义
私人垄断资本主义	1870—1945年		垄断主义
国家垄断资本主义	1945—1973年	国家干预	凯恩斯主义

生产力决定生产关系，工业革命前资本主义经济处于落后水平，当时资本主义国家通过重商主义干预国家经济，禁止金银出口，实行贸易保护主义，成立垄断性贸易公司，从而达到增加资本原始积累的目的。而后随着资本主义经济的发展，资产阶级不断调整生产关系，并使之顺应生产力的发展水平。通过笔者适当补充，学生大致梳理出了资本主义不同发展阶段的经济政策及背后的经济理论，同时笔者也在梳理知识体系中向学生渗透唯物史观素养。

四、结语

高三学生的课业压力相对较大，需要记忆的内容也相对较多，在一轮复习已经呈现教材主体知识的背景下，学生更需要建立历史逻辑体系，整体把握教材。同时高考更侧重对学生能力的考查，如果仅仅是死记硬背而忽视了对学生历史学科核心素养的培养无疑是失败的。其中唯物史观作为历史学科核心素养中的灵魂和主体，对于学生形成正确的历史价值观从而实现"立德树人"根本任务尤为重要。

聚焦时空观念，探究高考评价真谛

——以雅典民主政治的真题考查为例

安徽省无为襄安中学　黄翠霞

历史学科核心素养包括五个方面，其中时空观念素养既是历史学科本质的体现，又是高中历史学习的基础。本文以雅典民主政治的真题考查为例，探讨高考对时空观念素养考查的要求，以及高三历史复习中时空观念素养培育渗透策略。

一、时空观念素养的概念解读

《普通高中历史课程标准（2017版2020年修订）》明确指出："时空观念是在特定的时间联系和空间联系中对事物进行观察、分析的意识和思维方式。任何历史事物都是在特定的、具体的时间和空间条件下发生的，只有在特定的时空框架当中，才可能对史事有准确的理解。"时间与空间是历史最基本的两个要素，只有将史事置于历史进程的时空框架当中，才可能对史事有准确的理解，从而认知历史规律。

二、高考对时空观念素养考查的基本要求

1.以时空为基础，感知历史史实

（1）历史时间的表达形式有：世纪、年代、历史阶段、历史时期、朝代等。这些是历史学科的常识，是历史事件的时间定位，也是分析历史问题不可或缺的要素。

（2）时空观念强调将所有需要认识的史事置于具体的时空条件下进行探讨。

例1.（2016年全国卷Ⅱ，第32题）公元前5世纪剧作家阿里斯托芬提到，雅典政府有时让行使警察职能的公共奴隶，用染成红色的绳子驱使公民去参加公民大会。若有人因此在衣服上留下红色痕迹，他将被处以罚款。这反映出在当时的雅典（　　）

A.公民大会形同虚设　　　　B.民众失去政治热情

C.参政是公民的义务　　　　D.政府丧失民众信任

解析：本题的重点是时间点，根据时间并结合所学知识，运用排除法解答即可。题干的时间限定在"公元前5世纪"，公元前5世纪伯利克里改革，雅典民主政治处于黄金时期，公民大会不会形同虚设。而且伯利克里采取很多办法激发公众的参与热情，比如发放津贴，当公务员有补贴，所以失去政治热情、政府丧失民众信任，不符合那个年代的史实，故A、B、D三项错误。"用染成红色的绳子驱使公民去参加公民大会。若有人因此在衣服上留下红色痕迹，他将被处以罚款"反映的是必须参与政治，否则处以罚款，说明参政是公民的义务，故C项正确。

2.以时空为依据，得出历史结论

（1）历史研究对象是人类的过往经历，历史的连续性首先表现为时序性。要让学生建立起清晰的时间概念，做到考虑每个历史问题时都要想到它所处的时间，该时间主要以宏观时间为主。

（2）高考对时空观念的考查侧重于按照时间顺序和空间要素构建历史事件、人物、现象之间的相互联系，以时空为依据得出历史结论。

例2.（2020年新课标全国卷Ⅱ，第32题）有学者认为："在政体形式这个关键问题上，只有完全的一致，或者多数派强大到近乎全体一致的程度，即使那些不完全赞同的人也必须尊重这种政体，才能让政治激情不至于造成流血，同时让国家所有权威部门受到人们充分而自如的平和批评。"这一论述可以用于说明（　　）

A.雅典民主政治　　B.僭主政治　　C.罗马共和政体　　D.寡头政治

解析：根据所学知识可知，雅典民主政治强调少数服从多数，通过公民大会、陶片放逐法等充分而自如地批评"国家所有权威部门"，但同时容易在意见不一的情况下，出现权力的滥用和误用，造成流血和冲突，是多数人的暴政，故A项正确；通过非法手段获得统治权力的僭主政治，实行少数贵族集体专政的罗马共和政体和少数人执政的寡头政治，都不是民主政治，不会出现"国家所有权威部门受到人们充分而自如的平和批评"这一现象，所以B、C、D三项错误。

3.以时空相结合，认识历史规律

（1）对历史事物与特定时间和空间的联系进行考查，时间与空间是史事最基本的两个要素，只有将史事置于历史进程的时空框架当中，才可能对史事有准确的理解，从而认知历史规律。

（2）历史随时间流动而发展，又在一定的空间中演绎，历史中的国家、地区，其经济、政治、军事、民族、文化等无不在一定的空间中进行。我们要培养学生学会在一定时空下将历史信息进行整合，上升到对历史的理性认识，从而认知历史规律。

例3．（2020年新课标全国卷I，第32题）雅典城邦通过抽签产生的公民陪审团规模很大，代表不同的公民阶层，负责解释法律、认定事实、审理案件等。而在罗马，通常由专业法官和法学家进行司法解释。由此可见，在雅典城邦的司法实践中（　　）

A.职业法官拥有审判权　　　B.负责司法解释的主体与罗马相同

C.公民直接行使司法权　　　D.公民陪审团维护所有人的法律权益

解析：由材料可知负责审理案件的陪审团成员并非职业法官，故A项错误。在雅典司法解释的主体为抽签而来的陪审团，而在罗马为专业的法律人士，故B项错误。材料中掌握司法权的雅典公民陪审团从公民中抽签产生，这正体现了雅典民主政治对公民机会均等的保障，由此可以推知雅典公民通过陪审团直接行使司法权，故C项正确。雅典民主政治是建立在奴隶制基础上的，公民陪审团不可能维护所有人的法律权益，故D项错误。

三、高三历史复习中时空观念素养培育渗透策略

1.巧妙运用时间轴，建立时空坐标

运用知识时间轴，引导学生架构专题知识联系的桥梁，让学生直观地感知历史事件发展的来龙去脉，形成一定的时空观念。高三复习，可按时间顺序来梳理历史事件，比如，雅典民主政治确立和发展的过程。公元前6世纪初，梭伦改革奠定了雅典民主政治的基础，将国家引上民主的轨道。公元前6世纪末，在梭伦

改革的基础上，执政官克利斯提尼继续进行改革。克利斯提尼改革基本铲除了旧氏贵族的政治特权，公民参政权空前扩大，雅典民主政治确立起来。公元前5世纪，伯利克里时期是雅典民主政治的"黄金时期"。公元前338年，马其顿王国征服了希腊，雅典民主政治衰落。通过时间轴的形式将雅典民主政治历经奠基、确立、发展和衰落的过程梳理清楚，从整体上感知历史。雅典民主政治开启了西方民主政治的先河，也可在时间轴上把近代西方国家政治制度的形成标注上去，对古代西方政治制度和近代西方政治制度形成整体上的认识。

2.充分运用历史地图，加深对知识的理解

历史地图，是历史教学中需要关注的重要载体之一。历史地图属于空间概念，人们将发生的历史事件标注在地图上，历史地图因其自身特有的直观性特点，可以达到文字叙述达不到的教学效果。以古希腊民主政治产生的条件为例，为什么古希腊海外贸易和工商业发达，为什么古希腊难于形成一个统一的国家？通过观察《古希腊城邦分布示意图》，学生对这些问题才能有更深入的了解，古希腊以海洋为依托，环海、多山、多岛，海岸线曲折，天然良港众多，所以工商业和海外贸易发达。由于古希腊人被分割在一个个孤立的山谷里和海岛上，所以形成了许多个小国寡民的城邦，有利于公民直接地参与国家政治。历史地图是教材内容中地域空间的一种直观表现，同时也是帮助学生加深对历史知识理解的重要途径。

3.加强中外历史对比，拓宽历史思维视角

在高三复习教学中，要注重历史的系统性学习，需要学生将中国史和世界史进行对接。在此情况下，历史教师可以在复习过程中注重对比方法的运用，将我国历史与国外历史结合起来，从而有效渗透时空观念素养，提升复习效率。在分析古希腊民主政治的产生时，可中外关联，进一步探讨古代东西方产生两种不同的政治文明，即古代中国的专制主义中央集权制度和古希腊的民主政治，这样更能深刻理解两种政治形成的条件，认识文明的多样性。

4.带入历史情境，体现时空交融

教师应该引导学生发现特定历史情境之下历史事件的时空关联性，通过时间与空间、横向与纵向的对比与联系，在大的历史框架之下认识历史事件、探索历史规律。比如，在复习古希腊民主政治产生的条件时，教师可引导学生先探究地理环境对古代希腊文明的影响。经济上，濒临海洋，有利于工商业和海外贸易的发展；政治上，有利于小国寡民的城邦体制的形成，使公民能更直接地参与城邦政治；价值观念上，平等观念有利于民主政治的发展。但需强调自然地理环境对古希腊民主政治的产生有一定的促进作用，但不是决定因素。

基于核心素养的中学历史教学探索

总之，时空观念素养是历史时间与空间的相互结合，是历史学科核心素养的重要方面。因此，教师要在高三复习教学中不断渗透，把时空观念与高考真题有机结合，从而不断提升学生的历史学科核心素养。

基于时空观念素养的高三历史复习教学

——以《古代希腊民主政治》为例

芜湖市第三中学　陶红

时空观念是历史学科核心素养之一，也是历史学科区别于其他学科的重要特征。其主要内涵是要求学生能把历史现象放在特定的时空背景下进行分析，并进一步理解历史的变化与延续。时空观念是高中学生认识历史的前提，它可以帮助学生把握历史发展规律。近年来，高考试题对时空观念的考查逐渐增多，进一步表明培养学生时空观念的重要性。以下，笔者将结合自身所上的市级公开课《古代希腊民主政治》，谈谈自己的一些做法。

一、创设情境，视频导入

导入部分，笔者选取了当时最热门的话题"美国大选"的新闻片段引入本课，让学生们在美国总统的唇枪舌剑中感受竞选的激烈，并由此认识到美国总统的选举制、任期制，追根溯源，来自两千多年前的古希腊民主政治。信息技术的应用，有利于活跃课堂氛围，自然拉近历史与现实之间的距离。

二、走进希腊说印象

1.时序体系

时序观念是理解历史、形成历史思维的基础。故而，在第一目内容"走进希腊说印象"中，首先引导学生绘制时间轴，梳理古希腊历史发展的基本脉络，并回顾古代中国相应的发展历程，构建中外关联的时序体系。

爱琴文明　黑暗时代　城邦文明　希腊化时代

前20C　　前12C　　前8C　　　前4C　公元1C

夏商时期　　西周时期　　春秋战国时期　　战国至秦汉时期

在中外对比中，引导学生思考：同一时期的不同地区，为何会走向不同的政治道路？为本课的重点突破做铺垫。这样的设计，既可以培养学生纵横联系地看待历史问题，也让学生体会到任何历史现象都是一定时代的产物。

2.空间印象

历史空间，是指历史现象、历史事件发生的特定地理条件、环境、位置及历史人物活动的社会场所。古希腊民主政治正是在特定的地理环境下逐步形成的，出示希腊形势地图。学生不难得出：古代希腊地处三洲要冲，便于其汲取亚非优秀文明成果；多山多岛环海的独特地形特征，使其农耕经济不发达，海外贸易、商品经济繁荣，在以平等交易为基础的经济活动中，形成了追求自由平等、勇于冒险的民族性格特征；山岭沟壑纵横，希腊被分成多个城邦，为公民直接参政议政提供了政治条件。恰当运用历史地图这一有力工具，帮助学生正确认识地理环境对古希腊民主政治形成的影响，培养学生的空间观念。

古希腊民主是城邦体制下的民主，是少数成年男性公民的民主，为了进一步帮助学生理清其中的关联，展示两则相关材料。

材料1：所谓城邦（Polis），即由一个中心城市和周围农村组成的国家。城市和它周围的农村形成一个有机的整体，而不是分割开来。城市居民和农村居民享有同样的社会和政治权利，共同组成城邦的实质内涵，即城邦被看成是一个公民的共同体。

——黄洋等《世界古代中世纪史》，有少许改动

通过材料，让学生明确城邦概念：小国寡民，公民才有了更多直接参政议政的机会；独立自主，意味着城邦公民在不受外力干涉的情况下，自主管理本城邦事务，这是一种独立自治的传统。城邦是公民的共同体，二者利益紧密相连，公民以参加公务为荣。

材料2：希腊公民还具有强烈的集体荣誉感。在有多个城邦集会的场合，各城邦公民往往将自己城邦的利益看得至高无上。

——人教版历史教材必修一

结合材料2，引导学生认识到：正是因为雅典公民具备这种积极的参政意识、强烈的社会责任感，推动雅典不断走向民主。如果说独特的地理环境、小国寡民的城邦、强烈的公民意识，这些是雅典民主政治形成的现实需要的话，那么，它的产生有没有历史渊源呢？

材料3：据古典学者考证确认，古希腊语的"民主"一词，最早出现于公元前5世纪中叶。民主观念的源头，可以追溯到原始社会氏族部落民主、平等的习俗。古希腊城邦成百上千，习俗各异，政体多样，真正实行民主制的国家（如雅典），只是其中的极少数。雅典国家从原始君主制、贵族制到民主制的转变，乃是平民长期不懈斗争等国内外一系列因素共同作用的结果。

——徐松岩《古希腊文明的形成及其特征》，有少许改动

结合材料3，可以得知：雅典民主观念的源头，可以追溯到原始社会氏族部落时期民主、平等的习俗，所以说，雅典民主政治的形成是其历史传统和现实需要相结合的产物。历史看似纷纭复杂，却是有起承、有联系的，有些学生学习往往机械记忆，单纯就事论事，不去追本溯源，这就导致历史学习陷入误区。时空观念的培养，有利于打破历史教材的局限，让学生在构建时空观念中形成对历史的全面认识。

高考链接：

材料4：公元前8世纪，希腊城邦兴起，为数众多的城邦一般都建在高地或山丘上，建有城墙等防御设施。城邦大多建立了大规模的神庙，是城邦的宗教中心，城市的中心广场即市政广场是城邦社会与政治活动中心。在许多城邦，人民凭着对土地的拥有权而获得公民权，可以参与城邦公共事务的讨论和执行。城邦一般以一个城市为中心，周围有大片的农村地区，这是城邦的主要经济基础。

——黄洋等《世界古代中世纪史》，有少许改动

基于核心素养的中学历史教学探索

问题：根据材料并结合所学知识，概括古希腊城邦兴起的历史条件。

从时间到空间、从历史传统到现实需要、从知识梳理到高考链接，在理清希腊民主政治形成的原因中，使学生认识到希腊民主政治是奴隶制社会、城邦体制下的民主，是特定时空的产物。希腊的诸多城邦中，雅典是最具代表性的城邦之一，这主要归因于其发达的民主政治。雅典民主政治的确立与三次改革有关，让我们透过改革谈民主。

三、透过改革谈民主

本目中，通过对梭伦、克里斯提尼、伯里克利三次改革内容和贡献的总结归纳，以阶梯状图示让学生更加明晰其从奠基达到顶峰的过程，对三次改革在雅典民主政治确立上的贡献有了更深入的理解，对历史时序有了更深的认识。在此基础上，展示相关材料，引导学生对雅典民主进行全面的认识和思考。

1.民主政治的创新

材料5：雅典是古典民主城邦的代表，国家权力掌握在公民大会、议事会、官员和陪审法庭手中。公民大会由全体成年男性公民组成，是国家最高权力机关，决定国家法律和政策；议事会议员从公民中抽签产生，主要负责为公民大会准备决议案，并参与国家日常管理；官员由选举产生，大多一年一任，在任时需接受监督，随时可以被罢免和审判；陪审法庭是主要司法机关，陪审员全体达6000人之众，组成规模不等的法庭审理案件。

——人教版历史选择性必修一，有少许改动

材料6：我们在解决私人争端的时候，每个人在法律上都是平等的。在我们私人生活中，我们是自由和宽恕的，但是在公家的事务中，我们遵守法律，这是因为这种法律使我们心悦诚服。

——修昔底德《伯罗奔尼撒战争史》，有少许改动

材料7：在古代君主专制盛行的情况下，雅典民主为人类提供了一种集体管理的新形式，创造出法治基础上的差额选举制、任期制、议会制、比例代表制等民主的运作方式。这一伟大创举为后世民主政治的发展积累了宝贵经验。

——岳麓版历史必修一，有少许改动

通过阅读材料，学生不难得出：雅典民主政治拥有人民主权、轮番而至、集体决策、权力制约等特点，并以法律、陶片放逐法等形式保障民主，这些民主原则和运行方式对后世影响深远。雅典民主的理论和实践，开创了西方民主政治的先河，为近现代西方民主政治的确立奠定了基础；同时，在经济上促进雅典奴隶制工商业经济的发展；思想上，使雅典在精神文化领域取得了辉煌成就。材料解读中，加深对雅典民主政治影响的认识。时空观念的培养，有利于学生联系地看待历史事件，形成系统全面的历史知识体系。然而，雅典民主是小国寡民城邦体制下的直接民主，存在诸多不足。结合苏格拉底之死进一步进行探究。

2.民主政治的困境

材料8：审判苏格拉底的法庭是由500名来自社会各阶层民众的陪审员组成的。这类刑事审判一般投两次票，第一次是表决是否有罪。他的狂妄自大态度两次引起全场人群哗然，以致第一次投票以280票对220票表决他有罪。按照雅典惯例，第二次量刑表决是在起诉方面和被告方面提出的两个建议中作一选择。但他原先一再反复提出的荒谬建议使得陪审团以360票比140票判他死刑。

——董乐山《苏格拉底》"译序"，有少许改动

材料9：在古希腊，即使在雅典，国家的权力都不受限制。城邦是至高的存在，它优先于个人……个人并没有上诉的机制和途径……从根本上说，个人自由是屈从于公民共同体的。

——黄洋《古代与现代的民主政治》，有少许改动

通过对案情的分析，不难得出：法律程序的公正不能带来结果的公正，再结合黄洋教授的一则材料和2014年全国卷的一道高考题，让学生认识到个人自由严格受到限制，在雅典民主第一、自由第二，所以，苏格拉底之死体现出他要用生命去捍卫法律权威，更彰显了强烈的公民意识。进而，引导学生辩证分析雅典民主制，使学生认识到雅典民主制是特定时代的产物，必然被赋予了时代和阶级的局限性。但从历史的长远发展来看，采取集体管理的新形式，开创了西方民主政治的先河，应当肯定。时空观念的培养，使学生的历史思维在时空框架下运作，能够按照时间顺序和地理因素来建构历史人物与历史事件，理解其中的关系，并在此基础上对史实做出合理的解释。

随着历史的演进，其狭隘的城邦体制，最终无法适应政治经济的迅速发展，

基于核心素养的中学历史教学探索

在马其顿王国的征服下，辉煌一时的古希腊城邦民主制湮没在历史的尘封中，但其民主传统却得以遗赠后世。

四、跨越时空论文明

法国年鉴学派代表人物布罗代尔就提出了长时段的历史观，他认为只有借助长时段的观点，研究长时段的历史，才能更好地把握整体历史，理解历史事物的发展与联系。引导学生回顾所学，通过时间轴和地图相结合的方式，让学生在纵向联系中充分体会到古希腊文明对近现代西方发展的影响。

现代民主与古典民主有何不同呢？展示相关材料。

材料10：古典民主拘泥于"民主"一词的字面意义，实行的是单纯的、纯粹的民主（即直接民主），全体公民大会是不受制约的最高权力机关，少数异议分子（往往是社会精英）处于被排斥的地位，而现代民主制则一般不诉诸全体公民意志的直接表达，强调包括与大众意愿相左的少数人在内的所有人都有权参政并争取自己的合法权益，实行代议制度、政党政治和分权制衡……古典民主仅把"自由"定义为个人参与政治活动的自由，似乎人只应为公共政治而生活，个人在公共权力面前没有任何自我保护的能力，现代民主则赋予个人的自由广泛得多，个人既有权参与政治活动，也有权不受非议地放弃公共政治而从事一切私人的合法活动，而政府的主旨也正是保护这种个人自由权力不受任何势力侵犯。

——马克垚《世界文明史》，有少许改动

结合材料，在现代民主与古典民主的比较中，使学生认识到现代民主是一种间接民主，自由被赋予了更广泛的内涵，这些成就的取得与分权制衡、政党政治等制度的实行有关，现代民主政治在古典民主的基础上进一步完善和发展。时至今日，中国也在人民民主的道路上不断向前迈进，民主是人类政治文明发展的必然趋势。

如何看待古代中西方文明的差异？通过联系和比较，使学生探究认识到：

（1）人类文明发展具有差异性和多样性，由于各种经济、文化、生活习惯、自然环境和政治背景的不同，必然会产生不同的文明。

（2）不同政体的产生，是由国情决定的，没有优劣高低之别，两者都是人类政治文明的重大成果，影响深远。

（3）理解和尊重人类文明的多样性，鼓励文明之间的包容和交流，促进其共同发展。

那么今天的我们应该如何对待中国传统文化呢？

材料11：没有文明的继承和发展，没有文化的弘扬和繁荣，就没有中国梦的实现。

对历史文化特别是先人传承下来的价值理念和道德规范，要坚持古为今用、推陈出新，有鉴别地加以对待，有扬弃地予以继承……重点做好创造性转化和创新性发展。

——习近平

结合习近平总书记的讲话，引导学生认识到人类文明在传承中不断发展，那么，在对中华优秀传统文化的继承中，中华民族伟大复兴的中国梦也必将实现。

总之，时空观念是历史学科核心素养的重要组成部分，不管是出于学生必备品格、关键能力的培养，还是出于高考的需要，我们都必须在高三历史复习教学中加强对学生时空观念素养的培养，具体可以采用时间轴、大事年表、教材地图与图示结合、多媒体教学等途径，也可以利用历史概念或历史研究方法等。紧紧抓住历史事物的时间、空间要素，增强学生从不同时空层面进行分析比较的意识，使学生形成将特定历史事物置于具体时空下考察的思维方式，落实时空观念素养。

时空观念素养的培养路径初探

安徽省无为中学　杨必新

近年来历史高考试题着力考查学生的历史学科核心素养，而且是考查多个素养的综合。针对学生重知识轻能力的问题，我们在教学中要着重培养学生的时空观念等学科素养。

一、时间观念的培养

徐蓝教授认为，时间观念就是将历史事物放在历史发展的长河中进行考察，观察、理解、认识历史发展的全过程，辨明它在每个发展阶段有什么新特点，寻找前一过程转变为后一过程的原因。[①]在一定的时代背景和具体环境中来分析问题，也是以历史的眼光看问题的体现与要求。对于时间观念的培养，要注意历史时间的表述方式以及准确的时间定位。

第一，要熟悉各种历史时间的表述方式。如常用的公元纪年，中国古代的天干地支、年号，还有重大历史事件、年代、历史分期及人类社会形态的划分等，对其进行归纳分类以便学生掌握。按照时间的长短可分为微观、中观和宏观三种时间类型。具体定位到年份的属于微观时间类型；介于微观和宏观之间，有较具体的时间参照的时间段，可纳为中观时间类型；人类文明、历史发展的大分期，则归为宏观时间类型。

第二，定位史料时间，找到与史料相关的历史事件，建立新材料、新情境与所学知识之间的联系，找到解题的突破口。例如2016年全国卷Ⅱ第33题：

英国18世纪人口死亡率明显下降，但1816年以后死亡率上升。1831—

[①] 徐蓝.关于历史学科核心素养的几个问题[J].课程·教材·教法，2017(10)：25-34.

1841年，工厂集中的伯明翰每千人死亡率由14.6%上升到27.2%，利物浦由21%上升到34.8%。导致上述情况发生的重要原因是（　）

    A.城市环境极其恶化   B.化学工业污染严重

    C.人口膨胀食物短缺   D.医疗技术水平下降

根据材料中提供的时间1816年、1831—1841年，依据所学知识，18世纪60年代到19世纪中期英国进行第一次工业革命，城市环境污染导致人口死亡率上升，建立了新材料与所学知识的联系，进而得出答案选A项。除此之外，还要注意时间变化类史料，学会运用时间术语规范作答。如2019年全国卷Ⅱ第41题：

材料一　清康熙时解除海禁，在广东、福建、浙江、江苏设立四处海关，管理对外贸易。海关设置后即制定税则，不分进出口，往来贸易统一征税，包括正税和杂税，税率总计10%左右。乾隆时期对浙海关税率提高两倍，试图"寓禁于征"，但效果不显著，之后实行粤海关一口通商。

——摘编自韦庆远、叶显恩《清代全史》

材料二　1843年，《五口通商章程及海关税则》规定，进出口货物按值百抽五交纳关税。根据这个税则，一些主要进口货物的税率较原来粤海关实征的税率大幅降低，出口税率一般也比过去降低。此后，列强利用协定关税权，一再压低中国进口税率，使其长期低于出口税率。

——摘编自许涤新、吴承明《中国资本主义发展史》

根据材料一、二并结合所学知识，概括清代海关税率的变化，并简析其原因。

参考答案，变化：①清前中期不分进出口，税率统一，清末进出口税率分开征收，且进口税率低于出口税率。②清末关税比清前中期降低。

材料中出现"清康熙时""乾隆时期"和"1843年"三个时间点的变化，在回答清代海关税率变化时，要学会用时间术语进行概括，如"清前中期""清末"。又如2019年全国卷Ⅰ第41题：

基于核心素养的中学历史教学探索

材料一

1950—1980年部分国家钢产量变化

年份/年	中国	美国	苏联	日本
1950	61	8785	2733	484
1955	285	10617	4527	941
1965	1223	11926	9102	4116
1975	2390	10582	14134	10231
1980	3712	10080	14800	11141

——编摘自《1949—1984中国工业的发展统计资料》

根据材料一并结合所学知识，分别说明四个国家钢产量的总体发展趋势及基本原因。

参考答案，趋势：美国，钢产量长期稳步增长，到20世纪70年代中后期出现下降现象。日本，20世纪50年代中期到20世纪60年代末产量增长迅猛，20世纪70年代放缓。苏联，钢产量稳步增长，20世纪70年代中后期放缓。中国，钢产量快速增长。

可见，学生不仅要熟悉各种历史时间的表述方式，还要能够运用相应的时空术语进行概括，适应新高考对学生学科能力素养的要求。

第三，学会建立时间轴，通过横向和纵向的发展与联系的构建，理解历史发展的因果联系。用时间轴法，可以直观体现同一时段不同地域的重大史事及阶段特征，帮助学生树立时空观念，把握相关史事的时间、空间联系，让学生在不同的时空框架下理解历史上的变化与延续、统一与多样。

二、空间观念的培养

空间观念，需要了解历史事件、历史人物和历史现象所发生的地点、区域、范围等，这是历史上人类活动的场所和舞台。通过具体的空间定位，进而观察历史发展过程中的政治、经济、军事、外交、社会、文化、意识形态等各个方面，理解、认识它们之间的相互关系及其总的特点。在高中历史空间观念的培养过程中，要充分利用地图，有效构建空间观念，以准确理解历史的发展，如古人所说的"左图右史"，学习历史要学会从地图中挖掘有效信息进行综合分析，提升学科素养。

第一，掌握划分空间的方式。首先，要掌握常见的地理名称。平时遇到相关地理名称，多查阅资料明确其划分的标准和依据，对照地图建立空间观念。如中原、江南、岭南、关中、塞北、河西、西域等地域概念要清晰。在2020年全国卷Ⅰ第25题，A选项作为干扰项，就考查了吐蕃（今西藏自治区）和西域（玉门关、阳关以西）的区别，平时注重地域观念的考生很容易就能排除干扰选出正确选项。

下图（图略）为唐代著名画家阎立本的《步辇图》，描绘了唐太宗李世民接见吐蕃使臣的情景。该作品体现了（　）

A.西域风情与中土文化的交汇　　　B.文人意趣与市井风情的杂糅

C.艺术审美与史料价值的统一　　　D.现实主义与浪漫主义的融合

其次，注意典型时期的行政区划。通过典型历史时期行政区划的地域信息，可以在阅读文献或地图时获得更多隐含的信息，迅速而准确地认识和理解史料，提升学生的思维品质。例如，对中国古代西周、秦朝、西汉、唐朝、元朝的地方行政区划，一定要做到烂熟于心。

此外，还要关注历史上的重要地点，尤其是都城地名的古今对照。虽然后世部分朝代的都城在原址上有所改建或有一定距离的迁移，但对其大致位置也要有基本了解。如：北京—蓟、幽州、大都、北平；南京—金陵、建康（东晋等）、江宁、应天、天京；西安—镐京、长安（汉唐）；杭州—余杭、临安（南宋）。2014年全国卷Ⅱ第24题，西周的都城是镐京，随即就判断出是在陕西。

第二，注重对历史空间诸要素的整合与分析。历史空间要素包括政治、经济、文化、军事、社会等，在历史的教与学中，要对其进行分析、综合、比较，在此基础上做出合理的论述，得出恰当的结论。如井冈山革命根据地的建立，在分析其可行性时，可从历史空间的诸要素展开。首先，地理位置，井冈山地处江西和湖南交界处。其次，地理环境，罗霄山脉中段，山高林密，地势险峻。最后，社会环境：政治上，井冈山不但远离大城市，敌人力量薄弱，而且受国民革命影响，群众基础好；经济上，物产丰富，便于筹粮筹款；军事上，地势险要，易守难攻。[1]

①邱明.从天时地利人和看毛泽东为什么选择井冈山[J].四川民族学院学报,2018（5）:30-35.

三、时空变化的整合

在具体的历史情境中，时间与空间的变化有时是单变量，有时是双变量。双变量比单个要素的变化要复杂，既要考虑时间背景的变化，也要分析空间位置的变动，对于分析者来说更加考验学科素养。关于时空变化的整合，可分为以下两类：

第一，静态：特定时间与特定空间的结合。历史是线性单向发展的，历史现象或事件的出现，都是在时间变化的过程中产生的，是绝对变化的量。如果将时间段看成一个时间点，在此过程中出现的现象或事件，是在原有基础上的加强和发展，而非异变，这种情况就可理解为是一种相对静态的状况。这种特定时间与特定空间相对不变的历史现象或事件，只需从时空要素角度去分析即可。

如2015年全国卷Ⅰ第30题，设定的时间是1933年到1937年上半年，正是日本局部侵华（1931年9月18日）到全面侵华（1937年7月7日）之间，国民政府军事委员会修筑的要塞区域设置在东部沿海地区和华北地区，也是日本最有可能入侵的地区，这一点可通过两个方面得到验证。一方面，日本通过"九一八"和"一·二八"事变，占领中国东北，也暴露出想要占领上海等东部地区的野心。另一方面，从后来全面侵华的史实看，日本最早进攻的地区与方向也是中国的华北地区和东部沿海地区。综合时空两方面的要素分析，即可得出答案。

> 1933年到1937年上半年，国民政府军事委员会先后统筹完成了江宁、镇江、虎门、马尾、连云港等要塞区的建设，又大规模构筑了京沪、沪杭、豫北、晋北、绥东等侧重于城市和交通线防御的工事。它反映了国民政府（　　）
>
> A.力图防范各地兴起的反蒋运动
>
> B.对日持久防御作战的战略意图
>
> C.全力"围剿"红军的企图
>
> D.试图削弱各地军阀的实力

第二，动态：时间和空间的双变化。随着时间的缓慢推移或较大变化，空间要素发生变化，空间也随之改变。如中国古代经济重心的变动。汉代全国分为四大经济区，即山东、山西、江南和龙门碣石以北，山东、山西长期居于全国经济重心位置，全国的经济区域呈现出多样化和经济实力发展不平衡的特点。后来由于北方战乱，南方相对稳定，北民南迁，南方统治者的重视等因素，使中国古代经济重心逐渐南移。魏晋南北朝时期，南方得到初步发展。唐朝中叶以后，南方的经济实力逐渐超过北方。至南宋时，经济重心南移完成。

　　总之，历史是在时间和空间两个维度下发生的客观过程。时空观念素养的培养，是学生对历史事件、历史现象进行客观合理理解和认识的前提与基础。在教学过程中，注重学生对时间和空间的概念、划分标准以及要素整合的理解与掌握，这不仅是学习和研究客观历史的基本意识和方法，也是提升历史学习的有效性和学科核心素养的重要途径。

时空观念在高三历史复习课中的落实

安徽省无为第二中学　汪勇

在当前历史教学中，由于多方面的原因，时空观念被重视和落实的程度尚有欠缺，在高考试题中，考查时空观念的题型存在大量失分情况。所以，在复习课中有效落实时空观念对于高三学生学习历史和今后个人发展有着重要意义。

一、时空观念的内涵

要将时空观念有效渗透到高中历史复习课当中，首先要明确时空观念的内涵。《普通高中历史课程标准（2017 年版 2020 年修订）》对时空观念给出了明确的定义："时空观念是在特定的时间联系和空间联系中对事物进行观察、分析的意识和思维方式。"当前考查时空观念素养的题型主要分为四种：对特定时空下历史现象内涵的考查，对特定时空下历史阶段特征的考查，对不同时空联系的考查，对历史规律的考查。

二、时空观念与高中历史复习课结合是高考的需要

目前，高中历史教学使用专题史体例教科书，分政治文明、经济生活、思想文化三个专题。这种体例教学容易导致高中生时空思维能力薄弱，学习呈碎片化，缺少时序意识，复习课整合缺乏主线和教学立意。近几年，时空观念成为高考试题的重点考查内容，从学生失分率高可以看出，学生普遍存在时空知识结构缺失的问题。随着高中新课标和《中外历史纲要》教科书的出版和使用，一线教师开始注重时空观念，并进行研究。在历史复习课中，教师有意识地培养学生的时空观念，有助于学生准确地进行历史定位，并站在整个中国史或世界史的高度看待

和分析历史问题，以避免学生只见树木不见森林。对于学生个人而言，时空观念的养成能够拓展学生看待问题的视野，增加学生认识世界的深度，使学生养成通过对比、迁移等方法思考问题的品质，从而正确把握历史学科的整合性、持续性和本质属性。

三、高三历史复习课教学实施策略

笔者结合复习课任务，依据时空观念水平将高中历史复习课策略分为三个部分：活用历史时空表达方式，培养学生的时空观念；巧用历史比较法，把握时空联系；利用点、线、面结合，形成时空体系。以人教版高中历史内容为例，尝试探索时空观念下的历史复习课教学实施策略。

1.活用历史时空表达方式，培养学生的时空观念

时空观念素养水平1.2要求能够辨识多种历史时空表达方式，并能反过来运用历史时空表达方式描述相关史事的来龙去脉。

（1）制作历史时间框架图表。

制作历代君主专制制度变化表，并概括中国古代君主专制制度的特点和作用：

表1　历代君主专制制度变化

朝代	制度	特点及作用
秦朝	三公九卿、皇帝制	互不相属,互相牵制,互相配合,权利高度集中
西汉	中朝（决策） 三公九卿（外朝）	限制相权,加强皇权
隋唐	三省六部制	分工明确,提高办事效率,标志中枢权力机构走向成熟,削弱相权,加强皇权
北宋	二府三司	强干弱枝,分化事权,守内虚外,重文轻武
元朝	一省三院	相权与之前相比有所扩大
明朝	内阁制	人员由皇帝任命,不参与国家决策,君主专制加强
清朝	军机处	机构简单,办事效率高,标志着皇权达到顶峰

总结归纳：中央制度变化背后蕴含着矛盾（皇权和相权之间的矛盾）和趋势。将中央制度变化置于长时段来看，可以总结出其变化的方式和规律：启用皇帝身边近臣转移权力（如汉朝的内外朝制度），分割宰相实权（如隋朝的三省六部制、宋朝的二府三司制）。

（2）解读历史地理要素。

历史学科是研究"人"的科学，历史空间作为人生产和实践活动的载体，对历史发展有着重要的作用。解读历史空间最基本的是识别历史地理要素，看懂历史地图。历史教师可以从长短时段、大小范围、整体与局部、静态与动态几个维度来指导学生分析历史地图中体现的历史空间的不断变化和相互联系，从而让学生对历史事件形成完整的认识，达成时空观念核心素养水平3和水平4。

如人教版必修二第24课《世界经济的全球化趋势》的复习：

二战后，以欧美国家为主导，资本在全球范围内开始了新一轮的扩张。经济全球化体现出体系化、制度化和区域化的特点。面对新的世界，中国该如何抉择？结合地图，感受中国在经济全球化中的处境，中国政府实行什么对策？

新中国成立后的三十年，我们取得了巨大的成就，但也付出了惨痛的代价。幸运的是，在对世界形势正确把握后，邓小平同志带领中国做出了对外开放的抉择。特别是20世纪90年代以来，全球化迅速发展，我们主动融入其中，1991年加入亚太经合组织；1992年开放上海浦东，制定社会主义市场经济体制的目标；2001年加入世界贸易组织（WTO）。

通过历代君主专制制度变化表，巧用历史时间框架，有针对性地培养学生的时序意识，巩固学生辨别各种时间表达方式的能力，使学生能够将史实定位在特定的时间框架下；通过分析中国在经济全球化中的处境，理解空间和环境因素对历史发展的作用，培养学生对历史原因和影响的全面认识。

2.巧用历史比较法，把握时空联系

历史比较法是对两种及两种以上的历史对象进行多方面的比较，通过比较和分析来加深、验证历史认识的一种方法。在历史教学中巧用历史比较法符合学科核心素养要求。历史教学不是迫使学生接受已有结论的被动活动，而是学生运用一定方法和理论建构历史知识的主动过程，学生不善于对中外历史的综合分析，就无法对历史事件进行合理论述，这就要求教师在教学中加强中外历史比较，引导学生把握历史事件的时空联系。一般来讲，历史比较可以采用以下三类方式：

第一类，相同性质或相似性质的人、事、物相比较，分析其不同的背景、作用、特点或性质等。如人教版必修二第5课《开辟新航路》中"郑和下西洋与新航路开辟的异同"的复习：

表2　郑和下西洋和新航路开辟对比

	郑和下西洋	新航路开辟
背景	君主专制加强,封建制度衰落	商品经济发展,资本主义兴起
主要目的	政治目的:宣扬国威	经济目的:海外殖民,掠夺财富,进行资本原始积累
经济基础	封建自然经济	商品经济和资本主义兴起
影响和后果	增进了与亚非国家的经济文化交流,但它对中国的新经济因素没有积极影响,并且造成了巨大的经济负担	促进了欧洲资本主义的发展,资本主义世界市场的雏形出现,并开始了世界一体化的进程

第二类,分布于不同阶段但具有相同性质的历史事件,认识阶段性特征。如人教版必修二第8课《第二次工业革命》的复习:

表3　比较两次工业革命的不同

	第一次工业革命	第二次工业革命
时间	18世纪60年代—19世纪中期	19世纪中后期—20世纪初
国家	首先在英国发生	同时在几个主要资本主义国家发生
中心	英国	美国、德国
标志	蒸汽机广泛使用,"蒸汽时代"	电力广泛应用,"电气时代"
部门	主要集中在轻工业部门	主要集中在重工业部门
特点	科学与技术尚未结合	科学与技术紧密结合
组织形式	工厂制	垄断组织
世界市场	初步形成	最终形成
对中国的影响	开始沦为半殖民地半封建社会	完全沦为半殖民地半封建社会

第一次工业革命,列强以流通领域的交换为主要形式,以倾销商品为主要扩张方式;到第二次工业革命,经济全球化由流通领域转向生产领域,以资本输出为主,出现国际垄断同盟。

第三类,不同国家或地区在相同历史阶段的表现,理解其本质区别。如人教版必修二第24课《世界经济的全球化趋势》的复习:

根据表格(略),分析近代中国与世界在经济全球化历程中的不同特点。第一个不同是顺序不同。中国在全球化的冲击下,经历了从技术——洋务运动,到制度——戊戌变法,再到思想——新文化运动几个时期。而欧美国家相反,先是思想上的文艺复兴,再是制度上进行资产阶级革命,最后技术领域展开工业革命。

西方的经济全球化历程是从科技和思想上的革新开始的，在技术进步和文化启蒙充分发展后才有了各国的革命运动等，这就决定了他们在经济全球化进程当中做好了充分准备。第二个不同是主导力量不同。西方在经济全球化进程中，各国政府有着主导地位，是从思想上自下而上，形式上自上而下完成的，西方的侵略和战争推动着全球化的进程。而当时的中国政府几乎没有在经济全球化进程中起到多么重要的作用，中国在近代被西方帝国主义侵略，伴随着鸦片战争参与到全球化进程中，是被动且畸形的，在外部力量大量入侵后，中国也并没有从经济全球化中得到多少好处，反而被战争拖得伤痕累累。

纵向梳理历史现象，利用历史大事年表，从历史的完整全貌来解读历史现象和规律，把握长时段特征；经过横向中外历史的比较，学生在复习不同历史表达方式的同时，对历史分期有了深层的理解，准确把握历史时空的联系，提高了时空观念素养水平。

3.点、线、面结合，形成时空体系

时空观念素养水平4要求能够利用恰当的时空尺度对历史和现实问题进行独立的分析、综合、比较，做出合理论述。历史复习课要将教材中分散的历史知识结成知识网络，形成完整的时空体系供解决新问题时调动和运用。

（1）"点"对时空进行准确定位。

对时空进行准确定位的策略可以安排在课堂导入中，回顾旧知识，关注时序。如人教版必修二第24课《世界经济的全球化趋势》中关于经济全球化开端的复习：

世界近代史的开端为15世纪。中国近代史的开端为1840年，编年时间是有价值的，是能够表达立场的。根据已有知识，你能简要说出造成中国近代史与世界近代史时间上限不同的原因是什么吗？由于明清时期的重农抑商、海禁、闭关锁国政策，中国逐渐走向闭塞，直到1840年鸦片战争被迫打开国门。15世纪左右，西方国家开始开辟新航路，进行文艺复兴、宗教改革等，这些举措使西方国家逐渐走上了资本主义道路，人类历史的分散和隔绝状态开始被打破，全球化的"命运之轮"再也无法停止。

（2）"线"纵向串联历史发展的脉络。

在掌握"点"的基础上，结合知识的内在联系构成时空线索。在课程讲授中可以通过串联时空脉络，分析历史的阶段性特征。如人教版必修二第24课《世界经济的全球化趋势》中"经济全球化的阶段特征"的复习：

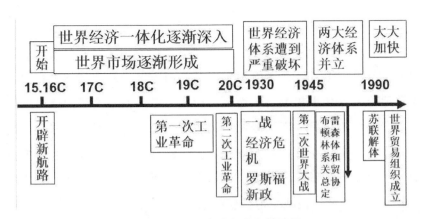

图1　世界经济全球化发展进程图

经济全球化的概念是由国际货币基金组织在1997年提出来的。虽然直至1997年人们才给经济全球化下了一个定义，但全球化的事实其实早已发生。依据经济形态视角，我们认为经济全球化的开端在15世纪，并且经济全球化可以分为三个阶段：第一为西方资本帝国主义列强进行殖民统治的时期；第二为东西方两个阵营相互对立的时期；第三为一些西方大国严重阻碍、削弱新兴经济体发展壮大的时期。

（3）"面"形成完整的时空体系。

通过"线"的串联将历史事件进行"纵向"分析，可以在课堂的尾声或课堂小结中通过"横向"整合知识构成时空体系，在特定的时空框架下进行独立探究，联系过去与未来，形成完整的时空体系，升华认识。如人教版必修二第24课《世界经济的全球化趋势》中"中国如何应对经济全球化"的复习：

中国从闭关锁国、独立于世界市场之外，到被迫卷入资本主义世界，一战后工业有所发展但遭遇民族危机，20世纪中后期被孤立、被封锁，20世纪末至今市场经济体制建立，对外开放，积极参与全球化。没有一劳永逸、一成不变的经济策略，面对当今全球化的机遇与挑战，我们要有正确的认识，全球化是无法改变的历史趋势，我们要抓住机遇，面对挑战。一方面要提高企业竞争力，在积极主动中寻求发展，另一方面要扩大对外开放，尊重其规则，也学会运用其规则。

由"点""线"发展至"面"，完成教学视角由微观分析知识向宏观形成知识的转变，形成意义时空维度，全面提升时空观念素养。

培核心素养　育家国情怀

——浅析核心素养在2020年高考真题中的体现

芜湖市南陵县萃英园中学　周翠红

历史学科核心素养包括唯物史观、时空观念、史料实证、历史解释、家国情怀五大方面。其中，家国情怀是历史学科重要核心素养之一，在高考选择题、材料题、开放性试题中都有涉及。因此，在高三历史复习的关键阶段，教师要深入研究高考真题，分析核心素养在真题中的体现，将其运用到复习教学中，升华学生的家国情怀，以服务于培养社会主义现代化接班人。

一、潜心研究考纲，关注时政焦点，明确考查方向

1.潜心研究考纲

研究考试大纲，很有必要。教育部考试中心专家曾经说过："研读考试大纲，深入理解考试大纲所做的规定，把握复习备考的方向，甄别哪些是符合考试大纲要求的复习方法，是教学的应然要求。"历史学科考查对基本历史知识的掌握程度；考查学科素养和学习潜力；考查在唯物史观指导下运用学科思维和学科方法发现问题、分析问题、解决问题的能力。

2.关注时政焦点　牢记立德树人使命

党的十九大明确提出："要全面贯彻党的教育方针，落实立德树人根本任务，发展素质教育，推进教育公平，培养德智体美全面发展的社会主义建设者和接班人。"如何落实国家"立德树人"的教育目标？"考纲"中明确提出"立德树人、服务选拔、导向教学""必备知识、关键能力、学科素养、核心价值""基础性、综合性、应用性、创新性"等一系列关键词，高瞻远瞩，又深入浅出。其中，学科核心素养是学科育人价值的集中体现，是适应个人终身发展和社会发展需要的必备"品格"与"关键"能力。

2020年高考历史试题通过考查对党史、新中国史、改革开放史和社会主义发展史的学习和掌握，促进考生进一步深刻认识中国从站起来、富起来到强起来的艰辛探索和历史必然，激励学生坚定四个自信。在命题专家看来，2020年的高考历史学科试题进一步增强了立德树人的时代气息。

二、深入研究高考真题，分析其中蕴含的核心素养

历年的高考试题都是精雕细磨的产物，研究高考真题既可以精准把握高考考试方向，也是应对考试最直接最有效的方式。"与其大量做题，不如抽出时间认真研究往年的试题，往年的试题是精雕细磨的产物，它反映了对考试内容的深思熟虑、对设问和答案的准确拿捏、对学生水平的客观判断。研究这些试题，就如同和试题的制作者对话。"教育部考试中心刘芃在《考试文集》中这样说。

高考命题原则是：命题不拘泥于教材；运用新材料，创设新情境；考查三大维度；古今贯通，中外关联；突出历史发展基本脉络；这些命题原则基本上体现了历史学科核心素养的要求。例如，2020年全国卷高考历史试题，整体比较稳定，试题难度变化不大。同时稳中求变，变中求新。试题中运用新材料，创设新的情境，古今贯通，中外关联，把握历史发展的基本脉络，体现了对学科核心素养的综合考查；同时贴近现实，注意与社会现实问题的结合；彰显国家意志，落实党和国家立德树人的要求。具体表现如下：

第一，唯物史观是历史学习的基本史观，是诸素养得以达成的历史保证。2020年全国卷I第26题："北宋时，宋真宗派人到福建取得占城稻三万斛，令江淮两浙诸路种植，后扩大到北方诸路；宋仁宗时，大、小麦被推广到广南东路惠州等地，南宋时，'四川田土，无不种麦'。"以唯物史观考查宋代时把福建的水稻推广到江浙一带甚至北方，同时广南和四川都种植水稻，反映出宋代土地利用率的提高，各地都能种植水稻，反映出宋代经济的发展，经济中心逐渐南移的史实。

第二，时空观念指在一定时间、空间中理解和解释重大历史事件、历史现象的能力，是诸素养中学科本质的体现。如2020年全国卷I第28题，考查1876年英国传教士在上海创办的《格致汇编》，设有"互相问答"栏目，其中大多问题是从读者的兴趣、关注点出发的。各类问题所占比例在表格中显示：应用科学、各种技术占42.5%，自然常识占22.8%，基础科学占17.5%，奇异和其他问题占17.2%。据此可知，西学传播适应了兴办实业的需求，学生根据题干所给的时间，结合所学知识即可判断此时中国正处于洋务运动时期，看表中数据可知西学传播未受到

抑制，而维新思想虽已产生，但根据时间可知维新思想此时尚未深入发展，由此推出，19世纪70年代洋务企业、民用企业兴起，尤其是上海比较集中，所以西学中的自然科学、技术等适应了兴办实业的需要，从而轻易推出正确的选项。

第三，史料实证是指对获取的史料进行辨析，并运用可信的史料努力重现历史真实的态度与方法。史料实证是诸素养得以达成的必要途径。历史试题注重依靠不同类别的史料和多元化的素材呈现形式，考查学生信息读取、筛选、分类、归纳、提炼、阐释的能力。如2020年全国卷Ⅱ第25题，采用壁画作品与文化遗存相互印证的形式，要求学生综合图文资料："敦煌莫高窟61号洞中的唐代壁画《五台山图》中有一座'大佛光之寺'，梁思成、林徽因按图索骥，在山西五台山地区发现了其实物——佛光寺。"根据材料提取有效信息，认识艺术作品蕴含的历史价值；第28题通过近代外国在华企业投资行业分布统计图，考查学生读图和提取图中关键信息的能力。题目考查了学生对史料的搜集、整理和辨析。在教学和学习中，师生要尊重史实，注重论从史出，注意史论结合。

第四，历史解释是指以史料为依据，对历史事物进行理性分析和客观评判的态度、能力与方法。几乎所有历史叙述在根本上都是对历史的解释，只是解释的程度不同。如2020年全国卷Ⅰ第24题："据《史记》记载，春秋时期，楚国国君熊通要求提升爵位等级，遭到周桓王拒绝。熊通怒称现在周边地区都归附了楚国''而王不加位，我自尊耳''乃自立，为楚武王'。"材料通过熊通怒称现在周边地区都归附了楚国，而分封制是指周天子把王畿以外土地和人民授予诸侯建国，周王授土、授民以外，还授爵。诸侯的爵位不能擅自提升，尤其是诸侯不能"自立为王"，与周王平等，说明分封制的有关规定遭到破坏。通过史实，说明了周桓王时期分封制度虽然存在但已受到挑战的现实。这些都体现了核心素养中的历史解释素养。

第五，家国情怀主要是引导学生形成正确的历史价值观和树立家国意识。家国情怀是诸素养中价值追求的目标。2020年全国卷Ⅰ第27题，围绕清代纂修族谱是一种普遍的社会行为，每部宗谱均有族规、家训，其内容主要包括血缘伦理、持家立业、报效国家等，说明族谱的纂修体现了儒家思想观念。题目通过族规、家训所蕴含的儒家思想观念，考查了儒家思想是中华民族精神支柱的优秀文化内涵，充分体现了家国情怀。2020年全国卷Ⅱ第47题以我国著名科学家竺可桢的事迹创设情境，展现其为祖国气象学、地理学事业奋斗终身，以及"学理之研究重于物质之享受"的高尚治学理念，激发学生将个人价值的实现与国家富强紧密联系在一起。

三、调整教学策略，提升学生学科核心素养

历史二轮复习是高三教学的重要阶段，在复习中需将历史课程结构的构建与学生历史学科核心素养的提升紧密结合。具体要做到：

第一，打破传统模块，构建通史体例。

人教版教材按照政治、经济、文化模块，割裂了同一时期政治、经济、文化等之间的联系。在二轮复习中，可结合新教材内容，按照通史专题复习，既符合考试说明的要求，又能契合高考出题的顺序。具体做法是把通史和专题结合起来，适当地打乱专题的结构和书本的顺序，以通史为线索，以历史阶段为依托，把书本中的考点按时间顺序一一对应到阶段中去，然后再归纳本阶段内的专题。如中国古代史部分，可分为中华文明的奠基——先秦时期、中华文明的初步发展——秦汉时期、封建国家的长期分裂和民族大融合——魏晋南北朝时期、封建社会的繁荣鼎盛——隋唐时期、封建经济的进一步发展——宋元时期、封建制度的渐趋衰落——明清时期等。从中华文明几千年的沧桑变化中，感受中国辉煌的文化，增加文化自信和民族自信；同时从中华文明的衰弱、落后就要挨打的教训中树立"为中华之崛起而读书"的信念，培养责任意识、忧患意识。

第二，精选试题，强化训练，培养能力，树立情怀。

提升学生学科核心素养，教师要精选试题尤其是高考真题。精讲中特别要注意试卷的讲评清晰、举一反三、变式训练。不仅要答疑释惑，还要对出题意图、能力层次、答题技巧等方面进行分析。让学生建立错题库，积累错题，正确归因，从错题中发现自己存在的问题，通过错题重现让学生认识到问题的症结，举一反三，巩固所学知识。在加强选择题训练的同时，还要有针对性地、循序渐进地对非选择题进行科学的指导和训练，提高学生的解答能力，如审题能力、分析问题能力和语言组织能力等。

总之，在新课改的背景下，教师要不断提升自身的专业素质，打破传统教学模式，创新教学，牢记立德树人使命，在复习中有效渗透核心素养，尤其是家国情怀，引领学生从政治、经济、文化等不同视角深入认识国家治理体系、经济现代化和文化引领的重要性，增强道路自信、理论自信、制度自信、文化自信，为实现中华民族伟大复兴的中国梦而努力。

注重主干知识　彰显核心素养
——2020年安徽中考历史试题评析

安徽师范大学附属外国语学校　王宜林

总览 2020 年安徽中考历史试题，遵循《义务教育历史课程标准（2011 年版）》，以基础知识为载体，以学习能力为目标，以学科素养为导向，将历史知识、史学观点、史学方法、人文素养与现实中的社会实际相结合，彰显历史学科教育功能，试题体现了传承与创新相统一的命题思路。

一、题型和分值较稳定

1.题型结构

2020 年安徽中考历史有四大题型：单项选择、辨析改错、材料解析、活动与探究。与 2019 年安徽中考历史试题题型一样。

2.分值结构

中国古代史 18 分，约占 26%；中国近代史 16 分，约占 23%；中国现代史 8 分，约占 11%；世界古代史 4 分，约占 6%；世界近代史 14 分，占 20%；世界现代史 10 分，约占 14%。

表1　2018—2020年安徽中考历史试卷分值对比

年份	中国史				世界史			
	中国古代史		中国近现代史		世界古代史		世界近现代史	
	分值	比例	分值	比例	分值	比例	分值	比例
2018	14	20%	31	44%	4	6%	21	30%
2019	22	32%	24	34%	2	3%	22	31%

年份	中国史				世界史			
	中国古代史		中国近现代史		世界古代史		世界近现代史	
	分值	比例	分值	比例	分值	比例	分值	比例
2020	18	26%	24	34%	4	6%	24	34%

注：比例数值四舍五入取整数。

通过对比可以看出，2020年安徽中考历史试题与2019年相比，中国古代史的分值比重略有下降，约占26%。中国近现代史的分值比重仍约占34%。世界史的分值比重有所上升，占40%。

二、重视主干，考查基础知识

重视主干和考查基础知识一直是中考历史命题的方向。2020年安徽中考历史考查的知识都是课程标准的核心知识、历史学科的必备知识、课堂教学的主干知识。比如15个选择题考查的知识点分别是：汉字演变脉络、秦朝法律的影响、北宋重文轻武、元明清对台湾的管辖、五四运动、古田会议、中国抗战的贡献、解放战争和新中国成立后的土地改革、市场经济、法国大革命、工业革命、苏俄战时共产主义政策、经济大危机、美苏冷战、联合国宗旨。第16题辨析改错，考查技术进步加速文化传播：北宋毕昇发明活字印刷术、商务印书馆、电影《定军山》、互联网与信息时代。第17题考查中国近现代的工业化建设（洋务运动的目的及失败的原因，一五计划的背景及成就、原因，工业化建设的启示）。第18题考查近代殖民扩张（英国早期殖民扩张、美国"门户开放"政策、殖民地反对殖民扩张的合理性）。第19题考查文明交流（拜占庭帝国面对外族入侵的措施、日本大化改新、唐都长安对外交往的地位及唐文化的积极影响、文明经久不衰的奥妙）。中外历史考查比例大约为3：2。在变化中保持平稳，注重对考生主干知识、基础知识和能力的综合考查。

三、优化思维，彰显核心素养

历史学科核心素养是课堂教学的灵魂。全卷通过极富学科特点的试题、探究性情境和科学的问题设置，在考查学生基本思维能力和基本方法的基础上，着力

基于核心素养的中学历史教学探索

对学生时空观念、唯物史观、史料实证、家国情怀等核心素养的考查。

1.对唯物史观的考查

法国大革命的到来，不是因为伏尔泰卓越的讽刺散文和卢梭伤感的浪漫小说，而是因为中产阶级已经上升到经济的领导地位，他们渴望得到社会的认可和政治权力。这表明法国大革命爆发的根本原因是（　　）

A.启蒙思想的宣传　　　B.资本主义的发展

C.财政危机的加剧　　　D.三级会议的召开

根据材料"因为中产阶级已经上升到经济的领导地位，他们渴望得到社会的认可和政治权力"可知，法国大革命爆发的根本原因是资本主义的发展，故B项正确。此题实际上考查生产力决定生产关系，生产关系要适应生产力发展的唯物史观。法国大革命爆发的根本原因是封建生产关系阻碍了资本主义经济的发展。此题有利于引导学生树立科学的历史观。

2.对时空观念的考查

全卷大部分试题都有明确的时间提示，或为直接的数字提示，或者是历史概念呈现，以历史事件告知，将试题置于特定的历史背景之下，考查其时代特征。如选择题第9题：

词汇变化反映时代变迁。《现代汉语词典》修订时曾一次性增收了5000多个新词条，如市场经济、超市、电脑、绿色食品、下海等。本次修订可能发生在（　　）

A.1956年　　　B.1978年　　　C.1984年　　　D.1996年

根据新词条判断时间。1992年召开的中共十四大提出建立社会主义市场经济体制的目标。题干中的市场经济、超市、下海等词与社会主义市场经济体制有关，故D项符合题意；与1956年有关的词是社会主义改造、中共八大等；与1978年相关的词是改革开放等；与1984年相关的词是国企改革等。考生根据平时对历史时间的积累，就能抓住时代特征，做出正确判断。

3.对史料实证和历史解释素养的考查

如选择题第3题：

北宋中期，蔡襄指出：“今世用人，大率以文词进。大臣，文士也；近侍之臣，文士也；钱谷之司，文士也；边防大帅，文士也；天下转运使，文士也；知州郡，文士也。”这反映出北宋治国的特点是（　　）

  A.休养生息 B.兵民合一 C.重文轻武 D.外重内轻

结合所学知识可知北宋实行重文轻武政策。题干中的“大臣，文士也；近侍之臣，文士也；钱谷之司，文士也；边防大帅，文士也；天下转运使，文士也；知州郡，文士也。”表明北宋的文臣受到重用，这反映出北宋治国的特点是重文轻武，故 C 项符合题意。本题实际上考查学生的史料实证素养。

如选择题第 7 题：

如图反映了第二次世界大战中部分国家的伤亡人数及持续作战时间，对其解读正确的是（　　）

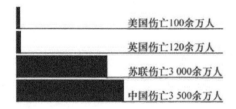
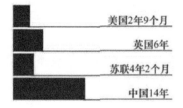

美国伤亡100余万人 美国2年9个月
英国伤亡120余万人 英国6年
苏联伤亡3 000余万人 苏联4年2个月
中国伤亡3 500余万人 中国14年

  A.美国援助是中国抗战取胜的关键因素
  B.英国是世界上最早参加反法西斯战争的国家
  C.苏联在世界反法西斯战争中牺牲最大
  D.中国为世界反法西斯战争的胜利作出了巨大贡献

根据题干材料所给信息可知，在第二次世界大战中中国的抗日战争持续时间最长，伤亡人数最多，这说明中国为世界反法西斯战争的胜利作出了巨大贡献，故 D 项正确；材料没有体现抗战中美国对中国的援助，故 A 项错误；中国是参加反法西斯战争最早的国家，故排除 B 项；中国在世界反法西斯战争中牺牲最大，故排除 C 项。本题实际上考查学生的历史解释素养。

4.对家国情怀的考查
如第 17 题，阅读材料，完成下列要求：

材料一　自强运动的倡导者推动现代规划，主要是为了使国家能够抵御

300

外来侵略、镇压国内动荡，并加强他们自己的权位。他们从未梦想要把中国锻造成一个新式国家……未能在官办工业或官督商办企业中注入个人的能动性，那些企业继续不断地备受官场中司空见惯的无能、任人唯亲和贪污腐败等现象之困扰。

——摘编自徐中约《中国近代史》

根据材料一，指出"自强运动"的目的并概括其失败的原因。

材料二　1952年，现代工业在工农业总产值中的比重只有26.6%，重工业在工业总产值中的比重只有5%。第一个五年计划建设期间，从计划制定到计划实施，无论是中央还是地方，再到每一个建设者，可以说是上下一条心，举全国之力，步调一致搞建设。"一五"期间，我国工业建设和生产所取得的成就远远超过了旧中国的一百年。

——摘编自王树恩《新中国"一五计划"出台的台前幕后》等

根据材料二，指出制定第一个五年计划的现实国情并分析其取得巨大成就的原因。结合以上材料和所学知识，谈谈我国工业化建设给你的启示。

第17题通过中国近现代工业化建设的对比，即近代中国洋务运动的失败与现代中国"一五"计划取得的巨大成就进行对比，说明民族独立是国家工业健康发展的前提，良好的社会制度有利于促进工业发展，充分调动人民群众的积极性和创造性有利于促进社会主义建设等。此题实际上考查学生的家国情怀素养，使学生坚定中国特色社会主义道路自信和制度自信。

四、关注周年和热点，具有鲜明的学科特征

关注时政热点，"知史以明鉴，查古以知今"是历史学重要的功能。如选择题第14题：

美国是现代资本主义国家的典型和代表，其意识形态中反共、反苏的理念十分明显。1945年9月美国的一次民意调查显示，54%的美国人相信美国和苏联在战后能够合作。两个月后，这一数字下降到44%，到了1946年2月，这一数字下降到35%。这表明（　　）

A.意识形态对立加速国际社会分裂

B.不同社会制度国家之间无法合作

C.美苏同盟破裂，冷战对峙局面形成

D.遏制苏联成为全体美国民众共识

依据题干中的"意识形态中反共、反苏的理念十分明显"和"54%的美国人相信美国和苏联在战后能够合作。两个月后，这一数字下降到44%，到了1946年2月，这一数字下降到35%"可知，题干材料表明意识形态对立加速国际社会分裂，故A项符合题意。

关注周年热点。选择题第7题图示二战中部分国家伤亡人数及持续作战时间，实际考查中国抗日战争胜利75周年。选择题第8题，1947年《中国土地法大纲》和1950年《中华人民共和国土地改革法》的共同作用，实际考查《中华人民共和国土地改革法》颁布70周年，也表明中国共产党代表广大人民群众的利益，因此赢得了人民群众的支持。

通过分析2020年安徽中考历史试题，作为历史教师应重新审视平时的教学，要始终不忘以立德树人为总目标，夯实基础知识，注重史料教学，提高学生阅读和分析史料的能力，着力培养学生的学科能力和学科核心素养，引导学生关注社会现实，树立开放的思维意识和人文精神，坚定中国特色社会主义道路自信、理论自信、制度自信和文化自信。

从中考材料解析题看学生核心素养的培育

——以2020年安徽中考历史材料解析题为例

安徽省无为第三中学　钱腊梅

"材料解析题"是目前安徽中考历史中的一个主要题型，在中考中通常占20分，分值比例较高。此类题型顾名思义是对历史材料进行解读和分析，是对历史学科核心素养目标的落实。解答此类型题目不是靠死记硬背，更不是等待开卷翻书，而是对历史材料、文物等进行辨别和分析，培养学生读懂材料、会学历史的能力。因此，教师在教学中如何润物细无声地培养学生分析史料的能力则显得尤为重要。本文以2020年中考"材料解析题"为例来分析教学过程中如何落实核心素养的培育。

一、以材料解析核心素养——分析2020年安徽中考历史材料解析题

2020年安徽中考历史材料解析题仍是两大题，每题10分，共20分，每题设置三小问，三小题在难度上逐渐增大，总体上保持了近几年试卷的格局。2020年材料解析题具体特点分析：如第17题以我国近现代两个时期的工业化发展为切入点，考查学生对课本知识点的掌握和阅读材料的能力。材料一选自徐中约的《中国近代史》："自强运动的倡导者推动现代规划……现象之困扰。"问题设置很清晰"根据材料一，指出'自强运动'的目的并概括其失败的原因"。这是典型的考查学生对史料的阅读和理解能力。第18题的材料一，以表格的形式展示英国早期殖民扩张的方式，同样的设问"根据材料一概括英国早期殖民扩张的主要方式"。对初中学生来说，这是对阅读、理解史料能力的考查，难度并不大。学生回答第17题"自强运动的目的"可以根据材料中"主要是为了"这个关键词来概括题目答案。另如第18题第一问，虽然材料是以表格形式呈现，但表格的内容很清晰，从

内容中找关键词来概括答案，如表格中"垄断……贸易""建立……殖民地""战争""夺走……财富"，再用自己的语言组织起来，这样对初中生来说解答就不困难了。相同的，第17题第2问也是考查学生对史料的阅读理解能力，这一小问包含两个问题："指出制定第一个五年计划的现实国情并分析其取得巨大成就的原因"，从材料二关键数字来分析，工业比重只有26.6%，重工业比重只有35.5%，由此可以得出：我国工业落后，重工业比重低；而另一问："一五计划取得成就的原因"也可以用类似方法来概括材料中的"中央到地方、每一个建设者、上下一条心"等词语，归纳出全国劳动人民的辛勤努力；"举全国之力，步调一致搞建设"则可以得出：社会主义制度的优越性。

多年来，安徽中考历史材料解析题前两问都是考查阅读分析材料的能力，而第3问则是考查学生的综合能力、实证能力、解释能力等。一般情况下，材料里没有答案，需要分析材料再发散思维，形成自己开放性的合理答案，这对学生的解题能力提出了较高的要求。如第17题第3问"谈谈我国工业化建设给你的启示"，乍一看，学生对这一问似乎摸不着头脑，但从题目的问法上看，还是有章可循的。"结合材料和所学知识"，那么我们要把两则材料结合起来分析，不难看出，第一则材料反映近代工业最终没有发展起来，国家没有走上富强道路；而第二则材料是现代工业取得了巨大成就。区别在哪里呢？在于国家是否独立。这样自然就可以得出答案：民族独立是国家工业健康发展的前提，还有社会制度的保障、人民群众的积极性等。这里就是史料实证素养要求达到的目标：能够从史料中提取有效信息，作为历史叙述的可靠依据，并据此提出自己的历史认识；能够以实证精神对待历史与现实问题。也是历史解释素养要求达到的目标：学会从历史表象中发现问题，能够客观评判现实社会生活中的问题，能够有理有据地表达自己的看法。

二、以解析引导教学——提高材料解析能力，培育学生核心素养

材料解析能力的提高，不在于一朝一夕，更不在于对历史书的死记硬背。从中考开卷考试以来，"背多分"的时代早已过去，如何培养学生分析史料、史料实证的能力，需要教师在三年的教学过程中润物细无声地培育，引导学生阅读史料、判断史料、解析史料，培养学生的史料实证能力、历史解释能力等。

1.教学生读材料

在平时教学过程中，首先是讲解课本知识，让学生对课本知识理解透彻，但又不能单纯地讲解课本知识，否则学生只是井底之蛙，知其一而不知其二。材料题不但融阅读、判断、理解及阐释本质和内在联系为一体，而且因其材料精练、内涵丰富、信息量大等特有优势，成为中考测试综合能力的重要载体。读懂、读透材料，是解好题的第一步。所以教师在平时教学中要培养学生阅读材料的能力，课堂上需要出示教学知识相关材料，扩大学生的视野。如七年级上册《百家争鸣》，这一课是弘扬我国传统文化的有力载体，对今天的文化传承有重要影响，是教育学生的重要一课，同时也是引导学生提升文化认同感和文化自信的有效途径，更是落实家国情怀素养的有力素材。因此在教学中不能局限于课本知识，如学生学习百家争鸣后，可以展示 2014 年习近平总书记在孔子诞辰 2565 周年国际学术研讨会上的讲话"有鉴别地加以对待，有扬弃地予以继承"；2017 年习近平总书记在党的十九大报告中的论述："深入挖掘中华优秀传统文化蕴含的思想观念、人文精神、道德规范，结合时代要求继承创新，让中华文化展现出永久魅力和时代风采。"在此过程中教师不要马上出示材料的核心内容，而是让学生先阅读材料，然后引导学生从材料里找到一些关键词，如"有扬弃地予以继承""结合时代要求继承创新"。这样的教学让学生不再局限于课本的百家争鸣知识点，而是让学生遇到传统文化类型题目自然会作出解答。经过三年这样的教学之后，还有多少学生不会做材料解析题呢！

2.领学生串材料

中考材料解析题都是 2 至 3 个材料的组合，材料内容上一定有某种内在联系，也就是我们常说的有共同的主题。学生如何学会把材料串起来，需要教师在日常教学中引导学生找题目中材料的共同点。"找"就是从材料和有关知识中，找取解题的信息点、信息源，它往往是与"读"交织在一起的，而且方向是一致的，无需将两者截然分开。如 2020 年第 18 题第 3 问："简析殖民地半殖民地人民反对殖民扩张的合理性"。我们可以把两则材料相结合，找到材料要反映的共同点。简单分析可以看出，两则材料都讲述了英美两国对外侵略扩张的史实，两国的行为都损害了被侵略国家的利益，都给其他国家带来灾难。分析至此，答案也就不难归纳了。因此如何能将材料"串"起来是解答最后一问的关键。

3.助学生答材料

材料解析题的读、找，只是为最后的答题做准备，答才是最终的落脚点。这个落脚点是否准确、恰当、完美，是否能够充分体现命题的意图，还体现在答题语言的组织是否精练。开卷考试有其优势但也有部分学生无从下手，即使看懂了材料，最后却不会组织语言。在中考前有限的复习时间里，教师首先要帮助学生在理解材料的前提下学会组织语言。如2018年第18题第3小题"以中国革命和建设为例，阐释材料三的观点"。这题的难点在于明确观点并结合史实论述观点，解答本题时需要理解材料三的主旨，提炼观点，这对于学生来说较难，但可以引导学生从材料里概括出核心词："马克思主义""运用到中国具体环境中去"，经过这样的分析，可以帮助学生得出答案，即"马克思主义和中国实际相结合"。观点提炼出来，列举史实难度不大。当然，中考复习中教师还要告诉学生，答题的要点要明确，语句要规范，不要出现散文化的语言。

总之，学生对中考材料解析题解题能力的提高，不是短期内能速成的，需要教师的"教""领""助"。只有教师在平时的教学中以核心素养理念为指导，抓住材料解析题的特点，不断引导、润物细无声，学生才能在中考时做到对症下药。

核心素养培育背景下的初中历史复习教学

芜湖市鸠江区黄渡中学　　王从萍

　　初中历史课程标准指出：通过义务教育阶段历史课程的教学，学生能够掌握中外历史的基本知识，初步掌握学习历史的基本方法和基本技能；对人类历史的延续与发展产生认知兴趣，感悟中华文明的历史价值和现实意义，养成爱国主义情感，开拓观察世界的视野，认识世界历史发展的总体趋势；初步形成正确的世界观、人生观和价值观，为成为拥有良好的综合素质的合格公民奠定基础。可见，历史课程的存在是任何学科都无法取代的，也是学生健康发展不可缺少的一部分。《2017年安徽省初中学业水平考试纲要（历史）》明确指出，安徽初中历史学业水平考试的命题原则是依据历史课标、注重三维目标，侧重能力考查、遵循新课程理念。所以，在初三历史复习过程中，教师要改变以往死记硬背和大量练习习题的复习方式，要有效地将历史学科核心素养及初三历史复习整合在一起，这样才能提高学生的复习质量，为学生综合素养的全面提高做好保障工作。本文对如何有效地将历史学科核心素养与中考复习整合起来进行论述。

一、开展时空概念学习，帮助学生形成立体观念

　　了解历史的时序，初步学会在具体的时空条件下对历史事物进行考察，从历史发展的进程中认识历史人物、历史事件的地位和作用。这是初中历史课程标准所提出的，也是历史学科核心素养的基本内容之一。时间与空间是历史最基本的两个要素，而所谓时空观念则是对历史时间、空间的思考，是帮助学生形成立体观念的有效方式，也是提高学生历史学习质量的重要方面。

　　例如：在初三复习时，笔者首先与学生一起对相关事件建立时间轴，引导学生自主建构历史知识，将零散的知识系统化，进而加深学生对历史知识的理解和

重构，逐步提高学生的复习质量。如图1是中国近代史中的"近代化起步"的教学设计，同时引导学生比较中西近代化进程的不同点，分析原因。这样的过程不但能够锻炼学生的知识总结能力，锻炼学生的自主学习能力，而且对学生时空概念素养的提高和学生历史复习质量的提高，都有非常重要的作用。

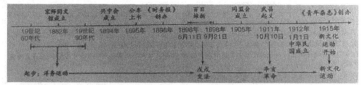

图1 "近代化起步"教学设计

二、指导史料实证分析，提高问题解决能力

初步学会从多种渠道获取历史信息，了解以历史材料为依据来解释历史的重要性；初步形成重证据的历史意识和处理历史信息的能力，逐步提高对历史的理解能力，初步学会分析和解决历史问题。这是初中历史课程标准提出的，与历史学科核心素养的基本内容之一——史料实证素养相契合。所谓史料实证是指可以拿来解释相关历史事件或者是历史知识的资料，而培养学生对史料的获取能力，并运用史料解决问题的能力是历史学科核心素养的具体体现，也是学生自主学习能力、分析能力等方面得以锻炼和提高的重要方面。所以，在初三历史复习教学中，要鼓励学生自主寻找史料以进行相关问题的解答，一来提高学生的资料搜集能力、分析能力，二来提高学生的问题解决能力。

例如：在复习《苏联社会主义道路探索》这一主题时，为了确保历史学科核心素养的全面提高，也为了促使学生获得良好的发展，更为了提高学生的初三复习质量，在复习本主题知识时，笔者组织学生在网络上或者是一些参考书上搜集史料列举"列宁在社会主义建设方面所做的探索""斯大林模式的具体表现"，引导学生在自己举出的例子中认识和总结出其在实践中的经验教训，另外辅以问题讨论"我国社会主义建设从中可以获得哪些启示？"以帮助学生更好地理解列宁新经济政策、斯大林模式以及对它们做出正确的评价，培养学生的唯物史观，确保学生在高效的历史课堂中获得良好的发展，进而为学生在课堂难点的突破及史料

基于核心素养的中学历史教学探索

实证的搜集和分析中提高解题能力。

三、借助历史理解和思考，涵育学生家国情怀

所谓历史理解是指对史事的叙述提升为理解其意义的理性认识和情感取向，这是学生形成正确的情感态度和价值观的基础，更是历史课程价值最大限度实现的保障。在历史复习教学中，要引导学生自主复习、自主理解，并体会相关知识中包含的情感态度和价值观，这样才能在提高学生历史素养的同时逐步提高学生的复习质量，当然在这个过程中，学生的案例分析能力也会得到锻炼。

例如：在复习《对外开放格局的形成》这一节时，为了让学生深刻理解对外开放是我国的基本国策，也为了让学生树立正确的对外开放观念，更为了让学生在复习中、在历史理解中深刻理解"入世"带来的意义，在复习时笔者组织学生对下面的一则案例进行分析和思考，如：

中国近代史是一段屈辱的历史，是一段用中华儿女血和泪拼成的历史，屈辱占据了每一个爱国儿女的心，同时它也是一段可歌可泣的历史，无数的爱国之士在这里书写了悲壮的诗篇。阅读史料，回答问题：

材料一 据不完全统计，1800年至1804年间，鸦片输入华量平均每年3500箱；1820年至1824年间，增至平均每年7800余箱。20世纪30年代迅速增加，到1838年至1839年度竟达到35400箱。

——李伯祥《历史研究》

材料二 提起新疆，我们会想起"丝绸之路"，会想起浓郁的少数民族风情，会想起甘甜的哈密瓜，还有今日跌宕起伏的东突分裂活动……在新疆的历史长河之中，发生过很多我们无法遗忘的事情。

材料三 "一个有希望的民族不能没有英雄，一个有前途的国家不能没有先锋。"每一个抗战英雄都是一个爱国楷模，都是一座爱国精神丰碑，以抗战英雄命名城市道路，就是传递爱国精神，就是激发爱国精神，就是凝聚城市的爱国精神，打造城市的一种爱国情感氛围。

引导学生对这一材料进行思考和分析，运用所学的知识及已有的经验知道林则徐禁烟斗争及其意义、左宗棠收复新疆的事实，并且通过抗日爱国英雄的列举体会到中华民族自强不息、勤劳勇敢、开拓创新的精神。因此，教师要引导学生

仔细分析案例，进而帮助学生树立正确的情感、态度和价值观，学生在理性分析和客观评价中形成正确的家国情怀素养。

四、引导历史解释与评价，提高学生的综合能力

历史解释与评价是展示学生个性的基础，也是学生形成基本历史素养的有效方式，更是历史课程价值最大限度实现的前提。但是，在实际历史教学过程中，教师很少给学生机会对某一历史人物、历史事件等进行评价，说一说自己的观点和看法，这样是不利于激发学生历史学习兴趣的，尤其是参与不了课堂活动，学生是体验不到学习乐趣的。所以，在复习过程中，要有意识地给学生搭建评价的平台，引导学生在自主分析和思考中掌握基本知识，同时也能让学生将相关的知识融会贯通，对提高学生的解题能力有非常重要的作用。

在初三复习教学中，可以借助对学生历史事件理解能力的培养提高复习质量；还可以借助对相关历史事件辩证关系的思考和交流落实历史课程的核心思想。辩证地评价某一历史人物或者是某一历史事件，如：拿破仑的功过，辛亥革命的成败等，这些都可以让学生在复习过程中与小组成员进行交流和讨论，通过引领学生自主学习、耳濡目染、体验感悟等，让学生感受到历史学科的教育价值，树立正确的历史价值观。

总之，在课堂教学改革下，历史教师一定要转变教育教学观念，将历史学科核心素养培育与复习教学的有效结合，才能实现对零散知识的系统化，才能实现对薄弱环节的巩固，进而真正为学生考试成绩的提高做好前提性工作，同时也让学生形成正确的历史学习态度，并真正将历史学科核心素养的提高看作终身学习和研究的一部分。

提高时空观念素养的中考复习策略

芜湖市镜湖区方村中学　杨海梅

时空观念素养，是《义务教育历史课程标准（2022年版）》中提到的历史学科五大核心素养之一，是在特定的时间联系和空间联系中对事物进行观察、分析的意识和思维方式，是历史学科本质的体现，是其他素养得以达成的基础条件。有意识地培养学生的时空观念，对学生的历史学习以及历史思维的培养都是不可或缺的，同时也是初中学业水平考试的目标之一。但是现行的教科书对于时空观念体现不太明显，学生准确理解史实的难度较大。我们要结合中考复习任务，借助于多种直观性、可呈现式方法，引导学生提升时空观念素养。

一、建立时间轴，纵向体会历史演变脉络

梁启超先生指出："许多历史上的事件，原来是一件件地分开着，看不出什么道理，若是一件件排比起来，意义就很大了。"长期以来，历史学习往往停留于记忆与历史事件相关的定位，不利于历史知识的复习和整合。所以，在中考复习中借助历史时间轴，将中外历史上的事件、人物、制度、现象等内容的生成按其特定的时间、空间范围，进行条理化、简约化的表述，形成一种史学观念指导下的逻辑建构，对学生知识的梳理有着引领作用。同时，培养学生用联系、发展、变化的眼光对待看似互不联系的史实，发展其思维能力。

例如，八年级上册第二单元《近代化的早期探索与民族危机的加剧》，复习这节内容时，引导学生依据所学知识，将鸦片战争到八国联军侵华时间区域内的重大政治、经济事件标注在时间轴上方，并依据本单元内容，在时间轴下方标注师夷长技的"自强"、"求富"、《时务报》、《国闻报》等，和百日维新活动的时间段。这样，依据时间轴，教师可以总结：师夷长技的自强求富阶段，中国政治上

两次鸦片战争的失败，经济上外国资本主义的入侵，自然经济解体。而维新思想的传播和百日维新活动的探索，是因为中国政治上甲午中日战争的战败，经济上民族资本主义得到初步发展。这样引导学生思考洋务运动、戊戌变法是在不同的政治、经济背景下产生的，从而使学生明白随着近代战争的失败，中国政治、经济发生了重大变化，中国人民不仅反抗外来侵略，也开始探索中国的未来，思想解放也随着社会经济的发展而不断发展。通过时间轴理解和识记基本史实是发展历史迁移能力的根基。建立时间轴，构建段落时空观念，有助于体会历史演变脉络，比起机械记忆历史时间知识点要更加灵活、更加牢固。

二、巧用历史地图，横向拓宽历史思维

历史的空间概念是依靠历史地图来表示的。时空观念包括时序观念和地理空间观念两个方面，传统教学模式拘泥于多种限制，往往忽略了地理空间因素对重大事件的制约与影响，忽略了地理空间观念的培养，限制了思考问题的广度和深度。中考题中，地图作为直观图像史料的考题经常出现。因其有考核学生的读图能力、空间几何能力、逻辑思维能力、历史解释能力等功能。事实上，许多涉及历史事件发生成因、背景的问题，历史事件推进过程和生成结果的问题，均可以以地理空间为切口寻找答案，或者从地理空间的角度找到答案。所以中考复习时历史老师应当树立资源意识，巧用地图史料再现空间情境，实现对文字知识的有效补充，从而横向拓宽历史思维。

以近代英国发生鸦片战争的原因分析为例。学生在八年级学习近代列强侵华战争，还没有学习世界史，不了解英国在世界近代史上比较早完成资产阶级革命和工业革命的大背景。因此在中考复习时，分析英国作为第一个打开中国大门的西方列强，发动鸦片战争的原因最具有代表性。我们复习时可以利用《清朝时期的中国与世界（1840年前）》，引导学生把目光从中英两国的时空转向整个世界。从地图上看，欧洲国家不是强国就是强国的殖民地或半殖民地，在欧洲没有办法再扩展市场。在美洲，美国刚刚经过独立战争，南北美洲这片大市场也不再可能让英国为所欲为。非洲沿岸大多数基本开发完，而当时非洲内陆由于交通、恶劣的自然环境、不明原因的传染病，使得英国不愿也不敢过多涉足。大部分东南亚国家早已被殖民化，所以通过一张地图示意，打通了中外历史联结的通道，不但能够帮助学生全面认识英国发动鸦片战争的原因，拓展学生的历史空间视角，而且通过中外历史知识对比，有助于学生提升格局，真正落实"任何事物都是在特

定的、具体的空间条件下存在的，只有在特定的时空框架中才可能对史实有准确的理解"。

三、创设历史情境，拉伸历史迁移

情境教学就是用恰当的史料和问题搭建起情节相对完整的历史情境，以辅助学生"神入"历史，探究具体时空背景下历史人物和历史事件的逻辑，从而对历史产生"同情之理解"。通过这种方式，学生感到历史并不是枯燥乏味的过去的史实，而是离自己并不遥远的活生生的事实。[①]历史情境教学法，强调让学生在情境中乐于学习，主动思考。这恰恰解决了历史学习中的一些普遍性问题，也符合在义务教育阶段，要求学生学会在具体的时空条件下考察历史。

由于初中生思维活跃，对新事物充满了好奇，有学习与探究的兴趣和激情，但缺乏对时空的虚拟想象，缺乏清晰的逻辑和深度的思考，这就需要教师给学生创设必要的学习情境。近年来，中考命题往往抽取历史线索，挖掘知识联系，古今中外，纵横交错成立体知识体系。因此，在中考复习时，学生必须抓住教材中各种知识点的联系，把大量分散的、相对孤立的历史知识纳入完整的学科体系之中，进而形成科学的知识结构，才能比较轻松地掌握一个时期或阶段的整体内容，进而捕捉历史的阶段特征，解题时才能精确把握中考命题的考点和解题思路，做到答题要点全面、不偏题。

例如，复习部编版七年级下册第二单元辽宋夏金元时期的历史，内容较多。可采用情境教学法，充分调动学生的积极性，让学生在教师的帮助下去搜集资料，运用情境教学法带学生以旅游的形式完成对本单元知识的归纳总结。首先，一起设计旅游者的身份：一个北方儒生旅游到北宋的都城开封，联系北宋的时空观念，体会经济重心的南移，大都市开封、临安和大都等商业贸易的繁荣。其次，北方男子旅游会用什么交通工具，联系课本知识介绍宋元时期的造船业、驿站和中外交通的丝绸之路。再次，北方男子会去什么地方、吃什么、穿什么衣服、玩什么东西、怎么支付？联系课本知识介绍宋元时期大相国寺和瓦子，农业、丝织业和棉纺织业，宋词元曲和蹴鞠、交子的出现等。最后，教师总结辽宋夏金元时期，北宋结束了五代十国的分裂局面，同时周边民族先后建立了辽、西夏、金等政权，与北宋并立，北宋灭亡之后，南宋占据江南，与金朝形成南北对峙局面，两宋时期，各民族之间在更大范围内交融，特别是元朝的统一，民族间的交融得到进一步发展，归纳本阶段的时代特征是民族政权并立和民族交融进一步发展。

　　当然，历史不是戏剧。创设历史情境必须依托时间和地理坐标，历史情境教学与史料实证要具有极强的契合度。基于合理的历史情境创设，是对历史新的探索与发现，是对历史多角度的认识和理解，是对历史发展脉络的趣味性把握，是基于历史事实进行体验式学习。历史学科核心要素的培育过程是学生将学科学习的知识、技能、方法、价值观念迁移到新的情境、问题的过程，其迁移学习能力是中考命题的重要指标，教师在中考复习时不但要提升时空观念，而且也要明白五大核心素养是相互交融、相互联系的整体，也要注重学生其他核心素养的提升。

浅谈时空观念素养下的九年级历史教学

——以2021年安徽中考历史试题第19题为例

安徽省南陵县春谷中学　章新树

读图（图略），完成探究活动。试题提供《清时期的中国与世界（1840年前）》地图（据人民教育出版社、中国地图出版社《中国历史地图册》）。要求学生完成：

（1）18世纪60年代开始进行工业革命的国家是图中＿＿＿（填字母），当时中国唯一对外贸易港口是图中＿＿＿（填字母）。（4分）

（2）据图，围绕其主题提炼一个观点，并结合所学知识加以论述。（8分。要求：观点明确，史论结合，表述清晰。）

上述试题在2021年安徽中考之后引起了师生的极大关注：一方面，教师迫于题型的变化而深感初三教学的艰难；另一方面，学生迫于探究题难度的增加而倍感学习压力。其实师生的这种困惑是有交集的，即源自构建什么样的历史课堂才是我们师生都满意的？而这一切的起点取决于教师对义务教育历史课程标准的解读程度，取决于教师对当前新课改实践落实程度的关注。由于上述试题贯穿了对时空观念素养的考查，又恰好出现在新版义务教育历史课程标准之前，因此它虽对我们既有的教学冲击巨大，但真实反映了我们教学中存在的短板。所以我们要善于把这个"意料之外"转换成我们对初中历史课堂教学的反思。

随着《义务教育历史课程标准（2022年版）》的颁布，我们清晰地看到上述第19题的设计理念完全符合新课程标准对时空观念素养的考查。因此，日常历史教学如何落实时空观念素养是对我们当前初中历史教学的新挑战。为了充分地迎接挑战，化压力为动力，笔者认为需做好以下几个方面的工作。

一、认真研读《义务教育历史课程标准（2022年版）》

《义务教育历史课程标准（2022年版）》以习近平新时代中国特色社会主义思想为指导，全面贯彻党的教育方针，遵循教育教学规律，落实立德树人根本任务。在坚持目标导向、问题导向和创新导向原则基础上，进一步细化了课程标准的五大方向：

（1）强化了课程育人导向。各课程标准基于义务教育培养目标，将党的教育方针细化为本课程应着力培养的核心素养，体现正确价值观、必备品格和关键能力的培养要求。

（2）优化了课程内容结构。以习近平新时代中国特色社会主义思想为统领，基于核心素养发展要求，遴选重要观念、主题内容和基础知识，设计课程内容，增强内容与育人目标的联系，优化内容组织形式。设立跨学科主题学习活动，加强学科间的相互关联，带动课程综合化实施，强化实践性要求。

（3）研制了学业质量标准。各课程标准根据核心素养发展水平，结合课程内容，整体刻画不同学段学生学业成就的具体表现特征，形成学业质量标准，引导和帮助教师把握教学深度与广度，为教材编写、教学实施和考试评价等提供依据。

（4）增强了指导性。各课程标准针对"内容要求"提出"学业要求""教学提示"，细化了评价与考试命题建议，注重实现"教—学—评"一致性，增加了教学、评价案例，不仅明确了"为什么教""教什么""教到什么程度"，而且强化了"怎么教"的具体指导，做到好用、管用。

（5）加强了学段衔接。注重幼小衔接，基于对学生在健康、语言、社会、科学、艺术领域发展水平的评估，合理设计小学一至二年级课程，注重活动化、游戏化、生活化的学习设计。依据学生从小学到初中在认知、情感、社会性等方面的发展，合理安排不同学段内容，体现学习目标的连续性和进阶性。了解高中阶段学生的特点和学科的特点，为学生进一步学习做好准备。

二、详细解读时空观念素养

《义务教育历史课程标准（2022年版）》对时空观念描述如下：时空观念是在特定的时间联系和空间联系中对事物进行观察、分析的意识和思维方式。任何事物都是在特定的、具体的时间和空间条件下存在的，只有在特定的时空框架中，才可能对史事有准确的理解。在义务教育阶段，要求学生学会在具体的时空条件下考察历史。可见与《普通高中历史课程标准（2017年版）》关于时空观念的五点要求相比要简化得多，更符合初中学生的学习特征，但与学生培养方向的要求又是一致的，既有认识层面的要求，要求学生如何认识历史，又有运用层面的要求，要求学生能够做什么。

从认识层面上讲，时空观念包括两个基本观念：一是时序观念，就是要将历史事物放在历史发展的长河中进行观察和认识，认清历史发展的全过程，辨明它在每一个发展阶段上有什么新特点，寻找前一过程转变为后一过程的原因。史学产生之后，人们就把时间脉络认同为历史的基本特征。人类社会在时间长河中由于各个阶段的特征不同，也呈现出一些具有特定时间内涵的时代指称，如先秦史、秦汉史、魏晋南北朝史、隋唐五代史、辽宋金元史、明清史、民国史等。我们所说的历史上的发展、变化、延续、曲折、倒退等，可以说都是在历史的时序观念下对历史的认识。二是空间观念，就是要了解历史所发生的地点、区域、范围等，这涉及历史上人类活动的场所和舞台。通过具体的空间定位，进而观察历史发展过程中的各个方面、它们之间的相互关系及其总的特点。随着人们视野的拓展，历史的演进存在着空间上的多样性和多维性。这种多样性又随着人类各种制度的建构而表现出不同的形式，比如国家、区域和世界等空间概念。从历史地理的角度进行认识，还可以发现错综复杂的历史现象本身存在的横向或纵向的联系，以及个别与整体、局部与全局的联系。

从运用层面上讲，时空观念要使学生能正确地认识历史，还要能运用时空观念来分析和解释历史。通过历史学习，使学生能够运用各种时间术语描述过去，能够按照历史时间顺序和地理因素，建构历史事件、历史人物、历史现象之间的相互关联性，理解历史上的变迁、延续、发展、进步等的意义，并对史事作出合理的解释，进而在认识现实社会时能够将认识的对象置于具体的时空条件下进行考察和分析。

时空观念的培养不仅可以从时间层面出发，也可以从地理位置和空间的角度来培养。学生在许多历史事件中都能明显地感受到空间跨度，尤其是重要的历史变革中必然会伴随着相应的空间位置变化。通过学习，学生能够知道特定的史实是与特定的时间和空间相联系的；能够按照时间顺序和空间要素，建构历史事件、人物、现象之间的相互关联；在认识现实时，能够将认识的对象置于具体的时空条件下进行考察。时空观念的培养，对于学生视野的拓宽、体系的构建、能力的提高以及中考复习等都有积极的作用。

初中历史课堂呈现"时空观念"素养的方法有很多，比如：

（1）可以利用历史地图来培养学生的时空观念。历史地图是对人类历史时期政治、经济、自然、文化等加以反映的地图。与人类有关的空间和地域差异等，都能够通过历史地图体现出来。相较于传统教材的文字内容更有趣味性，内容更丰富、直观、准确。但要使用历史地图将教材内容完整地呈现给学生，达到以图述史的效果，则需要教师具备深厚的历史、地理、文学、信息技术等知识储备。

（2）教师可以使用时间轴、年代尺以判断重大历史事件的时序问题。如梳理中国近代屈辱史、中国新民主主义革命历程、新中国社会主义的探索与挫折等，简明扼要，直观有效。

（3）历史纪年表、历史大事年表、历代王朝表。此方法适用于中国的朝代更替，配合朝代歌，记忆会更加深刻。

（4）思维导图。此方法适用于总结或复习。思维导图的制作，不仅需要学生学会构思层次、把握主次，还要求学生能精练准确地表述内容，对学生的各方面能力有极大的锻炼。

（5）纵横对比（古今中外）。如复习"中国历史上的对外关系"，需要从两个维度去梳理线索。一个维度是纵向的中国历史"古代开放—闭关锁国—现代开放"，另一个维度是横向的世界历史。古代中国开放繁荣时，西方中世纪黑暗压迫；中国闭关锁国时，西方发展大航海运动，进行工业革命。此方法有助于将历史内容还原到历史发展的长河中，搭建完整的历史时空体系。最后是参观名胜古迹、考古现场。学生们可以在游览历史遗迹的同时，亲身体会历史的真实感，感受时空的变迁。

三、倾心品读九年级学情特征

当下九年级学生的确面临较大的升学压力，应试教育体制下的老办法也在不断落后于中考要求。2021年安徽省中考历史试题第19题就是最好的例证。它加强了对学生时空观念素养的考查，大量的时空资料出现在选择题和材料题中。因此，时空观念的培养也是应对安徽中考题型变化，提高学生学习成绩的必要途径。同时，教师更应当注重学生主体，让学生自主学习，独立思考。这就要求教师充分了解九年级学情特征，找出针对性办法优化九年级课堂教学，从而提高教学效率。具体来说，提高学生的学习兴趣，教学需要脱离"炒冷饭"的尴尬境地；强化学习动机，提高学生的成就需要，持久推动学生的学习活动。

基于核心素养的中学历史教学探索

总之，要完全实现这一目标，就必须在重视学生自我能力发展的同时，加强教师的自身理论修养。这样才能实现从学习能力到思维意识，从历史价值观养成到客观、理性分析历史事件的成长。只有以核心素养立意，制定教学目标，选择教学内容，实施教学手段，开展教学评价，才能真正落实人本思想，促进学生全面发展。

谈中考历史复习教学中家国情怀素养的培育

芜湖北城实验学校　郑雪斌

平时中考复习时，复习课往往枯燥无味。近几年，笔者转变了教学观念，将核心素养融入平常的历史教学中，特别是将家国情怀素养融入中考复习课教学，激发了学生的学习兴趣，使得他们的情感得到了升华，增强了他们对祖国文化的认同，提高了他们自身的学习信心，以及对中国特色社会主义道路的自信。以下是笔者的几点认识和实际做法。

一、何为家国情怀

复习课教学不能只是进行知识的总结与回顾，以及解题能力的培养与提升，还应该对学生进行情感渗透，将家国情怀融入具体教学之中。家国情怀是传统文化中宝贵的精神资源，是一种爱国之情，一种感恩之心，一种责任和担当意识，一种对国对家的认同感和归属感。它是在传统文化中积淀形成的，体现了合力意识、担当意识和奉献意识。

中考历史复习教学必须充分挖掘中华传统文化的资源，让学生感受历史的震撼，在直观中感悟教育背后的家国情怀。利用时政，让家国情怀教育立足于学生的生活世界；利用史料，在解题的过程中渗透家国情怀教育。

二、中考历史复习为何渗透家国情怀

1.《完善中华优秀传统文化教育指导纲要》的要求

早在2014年3月，教育部印发的《完善中华优秀传统文化教育指导纲要》指出：加强对青少年学生的中华优秀传统文化教育，要以弘扬爱国主义精神为核心，以家国情怀教育、社会关爱教育和人格修养教育为重点，着力完善青少年学生的道德品质，培育理想人格，提升政治素养。开展以天下兴亡、匹夫有责为重点的家国情怀教育。着力引导青少年学生深刻认识中国梦是每个人的梦，以祖国的繁荣为最大的光荣，以国家的衰落为最大的耻辱，增强国家认同，培养爱国情感，树立民族自信，形成为实现中华民族伟大复兴的中国梦而不懈努力的共同理想追求，培养青少年学生做有自信、懂自尊、能自强的中国人。

2.落实社会主义核心价值观的需求

社会主义核心价值观涉及国家、社会、个人三个层面，暗合了传统的家国一体理念。个人层面包括"爱国、敬业、诚信、友善"，是家国情怀的精神凝聚，体现了爱国之情、奉献精神、合力意识和担当意识。现阶段，提倡在课堂中践行社会主义核心价值观，要立足于引导学生做到爱国、敬业、诚信、友善，将家国情怀和社会主义核心价值观有机结合，将学生的情感教育与社会理想、国家精神进行有机融合，着力培养学生的爱国之情、奉献之心、责任意识和担当精神。

3.历史学科教育价值的追求

家国情怀具有时代性，在社会建设、国家统一、民族团结方面，发挥着重要作用，是民族精神的核心。我们的历史教育亟需一种与时俱进的核心价值理念来引导学生的价值体系。在不同的意识形态和文化价值碰撞与冲突的时代，帮助学生培养良好的国家认同意识与浓厚的爱国之情是历史教师的重要任务。家国情怀正是这种与时俱进的核心价值理念。

4.历史课程标准及课程目标的要求

《义务教育历史课程标准（2022年版）》在"课程目标"部分指出："家国情怀是学习和探究历史应具有的人文追求和社会责任。""学习和探究历史应充满人文情怀并关注现实问题，热爱家乡，热爱祖国，放眼世界，以服务于国家富强、中华民族伟大复兴和人类命运共同体的构建。""家国情怀"就是一种对祖国、对家乡的强烈和真挚的情感，同时也是一种责任。

5.是激发学生学习责任心的需要

家国情怀是一种"感恩情怀"与"勇于担当"，感恩同学、父母、老师、社会、国家等，是一种责任感、使命感和担当意识。以"家国情怀"为切入点，用"家国情怀"来凝聚人心，唤醒、增强学生对自己、对班级、对家庭、对国家的责任意识和责任感。在这种责任感的驱使下，学生对学习会产生强烈的兴趣，让学生意识到学习的必要性和重要性，从而养成认真学习的态度。

三、中考历史复习如何践行家国情怀教育

1.充分挖掘中华传统文化的资源，让学生在直观中感悟历史教育背后的家国情怀

上下五千年的中国文明史，说不尽道不完的正是家国情怀。无论是古代史、近代史，还是现代史，我们都可以挖掘出这种素材和精神。古代，在"国"与"家"的交融中，凝聚成了永不衰竭的家国情怀。顾炎武的"天下兴亡，匹夫有责"是其典型体现。

近代，中华民族危机空前严重，中国人民掀起了救亡图存运动，从洋务运动到戊戌变法，从实业救国到辛亥革命，从新文化运动到五四运动，中国人民为了民族独立、国家富强进行了不懈的斗争。在社会变革中，虽然传统文化受到批判，但在中华民族危险时刻，家国情怀中的合力意识、奉献意识与责任意识得到了淋漓尽致的体现，承载着浓浓家国情怀的事件数不胜数。

现代，新中国的成立，真正让人民当家作主。这个时候，爱国与爱家更紧密地统一起来。家国情怀不仅是一种思想认识，更是反映在生活实践中。习近平总书记在阐述中国梦时说："历史告诉我们，每个人的前途命运都与国家和民族的前途命运紧密相连。国家好，民族好，大家才会好。实现中华民族伟大复兴是一项光荣而艰巨的事业，需要一代又一代中国人共同为之努力。空谈误国，实干兴邦……"只有民族复兴、国家富强才能带来人民的幸福、带来每一个人的幸福。只要每个人能把自己的事业与理想和民族相融，和国家的发展相结合，就是在体现"家国情怀"。

2.利用时政，让家国情怀教育立足于学生的生活世界

在家国情怀教育中，应围绕民族精神开发融合传统与现代、国内与国际，与学生生活世界相联系、层次分明、时效性强的资源，融中国的对外政策、国内国际的重大事件、世界的发展趋势于历史教学中。

如在复习"日本史和中日关系"时，笔者利用了以下时政材料：十二届全国人大五次会议新闻中心于3月8日在梅地亚中心多功能厅举行记者会，王毅部长在答日本记者提问时说："今年确实是中日邦交正常化45周年，但同时也是'卢沟桥事变'80周年。这两个纪念日代表了两条截然不同的道路，一条是和平与友好，一条是战争和对抗。80年前，日本全面侵华，给中国以及亚洲各国人民造成了深重灾难，最终自己也走向失败的深渊。而45年前，日本的领导人反省历史，

基于核心素养的中学历史教学探索

同邻国改善关系，实现了自身的快速发展。几十年后的今天，我们看到日本国内仍然有些人还在这两条道路之间摇摆不定，甚至企图开历史的倒车。我们希望一切爱好和平的日本人民能够在这个重要的年头，把握好国家前行的方向。"

笔者结合考纲复习，（1）识记：戚继光抗倭，大化改新基本内容，甲午中日战争和《马关条约》内容，九一八事变、七七事变，南京大屠杀，台儿庄战役，百团大战，日本无条件投降，聂耳、冼星海等人的成就。（2）理解：鉴真东渡，认识日本军国主义凶恶残暴的侵略本质，明治维新在日本历史发展中的作用。（3）运用：说明《马关条约》与中国民族危机加剧的关系；探讨抗日战争胜利的历史意义。家国情怀的渗透和教育，不但调动了学生听课的兴趣，而且使学生的情感得以升华。在全球化的背景下，对学生进行家国情怀教育，应当将牢记历史与展望未来、爱祖国与爱世界、提升认知与升华情感统一起来，培养学生开放、自觉、理性的爱国情操。

3.利用史料，在解题过程中渗透家国情怀教育

每一堂课的复习，笔者都会精心选择史料。不仅让学生了解史料中的历史知识、解题方法和技巧，还挖掘史料中暗含的家国情怀因素，在解题的过程中渗透家国情怀教育。

仍以复习"日本史和中日关系"为例，在讲述"日本右翼势力的行为是为侵略战争翻案、为军国主义招魂"时，我利用了《中国共产党对抗日战争的世界阵线问题的认识》中的史料："中国人民反抗日本法西斯的抗日战争,比英法反抗德国法西斯的战争早了8年,比苏联反抗德国法西斯的战争早了10年。1931年至1937年的东北抗战，牵制了日本关东军几乎全部兵力，使其无力北进发动侵苏战争。"

笔者用这段史料解决以下问题：（1）材料中中国人民反抗日本法西斯的抗日战争是从哪一年开始的？（2）结合材料及所学知识，谈谈中国的抗日战争在世界反法西斯战争中的重要历史地位。自然地利用史料对学生进行家国情怀渗透，培养学生的责任感、使命感和担当意识。

习近平总书记在讲话中指出："人无精神则不立，国无精神则不强。"对学生进行民族精神教育是必要的。践行家国情怀，其实就在教学的具体实践中。努力学习、刻苦奋斗就是在践行家国情怀。

聚焦学科核心素养，优化实践性作业设计①

安徽省马鞍山市花园区花园初中　范士萍

"双减"政策强调作业量的减少、质的提升，把学生从繁重的课后作业中解脱出来。作业是历史教学的重要组成部分，完成作业的过程同样是历史学科核心素养养成的过程。历史教学应围绕学科核心素养的培养与提高，精心设计作业，让学生在作业中发现，在发现中思考，在思考中提高，学会从历史的角度分析问题、发现问题从而解决问题，使自身得到全面的成长与发展。

一、核心素养背景下作业设计中存在的问题

相对于课堂教学而言，目前在作业设计层面培养学科核心素养的关注度较低，普及面窄，实施效果较差。总的说来，有以下短板：

（1）素养培育失之片面。教师局限于知识的巩固，忽视了获取、处理、运用信息能力，创新和实践能力，个性发展和终身学习能力等的培养以及情感态度和价值观的正确形成。作业设计角度单一，视野狭窄，不能充分实现学生的全面发展，很难实现巩固知识、训练技能、提升认知、激发创新、丰富情感体验等均衡发展，学科核心素养的培育出现"偏科"。

（2）设计思路缺乏创新。形式多样、内容多变、富于创新的作业设计能让学生眼前一亮，充分激发学生的参与意识。同时作业设计的创新本身，对学生就是创新、探索精神的良好示范。手抄报、实地探访、讲故事、资料搜集、参观博物馆、在线讨论等活泼多样的作业形式，能锻炼学生的学习思维。然而，当前作业通常是文字书写的形式，千篇一律，缺乏新意。

---

① 本文系2021年安徽省马鞍山市教育科学研究专项课题"初中历史实践性作业设计与应用研究"的系列研究成果之一，项目编号MJG21044。

（3）减负增效落实不够。长期以来，教师通过作业，让学生反复操练，做作业被当作熟能生巧的过程，这反映出教师对作业设计认识的偏差。有时，表面上作业在数量上有所减少，实质上在内容上往往流于对课堂知识的反复。学生自主学习的热情受到压制，完成作业的过程成了"痛苦之旅"。这加重了学生的负担，容易让学生感到枯燥、厌烦，无法适应"双减"要求，不利于实现育人目标。

（4）主体作用发挥不足。学生应该是学习各环节的主体，作业环节也不例外。当前作业设计中，学生是被动的接受者，没有选择权。由于课时少、任务重，教师布置作业的素材往往来自书本，缺乏历史文物、影视作品等现实生活中学生喜闻乐见的素材。作业设计不能根据实际需要创设历史情境，不能调动学生"我要学"的主动性和积极性。

二、实践性作业的设计原则

针对上述存在的突出问题，笔者认为，在作业设计中培养学科核心素养，关键在于创新教学理念，研究实施"实践性作业"。实践性作业着眼于学科核心素养的培养，通过贴近学生生活和学情实际的作业设计，可以最大程度调动学生兴趣，激发学生主动参与、主动实践、主动探索，在亲手做、亲眼看、亲耳听、亲口说中开动脑筋，激发创造力，逐步培养学生的历史思维能力，让学生成为学习的主人。在这个过程中，唯物史观、时空观念、史料实证、历史解释和家国情怀等学科核心素养稳步、持续地形成。实践性作业的设计原则包括：

（1）激发兴趣原则。在作业设计时，教师必须关注学生的兴趣点，在作业内容和作业方式上突出趣味性。改变过去单调、乏味的"问答""背诵"等传统的作业形式，转换为形式多样、丰富多彩的"与人分享""趣味交谈""参观访问""绘制手抄报"等形式。

（2）主体实践原则。学生只有通过亲身实践，才能对所学的知识记忆牢固，也才能将书本上的知识活学活用。因此，在设计作业的时候，要突出以学生为主体这一特点。引导学生做一做，培养动手精神和历史思维；引导学生游一游，体会历史文物、文化景点承载的人文精神和时空观念；引导学生画一画，巩固课堂教学知识；引导学生演一演，编写课本剧，促进对历史事件、历史人物的掌握；引导学生查一查，去图书馆或上网搜集信息，丰富学科核心素养。

（3）因材施教原则。一千个读者就有一千个哈姆雷特。每个学生都是不同的个体，不同个体之间存在着差异。所以，在设计历史作业时，从学生的实际出发，突出作业的层次性，学生可根据自己的能力自选完成，作业的选择由"配菜"转变为"自助餐"。

（4）全面发展原则。培养历史学科核心素养是落实立德树人根本任务的一项重要举措。教师应基于学科核心素养五个方面的具体要求进行作业设计。需要注意的是，每天的作业很难做到全部覆盖五个方面的内容，教师可以基于教学内容有所侧重。

三、核心素养指向下实践性作业的设计运用

（1）唯物史观素养。历史教学要善于培养学生的辩证思维，让学生在对待历史问题时始终坚持充分地占有材料，分析它的各种发展形式，探寻这些形式的内在联系。例如，在七年级下学期，可以布置这样一项实践性作业：搜集中国古代史中最能反映那个时代经济发展水平的文物图片，然后将所搜集筛选后的文物图片按朝代顺序排列，做成幻灯片或用胶棒粘贴在白纸上，并对图片所反映的历史信息进行简单说明。利用课外活动时间，组织学生在班级展示，同学之间进行作业互评，将优秀作业张贴在班级的展示栏上供师生观赏。学生在通过对众多类似文物图片的搜集、筛选、整理、排序的过程中，不仅提升了动手、动脑、动口能力，而且感悟到这些文物见证了我国社会经济的发展，体现了生产力发展是推动社会进步的根本动力这一唯物史观。

（2）时空观念素养。特定的史实是与特定的时间和空间相联系的。能够按照时间顺序和空间要素，构建历史事件、人物、现象之间的相互关联。设计实践性作业时，立足于历史课程标准以及核心素养培养，为历史教学提供依据，有效培养学生的时间观念素养。在学习九年级下册《〈凡尔赛条约〉和〈九国公约〉》一课后，布置学生绘制时间轴。作业要求：（1）在时间轴的上半部分标出一战前后，发生在中国的重大历史事件；在时间轴的下半部分，标出大约同一时期发生在世界其他地方的重大历史事件。（2）思考：时间轴上的任意一点与它前面和后面的知识点之间有无联系？时间轴上半部分和下半部分的知识点之间又有怎样的联系？下图是一位学生的作业：

通过绘制这样一条时间轴，学生既梳理出了中国由旧民主主义革命向新民主主义革命转变前后的历史，又利用时间轴的下半部分梳理出了大约同一时期发生在世界其他地区的历史。学生在绘制时间轴及查阅资料的过程中思考感悟出（基础弱的学生要借助教师的引导、启发）：第一，能对历史事件进行定位；第二，从时间轴上的任意一点出发，看它前面和后面的知识点，分析出它们之间的前后联系和因果关系；第三，把时间轴上半部分或下半部分所有的知识点连起来看都各是一条时间发展线索；第四，利用时间轴不仅能梳理一个地区的历史，还能梳理不同地区的历史，这样就让学生的认识由一个局部地区上升到了世界历史发展的整体，同时理解不同地区历史的发展不是孤立的，而是相互联系、相互影响的。

（3）史料实证素养。史料是指反映某一特定历史事实的原貌的材料，史料包括文献材料、图片、图表、遗址、遗迹、影像、口述以及历史文学作品等。实践性作业可以让学生对史料进行收集、整理，对史实进行挖掘，并通过历史思维形成自己对史料的认识与见解。例如，"第二次工业革命"作业设计，可以提供一定的学习平台，让学生通过可靠的渠道获取历史资料，让学生了解工业革命的发展过程，以及工业革命的创新性成果。又如，学习抗日战争时，为引导学生深入认识日本军国主义的侵略行径，可以展示反映日军侵华期间在中国所犯罪行的老照片、抗战老兵的回忆录、当时的新闻报道、目击者的日记或记录等，引导学生认识到史料的作用，有效培养学生"论从史出"的历史学科核心素养。

（4）历史解释素养。历史解释以史料为依据，以历史理解为基础，对历史事物进行理性分析和客观评判。例如，七年级上册《远古的传说》教学后，可布置实践性作业，要求学生利用课余时间查阅、搜集有关尧、舜、禹的传说和故事，在下一节课中讲述出来。让学生们利用自己的语言，描述出自己最喜爱的历史人物的故事。再如九年级上册《探寻新航路》教学后，布置作业：谈一谈新航路开辟的影响，提示要多角度、客观、全面地看待新航路的开辟。选取学生感兴趣的形式，布置讲故事、微型辩论赛、撰写历史小论文等实践性作业，涵养学生的历史解释核心素养。

（5）家国情怀素养。家国情怀是一个人对自己国家和人民所表现出来的深情大爱，是对自己国家的高度认同感和归属感、责任感和使命感。实践性作业能很好地培养家国情怀。例如，在完成中国古代史的教学任务后，布置学生绘制秦朝、西汉、元朝的疆域图，侧重疆域的边界。让学生看看，从秦朝到西汉，再到元朝，中国古代疆域发展的趋势是什么？为什么会有这种发展趋势？任选其中一个朝代，说说该王朝的统治者对开拓疆域、巩固统一做出了哪些贡献？学生在绘制疆域图的过程中及在问题的引导下查阅资料、思考感悟，认识到中国疆域的形成是中华民族几千年不断开拓进取和巩固发展的结果；中华民族多元一体是历史发展的趋势，涵育家国情怀。

四、结语

总而言之，在"双减"背景下，初中历史教师要重视对学科核心素养的培养。体现在作业设计上，应将历史学科核心素养渗透到实践性作业中，切实发挥学生的主体作用，为学生构建轻松、高效、创新的情境，使其学科核心素养得到充分发展。

谈初中生历史解释能力的培养

——以中华民族抗日战争单元作业设计为例

芜湖市华强中学　蒋立毅

在历史教学活动中，教师要培养学生的唯物史观、时空观念、史料实证、历史解释等核心素养。其中，历史解释是对历史思维和表达能力的基本要求，是对其他素养得以达成的集中体现。历史解释是指以史料为依据，客观地认识和评判历史的态度和方法。所有历史叙述本质上都是对历史的解释，即便是对基本事实的陈述也包含了陈述者的主观认识。通过对史料的搜集、整理和辨析，辩证、客观地描述历史，描述历史现象背后的深层因果关系，才能不断地接近历史事实。在义务教育阶段，要求学生初步学会有理有据地表达自己对历史的看法。那么，如何在初中历史的作业设计中培养学生的历史解释素养呢？

一、设计基础概念性题目——让学生区分历史事实、历史结论、历史解释

新课标要求，培养学生能够初步区分历史叙述中的史实和解释；能够客观叙述和分析历史，有理有据地表达自己的看法。

历史解释准确地说应该是史料解释，注重的是对史料的解读，要求不加入个人的观点，不能有预先的设定，必须从史料本身以及史料发生时的社会背景等方面分析。所以历史解释的最大的特点在于客观性，而客观性需要通过不断地运用"史论结合"的方法，可设计表格式的题目进行比较。例如通过下表，让学生选出最正确的且可以称之为历史解释的选项。

选项	史实	推论
A	瓦窑堡会议	十年内战基本结束,抗日民族统一战线初步形成
B	西安事变和平解决	加快了抗日民族统一战线的形成
C	国共两党发表声明	中国初次提出建立抗日民族统一战线
D	国共合作宣言发表	抗日民族统一战线正式建立,全民族抗战局面开始形成

A选项,1935年瓦窑堡会议召开,从理论和政策上正式确立了中国共产党关于建立抗日民族统一战线策略的总路线,A选项错误;B选项,1936年12月12日西安事变的作用是十年内战基本停止,抗日民族统一战线初步形成,B选项错误;C选项,日本全面侵华后,民族危机进一步加深,国共两党表明抗日立场,加快了建立抗日民族统一战线的步伐,C选项错误;D选项,1937年9月国民党公开发表国共合作宣言,表明抗日民族统一战线正式形成,结论史实都正确,故而选D选项。抗日民族统一战线正式建立的标志是学生的易错点,通过表格的方式利于学生对抗日民族统一战线的形成过程有系统了解,也可以让学生感受到中国共产党在推动全民族抗战中作的努力,同时培养学生"历史解释"的核心素养。

为更好地使学生掌握历史解释的客观性和正确性,可结合史实和框架图例,让学生辨别失之偏颇的历史结论和客观正确的历史解释。

例如:结合国民党在正面战场抗日斗争的相关史实,下列选项中历史解释正确的是( )

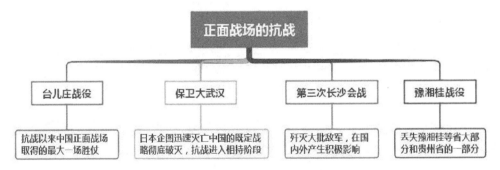

A.国民党在正面战场取得的胜利仅靠前方将士不怕牺牲

B.国民党在正面战场取得的胜利仅靠后方同胞大力支援

C.国民党在正面战场取得胜利关键要靠全民族共同抗战

D.国民党在正面战场的战役中都取得了重大胜利和战果

正面战场所取得的胜利是全民族一致努力的共同结果,故选C选项。A选项和B选项的观点片面;豫湘桂战役使国民党军队一溃千里,丢失了河南、湖南、广西等省大部分和贵州省的一部分，故D选项不正确。对于国民党正面战场的评价，是本课的教学难点。通过罗列思维导图，相关史实依次呈现，再通过对史实的评价和分析、判断，使学生对国民党正面战场的抗战有全面、客观的认识和评价，旨在培养学生"历史解释"的核心素养。

二、设计生活化的历史解释类作业——让学生独立思考与合作探究相结合

新课标要求：要初步学会从多种渠道获取历史信息，提高对史料的识读能力；能够尝试运用史料说明历史问题，学会根据可信史料对历史进行论述；初步形成重证据的意识和处理历史信息的能力。

历史解释要想客观，更需要在史料的获取途径上更加贴近学生生活，利用学生已有的生活经验，挖掘社会生活与课堂知识相关联的素材，引导学生在生活中实践，在实践中体验，在体验中感悟，在感悟中成长，实现历史作业的有效性，促进历史解释能力培养的实效。引导学生关注身边的事物，关注生活、关注社会，让学生进行社会调查，丰富生活经历，探究社会生活中存在的问题，并尝试予以解决，使自己的探究成果来源于生活，服务于社会。简单的基础题目，学生可以独立完成，探究式题目不是学生能够独立完成的，学生可以自由组合成若干小组，分析、讨论、解决问题，让学生在完成合作性作业的过程中互相求教。学生在完成合作性作业的过程中学会沟通、学会互助、学会分享，体验成功。

例如，引导学生对"心中的抗日英雄"进行历史解释类评价时，可结合芜湖历史文物实际，设计实地参观位于赭山公园的第二批国家级抗战纪念设施、遗址名录之一的戴安澜将军墓，结合戴安澜将军的相关抗日事迹，以"我身边的远征英雄"为题写一篇200字左右的英雄传，要求呈现其抗争的客观史实，并提炼戴安澜将军体现的抗日精神。在实地参观的过程中增强学生的直观感受和体验，激发学生的求知欲，调动学生的学习积极性，进一步提升学生搜集整理人物资料、客观公正评价历史人物的能力。

三、设计情境化的历史解释类作业——培养学生能力与寓教于乐相结合

新课标倡导历史教学活动的开展要以学生为中心，立足学生的学习需求和学

第四篇 评价与作业

习特点，采取多样的方式调动学生思考的积极性，使其在历史思考、探究的过程中自主解释，促进其思辨性历史解释能力的发展。为了实现这一点，在初中历史作业设计中，利用对话、讨论的方式点燃学生的思维；使作业绝不仅仅是巩固学习知识，不仅仅是"对课堂教学内容的记忆和强化"。它还可以拓宽学生视野，减轻学生的作业负担，为学生丰富业余生活、发展个性提供时间上和精力上的保障。教师要注重创设情境，增强学生做作业的认同感和归属感，引起学生情感上的共鸣。

例如：可以让学生利用图书馆等资源查阅相关资料，结合所给信息制作英雄人物信息卡等，感悟爱国精神，并在历史课后服务活动中向同学们展示自己的作品。在这样的活动过程中，学生思维能力、解释能力也会得到提升。

四、设计可操作化的历史解释类作业——使教师评价与学生评价相结合

新课标要求：在理解和辨析相关史料的基础上，尝试和发现新的问题，加以论证，形成自己的认识。对学生历史解释类学习的评价，既要关注学生对基本史实的掌握，更要关注他们思维能力的发展；既要关注学生历史学习的结果，更要关注他们在学习过程中的变化和发展。因此，作业评价设计要关注学生的个性差异，保护学生的自尊心和自信心。全面了解学生的学习状况，激励学生的学习热情，促进学生的全面发展；以尊重学生的个体差异为出发点，通过学生自评客观选择题，教师评价材料解析题，师生共同评价实践探究题，使作业评价立体化，师生均参与其中，体会"双减"背景下作业减负增效的乐趣，让历史学科焕发迷人的风采。在这样的评价过程中，学生不仅可以加深对所学知识的理解，还可以在汲取历史智慧的过程中获得发展。

五、设计综合性较强的跨学科类、历史解释类作业——贯彻跨学科主题学习

新课标要求：为进一步发展学生核心素养，促进学生历史学习方式的转变，加强学生运用多学科知识和技能进行综合探究的能力，历史课程设计跨学科主题学习活动，引导学生围绕某一研究主题，将历史课程知识与其他课程知识、技能、方法以及课题研究等结合起来，开展深入探究、解决问题的实践活动。

除了利用漫画，历史解释还可以利用数学统计学里面的图片，更好地展现主题式历史解释。例如：某历史学习小组根据资料绘制了一组条形统计图，该小组的研究主题是什么？

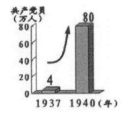 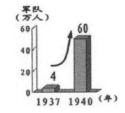 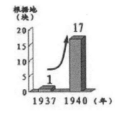 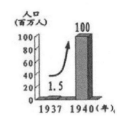

A.抗日民族统一战线正式建立　　B.抗日根据地的建立与发展

C.中国工农红军不断发展壮大　　D.抗日战争进入到全面反攻

　　抗日民族统一战线正式建立是在中共中央的国共合作宣言和蒋介石谈话发表之后，本组数据无法体现，A选项不选。根据数据上"1937—1940年"的时间段信息，全面抗日战争爆发后，中国工农红军改编为八路军、新四军，C选项不选。抗日战争在1945年进入到全面反攻和决胜阶段，D选项不选。数据中，共产党员、军队、根据地数量、人口都得到了增长，体现了抗日根据地的建立与发展情况，故而选B选项。本作业旨在培养学生的历史解释能力。以条形统计图的形式，使学生运用学科融合的方法，结合所学知识，培养历史发展的时序意识，感知抗日根据地在全民族抗战中发挥着日益重大的作用。

　　总之，在新课标的指引下，初中历史作业设计过程中，教师要采取多样的方式，把培养学生的历史解释能力当作基础，同时把相应作业设计得更加生活化、情境化、可操作化，并将多学科方法融入其中，使学生在知识学习过程中学会思考、解释，以此促进学生历史解释能力的发展。

主要参考文献

（一）著作类

教育部.普通高中历史课程标准(2017年版)[S].北京:人民教育出版社,2018.

教育部.普通高中历史课程标准(2017年版2020年修订)[S].北京:人民教育出版社,2020.

教育部.中等职业学校历史课程标准(2020年版)》[S].北京:高等教育出版社,2020.

教育部.义务教育历史课程标准(2022年版)[S].北京:北京师范大学出版社,2022.

徐蓝,朱汉国.普通高中历史课程标准(2017年版)解读[M].北京:高等教育出版社,2018.

刘月霞,郭华.深度学习:走向核心素养丛书[M].北京:教育科学出版社,2018.

林崇德.21世纪学生发展核心素养研究[M].北京:北京师范大学出版社,2016.

朱启胜,王德民,赵剑峰.义务教育历史课程标准(2011年版)解读与案例分析[M].合肥:黄山书社,2016.

薛伟强.基于学科核心素养的历史教学课例研究[M].上海:华东师范大学出版社,2020.

薛伟强,范红军,陈志刚.中学历史课程与教学概论[M].北京:北京师范大学出版社,2019.

郑林等.基于学生核心素养的历史学科能力研究[M].北京:北京师范大学出版社,2017.

余文森.核心素养导向的课堂教学[M].上海:上海教育出版社,2017.

蔡清田.核心素养与课程设计[M].北京:北京师范大学出版社,2018.

周刘波.中外历史纲要学习精要与史学导读[M].重庆:西南师范大学出版社,2020.

何兆武.历史与历史学[M].武汉:湖北人民出版社,2007.

陈旭麓.近代中国社会的新陈代谢[M].上海:上海社会科学院出版社,2006.

蒋廷黻.中国近代简史[M].北京:华文出版社,2018.

李侃,李时岳.中国近代史[M].北京:中华书局,1999.

章开沅,朱英.中国近现代史[M].郑州:河南大学出版社,2009.

金冲及.二十世纪中国史纲:第二卷[M].北京:社会科学文献出版社,2019.

唐晋.大国崛起[M].北京:人民出版社,2006.

吴于廑,齐世荣.世界史·近代史编:上下卷[M].北京:高等教育出版社,2001.

王桧林.中国现代史[M].北京:北京大学出版社,2016.

何沁.中华人民共和国史[M].北京:高等教育出版社,2009.

王树荫.中国马克思主义经典著作导读[M].北京:北京师范大学出版社,2020.

郑异凡,徐天新,沈志华.苏联史[M].北京:人民出版社,1998.

尼古拉·津科维奇.领袖和战友[M].徐锦栋,译.北京:东方出版社.1996.

马克思,恩格斯.共产党宣言[M].北京:中央编译出版社,1998.

陈寅恪.金明馆丛稿二编[M].北京:生活·读书·新知三联书店,2001.

孟钟捷.德国简史[M].北京:北京大学出版社,2019.

马勇.重新认识近代中国[M].北京:社会科学文献出版社,2013.

何成刚,张汉林,沈为慧.史料教学案例设计解析[M].北京:北京师范大学出版社,2012.

解光云.古希腊和罗马城邦经济社会史文献选辑[M].南京:江苏人民出版社,2019.

耿淡如.世界中世纪史原始资料选辑[M].天津:天津人民出版社,1959.

赵敏俐,尹小林.中庸:儒家推崇的处世哲学[M].北京:首都师范大学出版社,2007.

齐健,赵亚夫.历史教育价值论[M].北京:高等教育出版社,2003.

李剑鸣.历史学家的修养和技艺[M].上海:上海三联书店,2007.

赵恒烈.历史思维能力[M].北京:人民教育出版社,1998.

梁启超.中国历史研究法[M].北京:中华书局,2009.

钟启泉.教师"专业化":涵义与课题[M].南京:南京师范大学出版社,2001.

郝晓东.改变教育的十二个关键词:啃读教育经典[M].郑州:大象出版社,2018.

王德民,赵玉洁.新课程历史怎么教[M].芜湖:安徽师范大学出版社,2013.

王德民.中学历史教学设计[M].芜湖:安徽师范大学出版社,2017.

刘宗绪.历史学科专题讲座[M].长沙:岳麓书社,2003.

刘芃,朱汉国.历史学习精要[M].北京:北京广播学院出版社,2003.

李树全.温度·厚度·向度——追寻有意义的历史教育[M].长沙:岳麓书社,2021.

杜时忠.人文教育论[M].南京:江苏教育出版社,1999.

威金斯,麦克泰.理解为先模式:单元教学设计指南[M].盛群力,等译.福州:福建教育出版社,2018.

温·哈伦.科学教育的原则和大概念[M].韦钰,译.北京:科学普及出版社,2011.

莫雷.教育心理学[M].北京:教育科学出版社,2007.

刘邦奇.智慧课堂[M].2版.北京:北京师范大学出版社,2019.

杨念鲁,朱婷.新高考 新实践[M].拉萨:西藏人民出版社,2019.

寇志刚.初中历史教学研究论丛[M].北京:首都师范大学出版社,2022.

赵运涛.历史的错觉:上下辑[M].北京:东方出版社,2021.

(二)期刊类

徐贵亮.基于唯物史观的高中新课程历史教学思考——以秦汉史教学为例[J].历史教学(上半月刊),2019(5):37-41.

王德民,朱启胜.基于历史核心素养的教育转型:挑战与课题[J].历史教学(上半月刊),2017(10):15-19.

王德民,赵玉洁.说课的凝练与升华——从"说教材"到"说教学立意"[J].历史教学(上半月刊),2013(2):36-40.

赵玉洁,王德民.融合设计与灵活实施:基于历史核心素养的有效教学探讨[J].历史教学(上半月刊),2019(5):33-36.

王德民,刘宏法,王川芳.基于历史核心素养的单元教学设计[J].历史教学(上半月刊),2018(1):24-28.

刘宏法,刘静.素养视域下中考历史"探究题"命制理念探微[J].中学历史教学,2022(2):61-63.

刘宏法.唯物史观在历史学科素养中的统领地位初探——从2018年高考全国文综Ⅱ卷32题谈起[J].中学历史教学,2019(1):60-62.

刘宏法.新课标背景下学业质量标准有效达成的教学思考[J].历史教学问题，2019(4):119-122.

刘宏法.关于高中历史课堂教学"历史解释"的思考——以"近代中国经济结构的变动"为例[J].中学历史教学参考(上半月刊),2019(12):23-26.

刘宏法.2018年高考全国卷Ⅰ第42题赏析[J].中学历史教学参考(上半月刊),2018(8):30-31.

王昌成,朱启胜.唯物史观视域下的资本主义发展史教学[J].历史教学问题，2021(1):126-130.

朱启胜,洪家喜.统编初中历史新教材使用中值得注意的问题[J].中小学教师培训,2018(10):67-71.

朱启胜.翻转课堂:基于本土化实践的认识及思考[J].新课程评论,2017(4):82-89.

朱启胜,李应平.历史教学中学生创新精神培养路径的探究[J].新课程评论,2019(2):88-94.

朱启胜.开展师生"同读共研",培育学生核心素养——以"西安事变"主题阅读、研究为例[J].中学历史教学参考(上半月刊),2019(3):42-46.

朱启胜.将"心态史学"观点融入历史教学的实践性认识——以戊戌变法失败原因之主观因素探究为例[J].中学历史教学参考(上半月刊),2016(5):47-52.

朱启胜.拳拳之心助同伴 孜孜嗜学共成长——教研探索的实践梳理及心路历程[J].中学历史教学参考(上半月刊),2020(6):10-15.

朱启胜.导向稳定,能力立意,凸显新课程精神——近几年部分省市新课程中考历史试题评析[J].历史教学问题,2012(3):132-135.

崔允漷.素养:一个让人欢喜让人忧的概念[J].华东师范大学学报(教育科学版),2016(1):3-5.

崔允漷.学科核心素养呼唤大单元教学设计[J].上海教育科研,2019(4):1.

徐蓝.关于历史学科核心素养的几个问题[J].课程·教材·教法,2017(10):25-34.

徐蓝.基于历史学科核心素养的课程结构与内容设计——2017年版《普通高中历史课程标准》解读[J].人民教育,2018(8):44-52.

朱汉国.历史学科核心素养释义[J].历史教学(上半月刊),2018(3):3-9.

张华.论核心素养的内涵[J].福建教育,2016(23):1.

叶小兵.简论基于核心素养培养的历史教学特征[J].《历史教学》(上半月刊),

主要参考文献

2017(12):8-11.

叶小兵.论中学历史教学中的历史思维能力[J].首都师范大学学报(社会科学版),1998(1):112-119.

张汉林.以理解为中心的历史教育[J].中学历史教学参考(上半月刊),2016(9):12-16.

何成刚,沈为慧."史料实证"与"历史解释"关系初探[J].历史教学(上半月刊),2017(9):48-52.

李惠军,张其中,施洪昌.博识而畅行 广征而顺达(三):求问唯物史观与时空观念、史料实证、历史解释之间的关系[J].中学历史教学参考(上半月刊),2016(11):4-8.

李庆春.例谈高中历史教学中学生核心素养的培养[J].中学政史地(教学指导),2018(10):26-27.

陈光艳.用好本地红色资源,涵养学生家国情怀——以"抗日战争的胜利"一课为例[J].中学历史教学参考(上半月刊),2021(10):30-32.

崔允漷.新时代 新课程 新教学[J].教育发展研究,2020(18):3.

谭方亮.历史主题教学的思考[J].中学历史教学,2016(4):36-38.

杨春苑,李春华.论西方人文主义[J].西安电子科技大学学报(社会科学版),2011(2):85-89.

李韦.路德宗教改革思想的基督教人文主义渊源[J].四川师范大学学报(社会科学版),2010(1):103-111.

王喜斌.学科"大概念"的内涵、意义及获取途径[J].教学与管理,2018(24):86-88.

朱能.重在"历史解释"的考查,要在"学会理解"的教学——浙江省高考历史试卷的突出特点及教学建议[J].基础教育课程(中旬刊),2018(2):30-35.

郭元祥.知识的性质、结构与深度教学[J].课程·教材·教法,2009(11):80.

张华中.基于实践的历史学科核心素养体系刍议——以普通高中为例[J].历史教学(上半月刊),2015(9):33-38.

刘俊利:基于史学素养的"人性化"课堂的建构与实施[J].《历史教学》(上半月刊),2016(8):33-38.

余文伟."人"在思想史教学中的作用——以人民版《历史》必修三"明末清初的思想活跃局面"一课为例[J].中学历史教学参考(上半月刊),2016(6):13-16.

赵剑锋.对"启蒙"的不懈追问——《启蒙运动》教学设计及思考[J].历史教学

基于核心素养的中学历史教学探索

（上半月刊），2016（4）：35-41.

冀强.化解高中思想史教学教条化和简单化倾向的策略选择——以《三民主义的形成和发展》一课为例[J].中学历史教学，2018（3）：35-37.

胡谟旭.多元中的孕育——"中古时期的欧洲"教学设计[J].历史教学，2022（4）：27-37.

赵煜.文明的多元与多样——"中古时期的欧洲"教学设计[J].历史教学（上半月刊），2020（8）：21-29.

张翰."大概念"：一个不容忽视的课程新理念[J].思想政治课教学，2019（6）：31-33.

王康茜.单元教学下"史料实证"在高中历史课堂中的培养与实践[J].中学历史教学，2021（7）：49-51.

刘奇飞.大单元教学中的微观视角——以康有为的民主思想教学为例[J].教学管理与教育研究，2022（5）：78-80.

段晓东，邝莉.概念为本的大单元教学优化策略——以《中外历史纲要（上）》第一单元为例[J].中学历史教学，2021（11）：24-26.

郭瑞茹.基于思维导图的高中历史学科核心素养探究[J].文教资料，2019（12）：197-198.

胡贵英.结构化思维：学科素养的高阶思维[J].中学政治教学参考，2019（25）：17-18.

徐豪杰.从历史解释素养角度认识《中外历史纲要（上）》[J].中学历史教学参考（上半月刊），2020（3）：75-78.

陈阳.基于历史学科核心素养培养的高中历史教学策略探讨[J].中学政史地（教学指导），2022（3）：75-76.

石林军.高中历史学科核心素养培养与教学方式的探讨[J].试题与研究，2022（13）：46-47.

王军.以实践为基础的高中历史学科核心素养体系探析[J].考试周刊，2021（48）：153-154.

张小兵.如何在初中历史教学中进行爱国主义教育[J].考试周刊，2020（15）：151-152.

朱绪海.初中历史教育教学与爱国主义情感培养[J].家长，2022（9）：114-116.

范德新，张艳飞，曹大梅.历史教学选用史料应慎重——由人教版教材一则史料说开去[J].历史教学（中学版），2011（5）：41-43.

张勇.土地改革后湖南农村"两极分化"现象评析[J].广西师范大学学报(哲学社会科学版),2014(6):148-153.

邱明.从天时地利人和看毛泽东为什么选择井冈山[J].四川民族学院学报,2018(05):30-35.

张志伟.微课在提升历史核心素养中的有效性浅析[J].《新课程导学》(中),2022(5):83-84.

牛学文:历史与社会学科教学关键问题及其解决策略研究[J].教育参考,2020(3):5-10.

（三）报纸、学位论文类

余胜泉.智慧课堂核心是促进深度学习[N].中国教育报,2021-06-16(04).

田居俭.同错误思潮斗争是马克思主义发展的规律[N].中国社会科学报,2015-01-16(A04).

王笔英."三维目标"与"学科核心素养"背景下的高中历史教学设计比较研究[D].昆明:云南师范大学,2021.

胡万庆.新中国成立初期中共领导人新民主主义经济形态思想研究[D].吉林:东北师范大学,2020.

基于核心素养的中学历史教学探索